品牌延伸

对品牌钟爱的影响研究

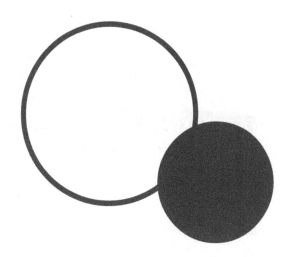

幸 佳◎著

中国出版集团

世界图书出版公司

广州·上海·西安·北京

图书在版编目（CIP）数据

品牌延伸对品牌钟爱的影响研究 / 幸佳著 . — 广州：
世界图书出版广东有限公司 , 2016.8

ISBN 978-7-5192-1837-9

Ⅰ . ①品… Ⅱ . ①幸… Ⅲ . ①品牌—研究 Ⅳ . ① F273.2

中国版本图书馆 CIP 数据核字（2016）第 207298 号

品牌延伸对品牌钟爱的影响研究

责任编辑	吕贤谷
封面设计	楚芊沅
出版发行	世界图书出版广东有限公司
地　　址	广州市新港西路大江冲 25 号
印　　刷	虎彩印艺股份有限公司
规　　格	787mm×1092mm　1/16
印　　张	15.625
字　　数	206 千字
版　　次	2016 年 8 月第 1 版　2019 年 1 月第 4 次印刷
ISBN	978-7-5192-1837-9/F · 0228
定　　价	55.00 元

摘　要

　　市场已进入品牌竞争时代，品牌成为企业最具价值的资产之一，品牌的壮大深刻地反映着产业的进步与发展。在这个产品过剩、媒体多元和广告爆炸时代，企业如何培养消费者与品牌关系成为亟待解决的问题。而在构建品牌与消费者的互动关系基础上，培养消费者的品牌钟爱，正成为品牌企业创造持续竞争优势的新策略。

　　品牌钟爱（Brand Love）是消费者对满意品牌的情感依恋程度（Carroll 和 Ahuvia，2006），反映了强势的品牌关系，是消费者品牌关系管理研究的新领域，是品牌关系理论的延伸与深化，对提升品牌忠诚和品牌资产具有重要作用，因此受到理论界的重视。品牌钟爱主要表现为消费者对品牌积极的、正面的认知和情感。目前理论研究主要对品牌钟爱的概念内涵、品牌钟爱与品牌忠诚的总体关系等内容做了初步探讨。但相对于西方已有的品牌钟爱研究，聚焦于中国本土化的理论研究和实证研究仍比较匮乏。现有的品牌钟爱文献对如何进行品牌钟爱的结构维度剖析尚未达成共识，此外鲜有品牌延伸对品牌钟爱影响的文章。

　　品牌延伸作为品牌资产管理理论的重要分支，已成为品牌研究领域最受关注的研究主题之一。随着新品牌导入市场的营销费用急剧增加，品牌延伸成为企业进行品牌管理的重要战略之一（Czellar，2003；Keller，2006）。虽然成功的品牌延伸能减少消费者的风险感知、降低营销引入的成本，能给企业提供新的利润来源，还能加强母品牌的含义及品牌资产，但是失败的品牌延伸概率很高，不仅新产品延伸失败，还使消费者对母品牌的定位和形象产生怀疑，使母品牌的核心联想被弱化，母品牌的定位和形象不再被认可，企业的品牌资产严重受损，给企业造成很大的经济损失。

品牌延伸正反两方面认知推动学术界对其深入研究。研究发现，实施品牌延伸后，消费者对母品牌的认知和情感如果能够被顺利转移到对延伸产品的评价过程中，就可大幅度降低消费者对新产品的感知风险，品牌延伸更容易取得成功。而品牌钟爱是顾客对满意品牌情感上强烈的依恋程度（Carroll &Ahuvia，2006），正是强势品牌关系的反映，那么对母品牌钟爱是否能被转移至延伸产品，延伸后，母品牌钟爱是否会被稀释这一问题值得研究。学术界对品牌延伸问题有非常深入的研究，也有很多方法衡量品牌延伸的效果，例如市场份额、对品牌忠诚的影响、延伸几年后品牌是否存在、对品牌个性的影响、对品牌资产的影响等，然而还没有学者对品牌延伸和品牌钟爱之间的关系进行研究。本书尝试从消费者的视角出发，以我国的社会文化为研究背景，通过对品牌钟爱、品牌延伸的相关文献研究来探索性地构建品牌延伸对品牌钟爱的影响机理和测度，填补国内外理论研究的空白，为丰富和完善品牌延伸理论做出理论贡献，为我国企业更好地实施品牌延伸策略提供理论指导和对策建议。

本书的研究目的是探讨品牌延伸对品牌钟爱的影响，以在校大学生钟爱的品牌进行实验法调查。重点围绕以下四个方面研究问题：其一，品牌钟爱能否转移的问题，以提高企业品牌资产利用效率，推动我国企业品牌延伸的策略。其二，在延伸过程中，母品牌钟爱在什么条件下能转移至延伸产品，探讨了钟爱转移的边界条件——延伸一致性（种类相似性和形象相似性、消费者期望性）的作用。其三，钟爱转移过程中，不当的延伸（如不一致性）是否对母品牌钟爱有稀释效应。其四，提出品牌延伸中的管理策略，避免不当延伸对企业品牌资产的稀释，给企业造成风险，为中国品牌保护战略的实践运用提供策略。具体而言，本研究对所要论证的主题分为五个章节进行阐述。

第一章主要阐述了本论文的研究背景、问题的提出、研究目的和意义、研究内容、方法、流程及创新性。

第二章是文献综述和相关理论基础回顾，主要对品牌关系理论、心理学中的爱情理论、品牌钟爱理论、品牌延伸理论的国内外研究文献进行回顾，对研究模型中相关变量如消费者创新性、产品涉入度、延伸一致性、品牌延伸态度等变量及研究中所用的相关理论基础进行梳理和总结，尤其是对品牌钟爱量表开发做了一定研究。

第三章理论框架和假设提出，主要是在第二章文献研究法基础上，提出了本书研究的品牌钟爱转移模型和对母品牌钟爱的反馈模型。转移模型主要探究品牌钟爱能否转移及钟爱转移的边界条件，分析了产品种类相似性、品牌形象相似性、消费者期望性对母品牌钟爱与延伸产品钟爱的影响。反馈模型探究了延伸一致性对母品牌钟爱的影响，其中涉及了品牌延伸态度的中介效应、产品涉入度和消费者创新性在其中的调节效应。

第四章为研究设计和实证研究，主要是通过预测试、实验一、实验二、实验三对第三章所提模型与假设进行检验和讨论。首先第一节的预测试主要是对变量的操控及预测。其一，通过对母品牌筛选，选出消费者钟爱程度不同的两个母品牌，以对母品牌钟爱程度高低进行操控。其二，通过虚拟延伸产品设计，对延伸一致性的三维度变量进行操控，并进行预测试检验。第二节主要是对正式研究中所用量表的信度和效度进行预测试，主要是对量表的内容、措辞、顺序及填写说明等进行沟通交流，识别并消除问卷当中可能存在的问题，为正式的研究设计做铺垫。第三节主要是研究钟爱能否转移的问题。第四节主要是研究钟爱转移边界的问题。第五节主要是研究品牌延伸对母品牌钟爱反馈效应的影响。

第五章主要对本研究进行总结。主要包括整理、归纳研究假设验证结果、主要的研究结论、管理借鉴、研究的创新点、研究局限与未来研究展望。

本书主要使用SPSS19．0和AMOS7．0两个统计软件包，采用描述性统计分析、探索性因子分析、验证性因子分析、方差分析、T检验、结构方程模型等方法对理论假设进行了实证检验。通过控制产品种类相似性、品牌形象相似性、母品牌钟爱研究变量，借助问卷调查的形式收集一手资料，探寻品牌延伸对品牌钟爱的影响，构建两个理论模型并提出假设。本书的价值主要贡献在以下几个方面：

第一，本研究没有简单套用心理学中的爱情维度研究成果，而是更为深入地以消费者内心理解的品牌钟爱概念内涵为基础，通过访谈法、问卷法进行品牌钟爱的结构维度构建研究，为进一步的系统研究奠定了基础。品牌钟爱具有品牌满意与信任、品牌激情、自我品牌关联三个维度。品牌满意与信任反映了消费者对品牌的基本诉求，是一个理性维度；自我品牌关联是指消费者将品牌作为建构、强化和表达自我的综合概念，它反映了消费者通过品牌联想以达到自我确认和自我提升目的的心理需求；品牌激情是消费者对该品牌的热情、痴迷乃至狂热，体现了消费者对品牌表现出一种高度强烈的消费情感，是感性维度。品牌钟爱这一概念的提出到现在只有短短的几年时间，营销学界对其的深入研究才刚刚开始，本研究深化了已有的品牌钟爱研究成果，取得了一定的理论进展。

第二，发现钟爱是可以转移的，即母品牌钟爱正向影响延伸产品钟爱，情感迁移模型和联想记忆模型理论在延伸理论中也得到验证。现有研究还没有探讨过这两个量变影响，而本研究把这两个变量同时放入模型考察钟爱能否转移的问题。这一发现完善和丰富了以前的研究成果。这意味着企业应借助品牌塑造、品牌体验、消费者需求满足来提升消费者对母品牌钟爱，而企业应尽量选择消费者钟爱的品牌进行延伸，从而顺利地将母品牌钟爱转移至延伸产品钟爱，以提高延伸成功概率，降低延伸风险。

第三，验证了品牌钟爱转移的边界条件，发现产品种类相似性、品牌形象相似性能增强母品牌钟爱对延伸产品钟爱的转移，因而，企业在运用品牌延伸策略时，应尽量选择产品种类相似性、品牌形象相似性较高的延伸产品进行延伸，以提高消费者对延伸产品信任，从而提高消费者对延伸品牌钟爱，以维系消费者品牌关系。研究还发现消费者期望性负向调节母品牌钟爱与延伸产品钟爱之间的关系，当消费者对母品牌钟爱程度较高时，应降低消费者期望，来提高对延伸产品钟爱；当消费者对母品牌钟爱程度较低时，应提高消费者期望，来提高对延伸产品钟爱。因此，企业应根据不同目标顾客，采取不同营销策略。

第四，本研究把延伸一致性划分为三个维度——种类相似性、形象相似性、消费者期望性，把它们同时纳入一个模型考察其对品牌钟爱的影响。以往研究都是从产品或品牌本身视角研究契合度，本书引用期望性这一概念，从消费者感知的视角研究契合度，建立了延伸一致性对母品牌钟爱的反馈效应研究框架，发现品牌延伸会对母品牌钟爱产生稀释效应。相对高产品种类相似性、高品牌形象相似性、高消费者期望性，低产品种类相似性、低品牌形象相似性、低消费者期望性对母品牌钟爱的稀释效应更明显。因此企业延伸时，还应从消费者感知的视角研究契合度，注重消费者体验，从视觉、嗅觉、听觉、味觉等多方面体验考虑消费者感知，提高消费者满意度。

第五，发现延伸一致性通过品牌延伸态度正向影响消费者对延伸后母品牌钟爱。但消费者创新性会调节延伸一致性对延伸品牌态度的影响。消费者创新性对产品种类相似性、品牌形象相似性与品牌延伸态度之间的关系起负向调节作用，对期望性与品牌延伸态度之间的关系起显著的正向调节作用。给企业的启示是，品牌延伸之前，首先要研究消费者的创新性，寻找自己品牌和产品的高创新性消费者，寻求高创新性消费者的意见，加强与他们的沟通，让他们成为延伸产品的早期接受者和引导者。此外对高创新性消费者应提高其对延伸产品的期望性，从而提高其对品牌延伸的态度，提高对延伸产品的评价。

第六，消费者涉入度会调节延伸一致性对延伸品牌态度的影响。消费者卷入度水平正向影响产品种类相似性、品牌形象相似性与延伸品牌态度之间的关系。即消费者对延伸产品涉入度越高，产品种类相似性、品牌形象相似性对延伸品牌态度影响越大。但消费者卷入度水平负向影响期望性与延伸品牌态度之间的关系。在高消费者涉入度水平下，消费者期望性越低，则对消费者的品牌延伸态度越高。因而，企业可根据消费者涉入度来细分市场，对其采取不同营销策略。

上述研究结论说明，评价品牌延伸效果的情感迁移模型和联想记忆模型可以解释母品牌钟爱对延伸品牌钟爱转移的影响关系；分类理论和强化理论在解释产品种类、形象相似性对钟爱转移的影响过程中发挥着作用；精细加工可能性模型可以解释产品涉入度对延伸契合度和品牌依恋之间的关系的调节作用。期望确认理论可以解释期望性在研究中的作用。

根据研究结论，为企业实施品牌延伸策略和提高消费者品牌钟爱提出以下对策建议：（1）企业应根据延伸一致性和母品牌钟爱程度不同来制定品牌延伸策略；（2）企业应考虑选择具有较高母品牌钟爱的品牌来实施品牌延伸策略；（3）企业可以通过提升品牌延伸态度来提高消费者对延伸后母品牌的钟爱；（4）企业实施品牌延伸策略时，可以考虑选择消费者创新性、消费者涉入度、消费者对母品牌钟爱程度为标准进行市场细分，然后根据延伸一致性的高低来选择恰当的目标市场。

品牌延伸与品牌钟爱之间的关系还需要更多更深入的研究，借助更多的模型去分析验证，需要相关专业人士从实践中总结出更好的研究模型，经验证推广后更好地指导企业的品牌管理实践。

Abstract

The market has entered the era of brand competition, the brand has become one of the most valuable corporate assets, the growing of brand deeply reflected progress and development of the industry. In this surplus of products, media pluralism and advertising explosion era, how to cultivate the relationship between the consumer and the brand has become an urgent problem. Built on interaction between brands and consumers, the brand love of consumer is becoming a new policy of enterprise creating sustainable competitive advantage 。

Brand Love is the degree of emotional attachment to satisfaction with the brand (Carroll and Ahuvia, 2006), reflecting the strong brand relationship ,is a new area of research on consumer brand relationship management, deepening of the brand relationship theory , enhancing brand loyalty and brand equity .Brand love is an important part of the new、 hot area of brand research, Mainly reflected consumers positive, positive cognitive and emotional brand.At present, the theoretical research mainly focuses on the concept of brand love, the relationship between the brand love and the brand loyalty. But compared to the western existing brand love research, Chinese consumer brand love research in the basic, systematic theoretical framework and the empirical research are still relatively scarce .Existing literature on how to carry out the structure and dimension analysis of the brand love has not yet reached a consensus, in addition to the impact of Brand Extension has little effect on the article.

Brand extension is an important branch of the theory of brand asset management, has become one of the most popular research topics in brand research areas。 With a sharp increase in marketing costs of new brands into the market, brand extension has become one of the important strategies of brand management in enterprises（ Czellar, 2003; Keller, 2006）. Successful brand extension can reduce the risk perception of consumers, reduce the cost of marketing, can provide a new source of profit for the enterprise, can enhance the meaning of the parent brand and brand equity. But the failure of brand extension probability is very high, not only new products failed extension and also the parent brand core Lenovo is weakened, the parent brand's positioning and image are no longer recognized, serious damage to the brand assets , causing great economic losses to the enterprise.

Both positive and negative cognition on Brand extension

promote academic research . Study found that if the consumer 's parent brand cognition and emotion can be smoothly transferred to the extension of product , you can greatly reduce consumer perceived risk of new products,and brand extension is more likely to succeed. Brand Love is customer strongly attachment to satisfaction brand （ &Ahuvia Carroll, 2006）,which is reflection of the strong brand relationship. whether the parent brand love can be transferred to extension product, or parent brand love would diluted ,the problem is worthy of study.Academic research of brand extension is in-depth , there are many methods to measure brand extension effect, such as market share, impact on brand loyalty、 brand personality、 brand equity. However, there are no scholars to study the relationship between brand extension and brand love.

This paper attempts to starting from the consumer's point of view, through China's social and cultural background , explore the impact of brand extension on brand love, filling the gaps in the domestic and international theoretical research, enriching and improving the brand extension theory making a contribution on China's enterprises better implementation of brand extension strategy .

The purpose of this study is to explore the impact of brand extension on brand love. By constructing a transfer model and a feedback model on brand love, focusing on the following four research questions： first, whether the brands love can be transfer , in order to improve the efficiency of the use of brand assets of enterprises, and promote

China's enterprise brand extension strategy. Second, in the extension process, what conditions the parent brand love can transfer to extension products, discussing the transfer boundary condition of category similarity 、 image similarity and consumer expectation. Third, whether there is a dilution effect on parent brand love when meeting improper extension （such as inconsistency）. Fourth, advance risk prevention strategies on brand extension, to avoid dilution of improper extension on brand assets, and provide strategies for Chinese brand protection strategy.

The main contents of this research include four parts.

First of all, summarized the related research, clear the theme of this study,through the review of related literature and theoretical basis.secondly, develop the brand love scale on Chinese consumers .The paper absorbed the basis of previous studies, using interview method and questionnaire method, understanding brand love core connotation ,and refining the structure dimension of the brand love from the Chinese consumer; Again, explores brand love can be transferred, transfer border issues ,mainly analyzing the role of product category similarity and brand image similarity, consumers expect of the extension product.Finally, it explores the feedback effect of the extension on the parent brand love , which involving the mediating effect of brand extension attitude , the moderating effect of product involvement and consumer innovativeness. Specifically, the study subject is divided into five chapters.

The first chapter mainly elaborates the research background, the problem, the purpose , significance, the research content, the method, the process and the innovation.

The second section is the review of the related literature and the theoretical basis, mainly on brand relationship theory, Chinese psychology of love, brand love , brand extension , and related variables, such as consumer innovativeness, product involvement, the consistency of extension .Especially the development of brand love。

Chapter three is the theoretical framework and hypotheses proposed, mainly research brand love can be transferred, transfer condition and influence on the parent brand love. Propose the feedback model and transfer model of the brand love.

The fourth chapter is the research design and empirical research, mainly including the pretest, experiment1, experiment 2, Experiment 3 . First forecast test is mainly manipulation and prediction of variables.Including

the parent brand selected , to control the degree of parent brand love level. Second, control the consistency of the brand

through the virtual product design.The second section is mainly to pretest the reliability and validity of the questionnaire . Mainly on the scale of content, expression, sequence and complete instructions for communication.The third section is mainly about the transfer of the brand love. The fourth section is mainly about the research of the transfer boundary. The fifth part is to study the effect of brand extension on the parent brand's love feedback effect.

The fifth chapter is a general discussion, the main conclusions of this paper are summarized. Including lessons from the management, the innovation of research, research limitations and future research prospects.

In this paper, we mainly use SPSSI9.0 and AMOS7.0 statistical software package, using descriptive statistical analysis, exploratory factor analysis, confirmatory factor analysis, variance analysis,structural equation modeling analysis.By controlling the product category similarity and brand image similarity, parent brand love research variables, with in the form of a questionnaire survey to collect first-hand information, and to explore the mechanism of brand extension impact on the brand love, construct the theoretical model and put forward the hypothesis. The value of this paper main in the following aspects :

First, this study has no applied love dimensions of psychology research , but more understood the concept of brand love deeply in the hearts of consumers , construct the structural dimensions of the brand love through interviews and questionnaire method , laying the foundation on the further development of the brand love.Brand Love has the brand satisfaction , trust, passion and self brand association. Brand satisfaction and trust reflects the basic demands of consumers, which is a rational dimension; self brand association referred to the consumer regarding brand as a self construction,which strength and express self recognition and self promotion,satisfying the purpose of psychological needs（Escalas 和 Bettman , 2009）。Brands Passion is the enthusiasm of consumers to the brand, obsession and fanaticism, reflecting a highly intense emotional consumption for the consumers ,which is the perceptual dimension. This study deepen the existing research results of the brand love, has made certain progress in the theory.

Second, we found that love can be transferred, that is the positive impact of the parent brand love can extend product love, emotional migration model and associative memory model theory has been verified in the extension theory.

Existing research has not explored the quantitative influence on the two variables ,and research prove the question of love can transfer.This discovery improve and enrich the previous studies. This means that the enterprises could meet consumer demand to enhance the parent brand love by means of brand building, brand experience, and the enterprises should try to choose a favorite brand , in order to improve the probability of the extension success, reduce risk of extension.

Third, verify the boundary conditions of brand love transfer, product category similarity and brand image similar strength transfer from the parent brand love to the extension products. Therefore, the enterprise should be as far as possible to choose the product category similarity and brand image similar extension to enhance consumer trust on the extension products, improve the brand love on consumer, maintain customer brand relationship.Research found the the consumer expectation will affect the transfer between the

parent brand love and extension product love. When the degree of parent brand love is high, enterprises should reduce the expectations of extension product to improve extension product love; when consumers of the low degree of parent brand love, enterprises should raise consumption expected to improve brand love on the extension product . Therefore, enterprises should adopt different marketing strategies according to different target customers.

Fourth, this study divides the extension consistency into three dimensions: the category similarity, the image similarity, the consumer expectation, and they are included in a variable to investigate the impact of their love for the brand. Previous studies on extensions fit are from products or brands perspective. This study quoted expectations of consumer,froming the perspective of consumer perceived fit, establishing the feedback effect and extension effect

to the brand love . Found that brand extensions will have a dilution effect on the parent brand love.Relatively high product category similarity, high brand image similarity and high consumer expectations, low product category similarity, low brand image similarity, low consumer expectations dilution effect is more obvious.

Fifth, this study found that extension consistency has a positive effect on brand love through brand extension attitude. But consumer innovation will regulate extension consistency on extension effect of brand attitude. Consumer innovation has a significant negative moderating effect between product category similarity、 brand image similarity and brand extension attitude; Consumer innovation has a significant positive moderating effect between expectations and brand extension attitude.

Revelation to the enterprise, first of all enterprise should find their high innovative consumer before brand extension, seeking opinions of high innovative consumer , strengthen communication with them.In addition to the high innovative consumers, enterprise should improve their expectations of the extension product, so as to enhance its brand extension attitude, improve the evaluation of the extension product.

Sixth, consumer involvement will moderate the impact of the extension consistency on brand attitude. Consumer involvement is positively related to the relationship between product category similarity, brand image similarity and brand attitude.But the consumer involvement is negatively related to the relationship between consumer expectations and brand attitude. In the high consumer involvement level, the lower consumer expectations, the consumer's brand extension attitude is much higher.Therefore, enterprises should make

market segments and take different marketing strategies basing on consumer involvement level.

The conclusions of the study evaluate that the emotional migration model and associative memory model can explain the impact of the transfer of the parent brand love to extend produce's love.Classification and reinforcement theories interpret product categories similar and the image similar play a role on transfer effect of love ; the elaboration likelihood model can explain moderating effects of product involvement between extensions fit and brand extension attitude.Expectation Confirmation Theory can explain the role of expectation in the study.

According to the conclusion of the study, enterprise put forward the following suggestions to improve of brand extension strategy : (1) enterprise develop the brand extension strategy according to the consistency of extension and the different degree of parent brand love ; (2) enterprises should consider to choose higher love of parent brand to implement the strategy of brand extension. (3) the enterprise can improve consumer stepmother brand love through the enhancement of brand extension attitude; (4) enterprise should consider consumer imitativeness or consumer involvement as the standard of market segmentation, then choose appropriate target market according to the consistency of extension or the level of the parent brand love.

The relationship between brand extension and brand love also need more more in-depth study, with more model to analysis and verify from practice research model, promoting brand management for enterprise.

目　录

第一章 绪 论

本章是对本书的研究背景、问题的提出、研究意义、研究目的、研究内容、方法与研究流程做的整体性描述。全章分成四部分，重点沿着以下思路：（1）介绍本书的研究背景；（2）研究问题的提出；（3）明确研究问题的目的、理论与现实意义；（4）阐述本书研究工作中用到的一些研究方法及研究内容、研究流程，提出了本书研究的框架体系（如图1-1）。依序详见下列各节。

第一节 研究背景

第一，品牌问题的研究是营销理论界和实践界的研究重点。市场竞争已由产品竞争进入品牌竞争，品牌的壮大深刻地反映着产业的进步与发展。品牌是企业最具有价值的资产之一，是企业获得和维持竞争优势的重要工具，是企业核心竞争力的重要组成部分之一。从消费者视角看，我们现处于产品过剩、媒体多元和广告爆炸的时代。产品过剩导致产品同质化趋势严重，消费者选择空间增大，单凭产品品质、价格、服务等实现营销目的的时代一去不返。媒体多元增加企业宣传成本，与之相应的是企业广告信息的大爆炸，吸引消费者注意力，维持顾客关系变得越来越困难。面对这样的困境，培养消费者与品牌关系成为情势所趋，既解决了消费者选择之困扰，又实现了企业的营销目标，降低企业营销成本，维持与顾客长期发展关系，获得了溢价收益。

第二，品牌钟爱成为品牌关系管理研究的新领域。品牌钟爱是对品牌关系理论的延伸。首先，是对满意度理论的延伸。体验经济到来，功能上满意已经不足满足消费者需求，情绪和情感差异日益成为最重要的决定因素[①]，也就是说，产品和品牌的成功更加依赖于体验感受和情绪情感因素[②]。品牌钟爱就是情感研究的一个新领域，对提高满意度有重要作用。其次，是对品牌忠诚理论的延伸。忠诚度常用重复购买进行操作性定义，但重复购买有时是购买环境限制、购买惯性或担心转移风险的结果[③]，并不能反映消费者和品牌之间的关系的真实方面。而钟爱能够体现消费者与品牌、产品、企业的长久关系。研究证明，品牌钟爱对消费者的忠诚存在积极影响（Thomson，2005；Sarah Broadbent，2007）。钟爱为我们分析消费者忠诚提供了一条新路径（Yim，Tse，Chan，2008；Carroll 和 Ahuvia，2006；Thomson，2006）。再次，是对品牌依恋理论的延伸。品牌依恋是消费者与品牌之间的情感联系（Thach Janeen，2006），重点研究品牌与自我联结和认知与情感连接，但消费者对品牌的情绪情感表达却没有被独立测量，在这种情况下，品牌钟爱产生了。品牌钟爱是消费者对依恋这种情感纽带关系的一种表现形式，即爱是依恋情感的反映与表达方式。爱这种情感研究，更能深刻表达消费者与品牌之间的关系。品牌钟爱运用，使心理学中的依恋理论在品牌情感理论及消费者态度理论中得以延伸，为推进心理学和营销学理论的交叉创新提供新鲜的视角和有益的启

---

① Pawle J, Cooper P. Measuring Emotion-lovemarks, the future beyond brands. Journal of advertising research, 2006, 46（1）: 38-48.

② Gobe M. Making the Emotional Connection. Brandweek, 2001, 42（5）: 23-27.

③ Odin Y, Odin N, Valette-florence P. Conceptual and operational aspects of brand loyalty: an empirical investigation. Journal of Business Research, 2001, 53（2）: 75-84.

示。对其研究有重要意义。

第三，品牌延伸作为品牌资产管理理论的一个重要分支，已成为品牌研究领域最受关注的研究主题之一（Czellar，2003；Keller，2006）。品牌延伸产生于20世纪60年代，美国企业率先采用这种策略，随着市场竞争的加剧、营销费用的高涨、新产品导入失败风险的增大，越来越多的企业倾向于采用品牌延伸的方式推出新产品以降低市场进入的壁垒。据Laforet统计，在西方品牌相关文献中，一半以上涉及品牌延伸[1]。美国著名经济学家艾·里斯曾说过："在美国过去十年的营销史里，最具有意义的趋势就是延伸品牌线。"在实际运用中，品牌延伸也是很多公司实现战略性增长的源泉（Aaker，1991；Farquhar 1989）。Aaker（1991）通过对一些出类拔萃的消费品公司开发的新产品研究发现，95%的新产品在进入市场时采用了品牌延伸策略。实施品牌延伸策略的最主要目的就是最大化地利用母品牌资产，那么，是否能将母品牌钟爱转移到延伸产品上以充分利用母品牌资产值得探讨；延伸以后，消费者对母品牌的钟爱有何影响，也成为营销管理者非常关心的问题。

第四，品牌延伸在实践运用中的矛盾性。越来越多的企业意识到品牌名字是它们最有价值的资产，创造、维持和提升这些品牌已成为管理的必要因素。一个强势品牌最为重要的优势就是它有利于消费者对品牌延伸的认可。新产品使用原品牌名称，可以减少消费者的风险感知、降低营销引入的成本；品牌延伸一直都作为最重要的新产品引进策略。例如，美国的苹果公司原来专注于生产个人电脑，但近年来不断推出新的消费电子产品，包括音乐、视频随身播放器（MP3和MP4），智能手机，Ipad，手表等，苹果的延伸产品一经推出备受欢迎，目前苹果手机在全球市场份额排到第三位。随着这些新产品的成功，苹果品牌的价值也大幅度上升。除苹果品牌以外，在市场上享有盛誉的惠普和三

---

[1] Laforet S. Corporate brand hierarchies［D］.Loughboruogh University of Technology，1995.

星等品牌，除了生产消费电子产品，还分别向市场提供医疗设备、军工产品和农产品。可见，成功的品牌延伸能将消费者对原品牌的钟爱迁移至延伸产品，不仅能给企业提供新的利润来源，而且还加强了母品牌的含义及品牌资产。然而，品牌延伸是一把"双刃剑"，在具有正面效应的同时，它也会导致一些新问题的出现，且品牌延伸失败的概率很高（Klein J G，2002）。

大多品牌延伸没有成功，即消费者对母品牌的情感并没能顺利转移至延伸产品，导致新产品延伸失败。失败的品牌延伸会损坏母品牌，浪费资金和时间，如茅台从国酒到啤酒、干红、王老吉从凉茶到月饼失败；金利来推出女士系列产品都惨遭失败。海尔作为我国领袖品牌将其主业延伸至彩电、热水器、微波炉、手机、电脑等各种电器和电子产品行业，甚至药业、物流、金融行业，同时还涉足橱具、生物制药、餐饮等跟家电丝毫不沾边的领域，但是，海尔目前除了冰箱、洗衣机、空调等三大传统产品具有盈利能力外，其余的均被事实证明是盲目扩张的败笔。

不成功的品牌延伸对延伸产品和原品牌都有可能造成一定的负面影响。如容易造成消费者认识上的混乱，导致品牌淡化或品牌稀释（Tauber，1981；Keller，1993），还可能会伤害品牌资产，降低品牌的正面联想，造成消费者的负面联想；损害原有品牌市场定位、品牌形象、品牌忠诚度（Tauber等，1988），由此形成品牌延伸株连效应，波及整个品牌系统（Allard 等，2001）。还可能会蚕食已有的市场份额和市场地位（John，1998）。在美国一些快速消费品类别中，品牌延伸失败的概率高达80%（Nielsen A C，1990）。

品牌延伸正反两方面认知推动学术界对其深入研究。管理者开始反思，为什么品牌延伸对延伸产品和原品牌都可能带来两种截然相反的结果呢？

研究发现，实施品牌延伸后，消费者对母品牌的认知和情感如果能够被顺利转移到对延伸产品的评价过程中，就可大幅度降低消费者对新产品的感知风险，品牌延伸更容易取得成功。反之，品牌延伸可能会给企业带来极大的损失。学者们进一步研究发现，消费者对母品牌的认知和情感在降低顾客转换品牌的概率和形成顾客忠诚上能起到重要作用。Carroll 和 Ahuvia（2006）指出，品牌真正的力量来自于消费者对其情感化的依恋[①]。当品牌与消费者关系密切时，负面信息造成的损害是较小的（Ahluwalia，2000），而当品牌与消费者关系不紧密时，负面信息则可能造成严重的打击（Aaker，2004）。强势的品牌关系可以增强品牌免疫力和消费者宽容度。也就是说，当品牌关系紧密时，反馈效应可能就不会发生。而品牌钟爱是满意顾客对特定品牌情感上的依恋程度（Carroll &Ahuvia，2006），正是强势品牌关系的反映，它是否会被稀释值得研究。

所以，有必要探究品牌延伸对品牌钟爱这种强势品牌关系的影响，即母品牌钟爱能否转移至延伸产品，在什么条件下转移，转移后对母品牌钟爱是否有影响，这一系列问题为品牌延伸中品牌的管理提供策略，提高企业的品牌资产利用效率，成为实施品牌延伸策略的企业所面临的亟待解决的重大课题。为我国企业实施延伸策略提供指导。品牌钟爱是满意顾客对特定品牌强烈的情感依恋，深刻反映品牌关系质量，作为较新构念，至今为止，理论界和实践界对其研究都较少。

第二节　问题的提出

一、理论的纷争

（一）关于品牌延伸效应研究

研究者关于品牌关系能否转移至延伸产品存在一定的分歧。一些学者认

---

① Barbara A，Carroll，Aaron C，Ahuvia. Some antecedents and outcomes of brand love. Marketing Letters，2006，17（2）：79-89.

为消费者与母品牌的关系质量对品牌延伸评价具有正面影响（Park and Kim，2001）。也就是说，无论是相似延伸还是非相似延伸，消费者与母品牌的关系都会转移至延伸产品；且在非相似延伸情况下，品牌关系会通过影响消费者对产品的感知质量来影响其重复购买行为（Park & Kim，2001）。

但另一些学者认为消费者与原品牌关系质量越强，这种强关系就越难以向延伸产品转移。如 Coderre 等（1998）认为相对于非忠诚消费者，忠诚消费者对母品牌的信念和评价难以向延伸产品转移。Hem 和 Iversen（2003）的研究同时考虑了情感和行为两方面的忠诚，结果显示消费者对母品牌的情感忠诚降低了消费者对品牌延伸的评价，而行为忠诚提高了品牌延伸评价。那品牌钟爱这种较强的品牌关系，能否转移至延伸产品还值得进一步探讨。

（二）关于品牌延伸反馈效应研究

在延伸契合度是否影响消费者评价母品牌这一问题上，现有研究仍然没有定论。在品牌延伸发生之后，消费者对母品牌的态度是否会受到影响，受到何种因素的影响，至今还没有一个令人信服的研究结论出现。

现有研究关于品牌延伸对母品牌形象影响的研究结论很不一致，不同的学者基于不同的研究视角，采用不同的研究样本得出了不同的结论。有学者认为感知契合度良好的品牌延伸能够强化母品牌的品牌形象（Keller & Aaker，1992）；也有学者认为任何形式的品牌延伸都会对母品牌的品牌形象产生负面影响（Loken B &John D R，1993；Keller K L，1993）；还有学者认为品牌延伸不会对母品牌的品牌形象产生影响（Romeo J B，1991）。而品牌形象是影响品牌钟爱的重要因素，因此，本研究探讨品牌延伸对母品牌钟爱的影响机制，为品牌延伸研究提供了来自中国的数据支撑，同时为相关学者研究提供理论借鉴。

契合度对品牌延伸的影响存在一定的分歧。有学者通过实证研究认为品牌层面的契合度对消费者品牌延伸评价的影响显著。如 Park，Milberg 和 Lawson（1991）从品牌概念的一致性，Bhat 和 Reddy 从品牌形象的一致性证实了品牌层面的契合度对消费者品牌延伸存在影响。也有学者认为品牌延伸契合度对品牌延伸评价没有影响，品牌感知质量发挥更重要作用（Smith & Andraws，1995；Park & Srinivasan，1994；Broniarcz & Alba，1994）。如研究者 Keller 和 Aaker（1992）、Romeo（1991）曾假设不相似的品牌延伸会引起品牌稀释，但他们的研究都没有找到任何证据以证明这一假设。

国内外有关品牌延伸反馈效应的研究非常稀缺，尤其是对消费者品牌关系的反馈，如延伸对母品牌钟爱的研究几乎没有，但在实践中却普遍存在。此外，延伸以后，对母品牌钟爱的负面效应或正面效应的作用边界在何处，目前的研究并没有给出确定的答案。这方面的深入研究，为学者的后续研究提供了新的视角和丰富的素材，也有助于品牌的管理。

二、实践中的困惑

近年来，苹果公司的产品受到消费者的热烈追捧。它的每一款新产品面世，在美国、日本和香港、北京等地都引起抢购狂潮，甚至会看到全球多地购买者彻夜排队抢购，希望成为新产品的第一批使用者。"果粉们"不仅是使用者，而且是爱好者，他们把对苹果品牌的忠诚延伸到一系列苹果产品上，追逐苹果公司更新换代的新产品，把产品随时随地带在身边，并用自己对苹果产品的崇拜去感染周围的人。苹果现有的知名的产品包括 Imac 电脑、iPhone 手机、Touch 系列、iPod 播放器、Itunes 商店和 Ipad 平板电脑，形成了电脑产品、数码产品和通信产品多元化的发展战略。这些产品在市场上都得到果粉们的追捧。2015 年 8 月 30 日，Seeking Alpha 网站文章预测称，苹果在即将到来的新品发布会上可能推出的产品包括：新 iPhone，新款 Apple TV、新款 iPad。现 iPhone 和 iPad 都已入市，而新款 Apple TV 备受消费者期待，Apple TV 在休闲游戏方面提供更多内容，并引进应用商店会，让用户能够体验到更丰富的游戏体验①。此外，报道苹果汽车有可能亮相市场②。汽车相对先前电子类产品，属于跨类别延伸，果粉们还会一如既往地追捧苹果汽车吗？这个现象引起了笔者的兴趣。即消费者对某一品牌的钟爱是否会延伸至其对延伸产品的钟爱，品牌延伸的不一致性（如苹果汽车推出）对钟爱转移至延伸产品是否会产生影响，不一致性延伸对母品牌有何影响，这一系列问题对品牌管理具有重要意义。

此外有研究表明，如果和原产品属性、概念上比较相似，延伸产品失败则会带来较大的负面反馈效应，消费者会降低对原品牌的评价和态度。但事实上并非如此，如 iPhone5 的推出，遭到大量网民的讥讽，如有人嘲笑它没有无线充电、高质量的摄像头和屏幕，不能戴着手套也能操作，更不能手势控制、动态照片拍摄、NFC 碰触传输、电视遥控等。但是果粉们对苹果品牌依旧热情不减，甚至为苹果品牌辩论，致使反馈效应消失。又如Apple Watch 表带出现了褪色或是变形，引发用户向苹果投诉与对苹果不满，但果粉对苹果品牌依然至爱有加。那么，品牌延伸以后，延伸不一致性是否会影响母品牌钟爱，即延伸以后，对母品牌钟爱是否有稀释作用，这一问题是值得研究的。

第三节　研究目的和意义

一、研究目的

目前，品牌延伸的研究成果很多，主要集中在影响品牌延伸评价的因

---

① 苹果在线商店（中国）（来源：cnBeta.COM）http://news.163.com/15/0829/10/B267I61C00014U9R.html.

② http://tech.ifeng.com/a/20150829/41465912_0.shtml.

素上，而衡量延伸成功的指标也很多，如市场份额，对品牌个性、品牌资产的影响等，然而国内外还没有学者研究过品牌延伸对品牌钟爱的影响，这主要是由于品牌钟爱理论对中国市场营销学界来说还是一个较新的课题。品牌钟爱是强势的品牌关系，是品牌关系理论的延伸与深化，为顾客关系管理提供理论导向。其作为品牌情感和品牌关系领域前沿课题，受到理论界的重视。

因此，本书通过对品牌钟爱、品牌延伸的相关文献研究来探索性地构建品牌延伸对品牌钟爱的影响模型，以填补国内外理论研究的空白，为丰富和完善品牌延伸理论做理论贡献。

本书的研究目的是探讨延伸中消费者对母品牌钟爱能否转移，以及在什么条件下转移，延伸后对母品牌钟爱是否有影响等问题。通过构建母品牌钟爱向延伸产品钟爱转移的模型和延伸一致性对母品牌钟爱反馈效应模型，对在校大学生钟爱的品牌进行实验调查。在此基础上通过研究模型对推动我国企业的品牌延伸策略、中国品牌保护战略的管理提供借鉴。重点围绕以下几个方面的研究问题：

（一）探讨品牌钟爱能否转移的问题，以提高企业品牌资产利用效率，推动我国企业品牌延伸的策略。

（二）在延伸过程中，母品牌钟爱在什么条件下能转移至延伸产品，探讨了钟爱转移的边界条件——延伸一致性（产品种类相似性和品牌形象相似性、消费者期望性）的作用。

（三）探讨延伸以后，延伸一致性是否对母品牌钟爱有稀释效应，一致和不一致哪一种稀释影响更大。

（四）探讨品牌延伸中企业如何维持甚至提高消费者对品牌的钟爱，提出对策建议，避免不当延伸对企业品牌资产的稀释，给企业造成风险，为中国品牌保护战略的实践运用提供策略。

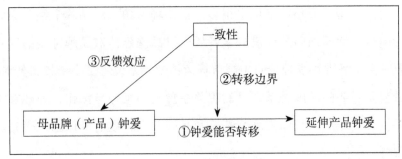

图 1-1　本研究框架

二、研究意义

（一）理论意义

本书在对现有文献梳理的基础上，构建了品牌钟爱的转移模型和反馈模型，其理论意义主要表现在四个方面：

1. 本书在文献研究和理论概括的基础上，通过专家访谈、内容分析法、问卷调查法，开发了本土化的品牌钟爱测量量表，根据中国的文化情境，通过规范开发程序提出了本土化的品牌钟爱测量量表，完善与充实了国内品牌钟爱理论的研究，为以后的品牌钟爱理论研究奠定了基础，具有一定的理论价值。

2. 本书聚焦于品牌钟爱的研究，系统整理了品牌钟爱的研究内容。品牌钟爱是近几年品牌研究领域一个新的热点问题，目前国内学术界对品牌钟爱的研究处于探索阶段。而品牌延伸是品牌资产管理的重要分支，截至本书完成，笔者在各大数据库都没有搜索到研究品牌延伸对品牌钟爱影响的文章。本研究首次提出了品牌钟爱转移模型和反馈模型，探寻品牌延伸是否会或怎样影响品牌钟爱，开拓了品牌延伸与品牌钟爱领域的结合研究，也丰富和完善了品牌管理理论，对以后研究品牌钟爱理论和品牌延伸理论具有重要的意义。

3. 本书拓展了延伸一致性这一变量的内涵，同时从产品层面、品牌层面和消费者层面进行分析，尤其是引入了消费者层面的感知契合度衡量变量——消费者期望性。考察延伸一致性对延伸品牌钟爱及母品牌钟爱的影响。目前国内理论界还没有建立成熟的模型来解释延伸一致性与延伸品牌钟爱、母品牌钟爱之间的关系，这一研究结论填补了理论空白，完善和丰富了品牌钟爱与品牌延伸这两个重要研究领域的理论成果。

4.国内对品牌延伸的效果研究，主要考察消费者对母品牌的态度，如母品牌忠诚度（Sobodh Bhat 等，2001）以及经济效益，如市场份额等指标；对于延伸产品的评价，如感知质量和购买倾向层面（Keane，1997）；对延伸策略的整体评价，如品牌延伸的认可度（Volckner & Sattler，2006）的影响。本书将品牌钟爱作为衡量品牌延伸效果的一个指标，探究品牌延伸对消费者情感层面的影响程度，对品牌延伸理论的发展有一定的贡献。

（二）现实意义

1.在管理实践方面，从品牌钟爱内涵、产品种类相似性、品牌形象相似性、消费者期望性四个角度提出了钟爱转移的条件，增强了品牌延伸理论研究在管理实践方面的应用，使我国企业有效发挥品牌延伸的效用，为品牌延伸企业和拟实施品牌延伸策略的企业提供了一些管理借鉴。

2.提高企业的品牌资产利用效率。随着品牌力量的不断强大，品牌资产日益成为企业发展不可或缺的核心资产。在媒体逐渐分化，信息日益嘈杂的市场环境中，企业纷纷为品牌寻求尽可能多的展示机会。而品牌延伸充分利用对母品牌的钟爱，可以提高延伸产品的知名度、美誉度，并带来新颖的品牌联想，由此可见对品牌延伸中有关钟爱的问题研究，在一定程度上能够提高品牌资产利用效率，增加品牌资产，扩大品牌在市场中的影响力，开拓更大的市场空间。

3.有利于企业制定恰当的品牌延伸策略。品牌钟爱是强势品牌关系的核心，会影响到消费者对品牌的价格容忍度，并导致消费者的购买承诺。通过研究品牌延伸和品牌钟爱之间的关系，能够帮助企业规避实施延伸活动时可能出现的风险，选择恰当的品牌延伸策略，并正确评价品牌延伸的效果。

4. 有利于企业形成持久的竞争优势。消费者对品牌的情感正是形成品牌附加值的源泉（Thompson 等，2006）。消费者对品牌的钟爱是品牌忠诚和购买行为的助推器，一般来说消费者对品牌的钟爱程度越高，就越乐于付出更多的资源（时间、精力等）来得到品牌，会越愿意做出牺牲和个人投资来维系关系，越愿意溢价来购买品牌，并产生口碑效应。在品牌延伸中钟爱的转移，将有利于延伸产品的推广，也有利于企业在品牌延伸后继续维持甚至提高消费者的品牌钟爱程度，维持企业与消费者的长期关系。此外，消费者对品牌的钟爱可提高品牌忠诚度，降低企业风险，在品牌延伸中，企业微小的失误或来自其他品牌的竞争都不会使顾客转换品牌，因为消费者对其钟爱的品牌有一定感情，会抵制其负面信息，为企业赢得市场转机的时间。因此，消费者对品牌进行情感上的投入才是形成忠诚行为的关键，能增强企业竞争力。

5. 有利于企业更好地满足消费者的需求。品牌钟爱转移的研究，也能更好地帮助消费者快速、正确地选择符合自己要求的产品，有效减少由于现在众多品牌选择和品牌之间高度的竞争导致的消费者决策疲劳，简化了消费者的决策过程。钟爱的品牌还可以帮助消费者展现或提高自我身份、地位，树立自我独特的个性，更好地满足消费者多样化需求。

第四节　研究流程、研究内容、研究方法

一、研究流程

为系统深入地研究品牌延伸对品牌钟爱的影响，通过文献探讨的规范研究与实证研究、定性和定量研究等多种方法的综合运用，探索性地对在品牌

延伸过程中，钟爱能否转移、转移边界问题及延伸对母品牌钟爱的影响进行研究。首先对相关文献进行了回顾，然后确定主题，选择适当的变量、构建理论概念模型并拟定研究假设，接着进行预试问卷的设计并对量表问项进行预测，预测包括品牌钟爱、品牌一致性、诊断性、期望性以及产品涉入度、产品知识等变量，通过数据分析删掉部分题项，得到正式实验问卷。问卷设计完成之后，接着进行正式实验、实证研究与数据分析，最后再提出管理借鉴、研究结论、研究局限与未来研究展望。设计研究流程如图 1-2 所示：

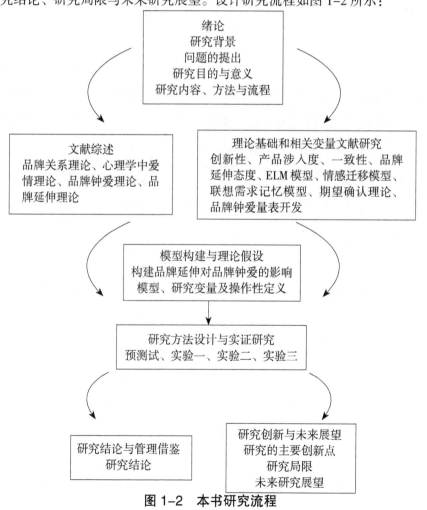

图 1-2 本书研究流程

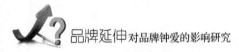

二、研究内容

本书从消费者的视角，研究构建并验证品牌延伸对品牌钟爱的影响模型，研究了延伸的溢出效应及反馈效应。基于延伸视角下钟爱转移及边界研究，是本书独特的研究内容。通过对品牌延伸、品牌钟爱理论以及产品涉入度、一致性等模型变量及 ELM 模型进行文献研究，在文献探讨的基础上，构建理论模型与研究假设，并通过实验法，操作自变量、观察因变量、控制调节变量，以在校大学生为样本、手机品牌为研究对象，采用实验问卷调查获得的相关数据，运用 SPSS19.0 和结构方程模型对问卷数据进行检验分析，再用 T 检验和结构方程模型对模型进行验证分析，实证研究提出了品牌延伸对品牌钟爱影响的模型相关变量之间的关系。最后，根据验证结果与文献综述，提出研究结论、管理借鉴、研究创新点、研究局限与未来研究展望。根据本研究目的和研究流程，全书分五章进行阐述和研究。

第一章 绪论：主要针对品牌钟爱、品牌延伸等已有文献的研究，分别阐述了本论文的研究背景、问题的提出、研究目的和意义、研究内容、方法及研究流程。

第二章 文献综述与理论基础：对品牌关系、心理学中爱情理论、品牌钟爱、品牌延伸理论的国内外研究文献进行文献综述，对研究概念模型的相关变量如产品涉入度、一致性、创新性、品牌延伸态度等模型变量及态度转移等理论的研究成果进行梳理和总结。此外还开发了品牌钟爱的量表。

第三章 模型构建与研究假设：采用文献研究法，探索品牌钟爱能否转移、转移的条件以及对母品牌钟爱反馈的影响，提出本书研究的品牌钟爱转移模型和延伸对母品牌钟爱的反馈研究模型，确定了研究变量的操作性定义与衡量。

第四章 研究设计与实证研究：这一章节是文章的重点研究部分。在研究设计部分主要是说明所使用的研究方法、进行问卷预测试与正式实验问卷的设计与操作。说明本书研究的实验设计、实验分组与实验流程设计、母品牌选择以及延伸产品选择、研究对象与抽样方法、问卷设计、预测问卷调研及数据信度与效度分析以及问卷修正的过程与结果、研究样本取得的正式实验问卷设计内容与实验操作流程，最后介绍了本书所用的几种资料分析方法。在实证研究部分，主要将实验问卷回收的样本，根据实验对象的问卷数据资料进行数据处理，采用描述性统计、T检验、探索性因子分析等研究方法对实验问卷数据分组进行了样本特征分析、信度与效度分析，用T检验和结构方程模型研究方法对模型进行了验证分析。

第五章 结论与论讨：对本书研究的主要结论进行总结。包括主要的研究结论、整理归纳研究假设验证结果、管理借鉴、研究的创新点、研究局限与未来研究展望。

三、研究方法

本书的具体研究方法以采用基于实验问卷调查的实证研究方法的定量研究为主，通过综合运用实证研究与规范研究相结合的研究方法，在文献探讨的基础上，建立了品牌延伸对品牌钟爱影响的研究模型，并通过实验法，操作自变量、观察因变量、控制调节变量，以在校大学生为样本、手机品牌为研究对象，采用实验问卷调查获得的相关数据，运用统计软件SPSS19.0对问卷数据进行检验分析，再用T检验和结构方程模型对模型进行验证分析，实证研究了所提出的品牌延伸对品牌钟爱的影响模型的相关变量之间的关系。

实证研究与规范研究相结合的方法始终贯穿于全书。规范研究中，本书结合所要研究的主题，通过对品牌关系、品牌钟爱、品牌延伸相关文献的梳理进行逻辑推演，在情感迁移理论、图式理论的基础之上，提出研究架构。

通过规范研究有助于了解以往学者们对品牌延伸对品牌关系影响研究方面的历史和现状，帮助确定我们的研究主题还能够形成关于研究对象的一般印象，有助于实证研究中的观察和设计。

在实证研究中，本书主要采用实验法。在实验设计之前，我们通过问卷调查和访谈法，确定了消费者钟爱的品牌。并从中提炼筛选出合适的延伸产品，对自变量进行操控，且通过对消费者的预测试检验，才开始正式的实验研究。在实验研究设计当中，我们突出品牌钟爱、产品类别相似性和品牌形象相似性，控制影响母品牌钟爱对延伸品牌钟爱的干扰变量，对所提假设进行检验。并通过对调查结果进行统计分析，为本研究的结果提供具有统计意义的实证支持，最后对研究结果进行了讨论和分析。

第五节　创新之处

论文可能的创新点有：

（1）本研究以访谈法、问卷法、二手资料收集为基础，构建了本土化的品牌钟爱测评体系，为相关学者的研究提供了有效的测量工具。

（2）构建品牌延伸对母品牌钟爱的影响模型。品牌钟爱是品牌研究领域的一个重要组成部分和新的热点领域，目前学术界在这方面的研究还处于探索阶段，鲜有品牌延伸对品牌钟爱影响的文章，丰富了品牌管理理论。

（3）研究延伸一致性对母品牌钟爱的影响。本研究拟把延伸一致性划分为三个维度：种类相似性、形象相似性、消费者期望性，同时研究了它们对母品牌钟爱的影响；引入期望性作为消费者感知契合度的测量指标。

（4）研究中拟考虑延伸一致性与母品牌钟爱之间的调节变量。将比较系统地研究品牌延伸对母品牌钟爱的影响。考虑消费者介入度、消费者创新等因素对品牌延伸一致性和品牌钟爱之间的关系的调节作用。

本章小结

本章主要分为五个小节，分别阐述了本书的研究背景、问题的提出、研究的目的和意义、研究内容、研究流程及研究方法。开章分析了本书的实践背景和理论背景，说明品牌钟爱是当今品牌研究的热点问题，而品牌延伸已成为企业发展战略的重要组成部分之一，进而说明品牌延伸对品牌钟爱的影响是当今品牌研究的热点问题。在第二节中首先提出理论上的纷争，主要分析了现存研究中不同学者对品牌延伸中的延伸效应和反馈效应存在的分歧，然后提出本论文欲解决的若干问题。在第三节中重点指明研究目的和研究意义，为本研究提供一个明确的方法和基本思路，然后通过阐述书中的理论意义和实践意义来说明本研究在现实中的实用价值。最后，简单介绍了本书的研究内容、研究流程，使读者对文章能有一个更为直观和系统的了解。在此基础上，提出了本书的研究方法，即坚持理论研究和实证研究相结合、定性研究与定量研究相结合的研究方法。

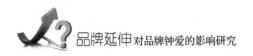

第二章　文献综述与理论基础

目前，国内外还没有品牌延伸对品牌钟爱影响的研究。本书的研究属于品牌关系研究分支，所以本章首先回顾品牌关系理论；由于品牌钟爱类似于人际间的爱，所以本书对心理学中有关爱的理论进行回顾；然后通过梳理品牌钟爱、品牌延伸及相关理论文献，探索性地研究品牌延伸对品牌钟爱转移及反馈效应影响的主要因素。因此，本章将从以下几方面的理论进行研究：（一）对品牌关系、心理学中的爱情理论、品牌钟爱理论进行回顾与总结，以了解品牌钟爱发展现状及趋势，加强对品牌钟爱概念内涵的理解；其次对品牌延伸的研究成果进行梳理和总结，从中发现可能影响品牌钟爱转移的主要因素，以及延伸后对母品牌钟爱产生影响的主要因素。（二）对研究中运用到的相关理论基础进行梳理。（三）对产品涉入度、一致性、创新性、品牌延伸态度等相关变量进行研究。（四）根据第一部分对品牌钟爱概念内涵的理解，开发品牌钟爱量表，为后续研究做准备。

第一节　品牌关系理论

一、定义

品牌关系是品牌理论的前沿课题。Blackston（1992）最先提出了"品牌关系"的概念，将其定义为"消费者对品牌的态度和品牌对消费者的态度这两者之间的双向互动"。该定义将消费者和品牌之间的关系比喻成了人与人之间的关系，指出品牌也会跟人一样对消费者产生态度和行为。成功品牌关系都具有信任和满意这两个因素。Blackston 认为信任与亲密性有关，亲密性是衡量品牌与顾客关联程度的指标。

广义的品牌关系是指以品牌为核心，围绕品牌运营所形成的各种关系。例如，品牌与企业的关系、品牌与顾客的关系、品牌与社会的关系、品牌与传媒的关系，品牌与政治、科技文化的关系及品牌与交易、营销的关系等。如 Mundkur（1997）提出品牌关系不仅涉及消费者与某个品牌的关系，消费者同多个品牌以及消费者之间的关系也应该是品牌关系研究的范畴。

狭义的品牌关系就是本书所主要阐述的品牌与顾客之间的关系。如为了能够清晰地阐述品牌关系的概念，Blackston（1993）提出了主观品牌和客观品牌的概念。他指出，主观品牌是"我如何看待品牌"，客观品牌是"品牌如何看待我"，品牌关系就是主观品牌同客观品牌的双向互动，品牌关系的形成就是主观品牌与客观品牌的相互作用。

二、品牌关系形态

Fournier（1998）提出了 15 种消费者品牌关系类型，包括相互依赖、承诺、爱与激情、自我联结、亲密、伙伴关系质量和怀旧等七个维度，其中爱与激情、自我联结是消费者品牌关系中重要的形态之一。Blackston（1993）提出成功的品牌关系包括信任和满意两个因素。信任受到风险、可信度和亲密性影响，而满意则是主动性和支持性的函数。

Fournier（1998）借助深度访谈法研究了三名女性消费者与品牌的关系，并利用以下指标对消费者—品牌关系的深度、强度和品质进行评估：（1）正性情感，例如激情和爱。这些情感是强势消费者—品牌关系的核心，当消费者对品牌产生正性情感时，从消费者处剥夺该品牌将导致其产生焦虑心理。（2）行为联结，例如相互独立和忠诚。其中，忠诚是构成强势品牌关系的重要组成部分，会使消费者与品牌之间的关系更加持久。（3）支持性的认知信念，例如品牌伙伴质量和亲密。消费者对于自己非常喜欢的品牌往往会形成十分精细的产品知识结构，这种较高层次的支持性认知与更亲密的消费者—品牌关系联结相对应，建立在消费者已有的品牌使用经验的基础上；消费者利用品牌性能对品牌之间的"伙伴"关系进行评价形成品牌伙伴质量，表现为消费者对品牌的正面感知（例如消费者因为某个品牌而备受尊敬）。以上各构面都可以维持消费者—品牌关系的稳定性和持久性。

三、品牌关系质量

Susan Fournier（1998）提出了品牌关系质量（BRQ）概念，扩展了消费者行为研究中的关系理论，是品牌关系质量维度的标志性成果，提供了更为良好的关系框架来理解消费者与品牌连接。认为其包括6个维度：合作质量（认知信念）、相互依存（行为纽带），亲密（支持的信念），承诺（态度纽带），自我连接（社会—情感连接），爱和激情（情感连接）。从理论上讲，BRQ实质上是一个高阶构念，包括所有的关系维度，作为总的关系质量的指标。在BRQ六个维度基础上，何佳讯（2006c）利用高阶因子分析法提出了二阶三因子：象征价值、信任—承诺、亲密情感。Aaker D（1991）没有专门研究品牌关系的质量维度，但他提出的品牌资产五星模型由品牌知名度、品质认知度、品牌联想、品牌忠诚度和其他专属资产构成，实际上也描述了消费者与品牌关系的质量。何佳讯（2006）得出中国消费者品牌关系质量模型，由社会价值表达、信任、相互依赖、承诺、真有与应有之情和自我概念联结六个维度组成。

Aaker 等（2004）在品牌关系质量模型的基础上提出了品牌关系强度的

概念，认为品牌关系强度是一个由满意、承诺、亲密感和自我联结等维度构成的多维变量。

四、品牌关系的形成

对于品牌关系的形成，根据研究主体的不同，现有研究存在视角上的差异。

从狭义品牌关系定义出发，强调消费者与品牌之间的关系如同人际关系的发展一样是一个渐进的过程（Fournier，1998），注重产品从功能到情感对消费者需求的满足过程。如 Dyson，Farr 和 Hollis（1996）的品牌动态金字塔模型显示，品牌与消费者关系的发展关系包括存在、相关、功能、优点和联结。分别对应于提示前知名度、满足核心需求、产品功能效用、差异性竞争优势和独特情感联结。Aaker（1996）认为品牌关系形成可以建立在品牌通过合适的价格提供优异的功能性利益，或是令消费者感到可靠和信任的情感性利益，或是具有象征性的自我表达利益；消费者对品牌的积极感觉、喜爱的感情以及拟人化的对待也将是品牌关系形成的基础。许正良等（2012）从消费者价值的角度对品牌关系的形成进行了研究，指出基于消费者价值的品牌关系的形成是价值感知、品牌情感和品牌忠诚三个层次要素相互影响、共同作用的过程。在这一关系形成过程中，消费者的价值感知是品牌关系形成的认知基础，是激发品牌情感的前置变量；品牌情感是品牌关系的核心层面，是形成品牌忠诚的态度基础；品牌忠诚是品牌关系的外化表现，是深化品牌认知的行为保证。

从广义品牌关系定义出发，在强调品牌关系形成的研究中，不仅涉及了消费者和品牌之间的关系，还考虑了消费者与消费者之间的相互交流。如 Cross 和 Smiss（1998）也提出了品牌关系五阶段论，包括认知、认同、关系、族群和拥护阶段，该模型不仅涉及品牌与消费者之间的交流，还涉及了消费者和消费者之间的交流。

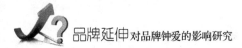

五、品牌关系的影响因素

品牌关系的影响因素主要包括自我认同、品牌个性、消费情境和品牌体验等。

Escalas 和 Bettman（2003）认为，不同参照组个体自我与品牌所形成的联结是不同的，个体使用品牌是为了自我证实，而渴望成为群体成员则是为了自我提升。

Aaker，Fournier 和 Brasel（2004）的研究结果表明，纯真的品牌个性比具有刺激性的品牌个性更加容易形成长期品牌关系；如果发生了品牌侵害（transgression）消费者利益的情况，基于纯真品牌个性的品牌关系会受到更大的影响。可见，不同品牌个性维度对品牌关系强度的影响是不一样的。

Belk（1975）认为消费情境分为物理氛围、社会氛围、时间、任务和购前状态等五种。我国学者张立品（2002）研究指出，感官体验、思考体验、行动体验和关联体验对品牌关系均产生显著的正面影响，而情感体验则不产生显著的影响。Chang Chieng（2006）的实证研究表现有文献一般认为，自我认同、品牌个性、消费情境和品牌体验是品牌关系的影响因素。事实上，可能还存在其他影响因素，如消费价值、品类个性、关系意愿、品牌社群等。

六、品牌关系理论发展

早期品牌关系的研究集中于人的特性（Levy，1985），个性（Aaker，1997），品牌被视为关系合作伙伴（Fournier，1998）。事实上，各种不同的观点、概念模型和各种理论已被开发和介绍用来了解消费者品牌关系（Fetscherin and Heinrich，2014），如品牌忠诚（Jacoby and Chestnut，1978），品牌信任（Chaudhuri and Holbrook，2001），品牌依恋（Belaid 等，2011；Par 等，2010），品牌激情（Baueret 等，2004），品牌浪漫（Patwardhan 等，2011），品牌社区（Veloutsou and Moutinho，2009）和品牌钟爱（Ahuvia，2005）。这些研究区分消费者对

品牌不同的情感（Batra 等，2012），阐释了消费者品牌关系研究是一个多学科、多维度、多概念的研究（Fetscherin and Heinrich，2014）。

最近几年，消费者—品牌关系理论中的品牌情感理论得到了很快发展。Gobe 认为，消费者完全想要和一个品牌建立多维的关系，他们期望品牌在生活中扮演一个正面的、充满活力的角色。Hallberg 相信感情上的依附是促使顾客产生行为忠诚的关键因素，如果消费者与品牌之间能够建立起某种情感上的关系纽带，他们就会相信品牌给予自己的属性和利益是独特的或者是只有少数人能够享有的；于是，消费者对这个品牌将不再仅仅是喜欢，而是对这个品牌产生深爱之情。Roberts 研究发现，品牌情感是以消费者为中心，去铸造一个在消费者和品牌之间深入的和持久的情感纽带，而这些纽带中很重要的关系就是消费者对品牌的依恋。

第二节　心理学中爱情理论

爱是一个复杂课题，涉及性学、生理学、社会生物学、社会学、文化人类学、家政学、伦理学等。这由爱情的复杂性所决定的。国内社会心理学界对人际吸引的研究并不多，而对人际吸引的最高形式——爱的研究更是少之又少。但在西方，社会心理学一直保持着对爱的研究兴趣，成为经典课题。为增加我们对"爱"的内涵的理解，本节从爱情的内涵、爱情起源理论、爱情分类理论和爱情观理论这几方面，对国外心理学领域中的爱情理论做简要介绍。

一、心理学中爱情的内涵

在心理学上，爱情没有统一的定义，不同的研究者提出了不同的见解（王娟，2006）。Watson（1924）和 Freud（1956）都是以性为中心来定义爱情的，认为爱情是由性引发的一种情感；Rubin（1970）和 Skolnick（1978）是从想法和态度方面来定义爱情的,爱情是由特定的想法引起的体验; Swenson（1972）Center S（1975）认为爱情是与他人互动被回报的一种行动。爱情在心理学定义上至今没有统一的意见。各位心理学家从自己的理论基础出发,对爱情进行了阐述,关注的角度大不相同。因此,有关爱情的定义在心理学和其他相关学科中存在着很多争议和困惑。

二、爱情起源理论

理论界普遍认同爱情关系起源于母子关系。我们主要介绍成年人的爱情起源问题,从人格缺陷、人格完整（超人格）、社会规范和生理唤醒这四方面,对有关理论加以介绍。

人格缺失说理论认为爱的需求是一种人格缺陷的表现。该理论认为,人主要是存在缺失,存在不完美性,所以为弥补自身缺失,从而对那些能满足其需求的外物产生爱。而 Casler（1974）认为爱就是害怕失去获得满足的源泉 [1]。因为人有缺陷,所以通过外物来满足自身需求,从而对该物产生爱之情。弗洛伊德和 Reik 把爱情看作是在其伴侣中反映出个人未实现的理想概念 [2]。研究认为,失去所爱会让人很痛苦,以至于让人会更加沉迷于所爱。Peels（1975）认为当人爱上外物时,他就会把自身注意力集中在此物上,并把这种感觉作为他获得满足的唯一来源,导致人际交往能力严重缺乏,从而导致人格缺失 [3]。当消费者对品牌钟爱程度越高,他就越有可能将自身注意力集中在品牌上,来弥补自身缺陷,而导致自身人际交往能力匮乏,造成人格缺失。

人格完美说理论认为爱的需求正是完美人格体现,与缺陷说恰恰相反。完美人格的人即使没有具体的爱的外物,也能正常生活,这种需求并非是必

---

① Casler L. Is marriage necessary [M]. New York: Human Sciences Press, 1974.

② 弗洛伊德. 群体心理学和自我分析 [M]. 熊哲宏, 匡春英, 等译. 弗洛伊德全集（第四卷）. 长春: 长春出版社, 1998: 55-122.

③ Peele S. Love and addiction [M]. New York: Taplinger, 1975.

需的。

社会规范说理论认为爱情的起源不应只局限在人格领域，还应该存在于一个人的社会经历中。Greenfield 认为爱情是行为复合体，即人只有在社会中处理好不同角色，担负起对他人、对社会的责任，才能体验到。

生理唤醒说理论认为当人们在生理上被强烈地唤醒或在特定条件下这种唤醒发生时，他们都会经历激情的爱。

三、爱情分类理论

爱情类型是个人对爱情的解释或对爱情的看法，这种爱情态度指导爱情行为，并表明爱情观念，不同爱情类型映射了不同类型的爱情观念。

Bowlby 认为所有重要的爱（love）的关系（包括与父母的、与恋人的）都是依恋关系。Hazan 和 Shaver（1987）将成人的爱情关系视为一种依恋过程，Bartholomeco 和 Horowitz 于 1991 年提出的四种类型模式，他们将成人的依恋关系分为以下四类：（1）安全型（secure）：认为自己是值得爱的，他人也是值得爱和信任的。（2）专注型（preoccupied）：认为自己是不值得爱的和没有价值的，但他人是可接受的，这种类型的个体总是努力赢得他人的接纳，并以此支持消极的自我表现形象。（3）恐惧型（fearful）：对自己和他人的态度都是消极的，这种类型的成人可能处于害怕他人的拒绝而避免与他人发生联系。（4）冷漠型（dismissing）：对个人的看法相对积极，认为自己是有价值的，但认为他人会拒绝自己，这种类型的成人会以避免与他人发生联系来作为保护自己不受伤害的手段。Shaver 和 Fruley 等人在研究中发现，从依恋角度研究爱情关系是有条件的，并非指向所有的爱情关系。

stemberg（1986）提出的爱情三角理论（表 2-1），是目前最重要且令人熟知的理论。认为人类爱情包括三种成分：亲密、激情和承诺。又提出了多重三角形原理，包括现实中的三角形和理想中的三角形，自己的三角形和对方的三角形，自己知觉到的三角形与对方知觉到的三角形，根据它们能够准确地预测关系满意度和关系质量。激情指消费者对品牌狂热的喜爱的感受；亲密指爱的关系中，消费者所体验到的温暖感觉、亲密情感，和与品牌相连接的行为；承诺指一种被感知的规范，即使有更好的选择，道德义务也会维持这种关系；决定指人有意识地选择，把他们之间的关系界定为爱。

表2-1　斯腾伯格的爱情三角形理论

维度	层面	含义	作用
亲密（Intimacy）	情感成分	心理上喜欢的感觉，与伴侣间心灵相近、互相契合、互相归属的感觉	在爱情中能促进亲近、连属、结合等体验的情感；换句话说，它能引起温暖体验
激情成分（Passion）	动机成分	情欲成分指内驱力，该成分就是在爱情关系中能引起激情体验的各种动机性唤醒以及其他形式的唤醒源。激情指情绪上的着迷，强烈地渴望与伴侣结合，促使产生浪漫关系和外在的吸引力	这些内驱力能引起浪漫恋爱、体态吸引、性完美，以及爱情关系中的其他有关现象
决定/承诺（Decision/commitment）	认知成分	心里或口头的预期，包括短期和长期两个方面，短期方面是指个体决定去爱一个人的决定，长期方面是指对两人维持亲密关系所做的持久性承诺，那些能维持爱情关系的投注、义务感或责任心	体现消费者对品牌的忠诚；对提升品牌资产有重要作用

四、爱的过程

爱作为一种行动，可初步区分为三个环节：纯粹情感层面的爱悦，相互的自我献身，通过对方的爱获得一个新的自身存在。

首先，爱是建立在感性基础的爱悦。要爱上一个对象，人们必须以情感上对它的喜爱为条件，喜爱还不等于爱，喜好会进而发展为占有的欲望，此时我已经不能容忍与对象的分离，所以要力图获得它。在喜爱这一阶段，只有对我自身的我的意识，所以对对象的占有不会改变我的自我占有，不管我对它沉湎到何种地步。而在爱中，我要占有的是一个特殊对象。一方面这对象对我具有最大的同一性，它是另一个自我意识，另一个我；另一方面它又同我具有最大距离。由于我对它的占有依赖它的许可，而这许可恰恰就是它对我的占有，因而我渴望占有它其实是渴望被它占有，于是我的自我占有就被被它占有代替了。因而真爱除了以自我反思为思想基础，还需要通过自我否定来实现。

其次，在爱中的自我否定。在爱中，以前构成我的自我占有在结构上发生了转变，我似乎已不能或不愿再回到从前的自我占有状态，而愿意放弃自我，为对象占有。第一，表现在恋爱中的。人一无所求，而且心甘情愿地放弃自我。第二，自我放弃同时还发生了对被爱者的理想化。既然你拥有一种更理想的存在，那么你作为另一个我，其实是比我自己更高的我，故我只愿承认理想中的你才是真我，而把我自己的我彻底放弃，现在，我只渴望被你占有，只愿以被你占有的形式而有我自己。通过被占有而实现理想中的自我。

最后，爱的和合。在爱中，我的自我脱离，就是因为被你强烈地吸引，就是为了达到与你的结合。因而爱的和合不仅是我与你的结合，更是我以高度分离的方式与自己的重新结合，是我与一个新的、更丰富的自身存在的结合。尽管我把全身心都交付给了所爱的对象，但我仍不可能把对象与我等同，而且对我与对象的差别的意识，乃是爱的幸福的源泉。所以爱是保持了差别的和合，因而是理性的和谐。

五、爱的根源

弗洛姆认为爱根源于生存条件下人的需要。人所处的生存环境使人产生两类基本的生存需要。一方面，人仍然保存着动物性的生理本能需要，另一方面，由于人又超越了自然界，生理本能需要的满足并不能使人感到幸福和满足，因而人还具有超越生理本能需要的心理需要。

在弗洛姆看来，人的心理需要主要包括关联的需要、超越的需要、寻根的需要、认同感的需要以及定向和献身的需要。其一，关联的需要：爱与恋。人都渴望与自己的同类相互依存，力图找到与他人联结的新纽带。假使他没有找到这条新纽带以代替由本能支配的旧有联系，他就不能面临新的生存状况。弗洛姆认为与他人相关联的需要，是人的迫切需要，这种需要是否得到满足决定着人的精神健全问题。满足人同自身、他人及世界结合起来的需要有几条途径：首先是通过顺从于个人、组织，而与世界成为一体。其次是通过控制世界，使他人成为自己的附庸，从而使自己与世界成为一体。再次是爱。弗洛姆指出爱就是在保持自我的分离与完整的情况下，与自身之外的他人或他物结为一体。三种方式中，只有爱既能满足人与世界融为一体的需要，同时又不使个人失去他的完整和独立意识。其二，超越的需要：创造与破坏。其三，寻根的需要：友爱与乱伦。寻根的需要有几个层次：首先是母亲。其次是家、氏族、国家、民族以及教会。再次是普遍友爱。其四，身份感的需要。个体与群体从自然界中分离出来之后，他的理性与想象力促使他需要形成一个关于自我的观念，意识到自己是一个不同于他人的个体。有时人们为了保持与群体协调一致，宁愿舍弃自我身份感。

六、爱的本质

其一，弗洛姆认为爱是给予而非接受。认为只有具有生产性的性格，才能有给予的爱。在给予行为中，体会到了自己的强大、富有、能力。这种增强了的生命力和潜力的体验使他倍感快乐、精力充沛、勇于奉献、充满活力、欢欣愉悦。非生产性的人，由于性格的发展还未超过接受、索取、守财倾向，他们普遍认为给予即放弃某物，是丧失、牺牲。弗洛姆认为，爱，除了给予之外，还包含其他本质要素，即关心、责任、尊重和了解。爱是对所爱对象的生命和成长的积极关心。责任完全是一种自愿的行为，是我对另外一个人表达或没有表达的需要的反应。

其二，爱是一种积极的态度。爱也是一种能力、一种活动，是一种力量。如果缺乏爱的能力，即使找到合适的爱的对象，也不会自然而然地产生爱。同时，弗洛姆认为，爱自己与爱他人并不是相互抵触、相互矛盾的，而是完全一致的。弗洛姆首先强调人对自己的爱，认为自爱是对自己的生活幸福，成长以及自由的肯定，也是爱他人的首要条件。真正的爱是一种为被爱者的成长和幸福所做的积极奋斗，它来源于爱的能力。对他人的爱是具体的个人的爱得以存在的先决条件。也就是说，人只有通过对他人的爱，才能显现出自己施爱的能力，才能在孤独和无情的社会里，发现自己的潜在的真正价值和意义。

其三，爱应该成为自我意志的体现，应该感到这是一种愉快的体验，并且逐渐习惯于这种生活态度，不应是外部强加的东西。

第三节　品牌钟爱理论及文献回顾

在学术界，品牌钟爱是消费者品牌关系研究的至高境界，它是将心理学中的人际间的爱运用到品牌关系理论中，它是品牌关系质量中最重要的维度，是情感依恋的重要体现，是对满意度理论、品牌忠诚理论的延伸，为推进心理学和营销学理论的交叉创新提供新鲜的视角和有益的启示。研究消费者对品牌的钟爱，对企业而言，有利于培养消费者高度忠诚（Barbara A. Carroll & Aaron C. Ahuvia，2006），抵御负面信息，降低企业风险，形成溢价销售和口碑效应，从而形成竞争优势，提升企业绩效（Noel Albert & Dwight Merunka，2013）。对品牌而言，有利于提升品牌资产（Yin-Chieh Hsu 等，2012）。对消费者而言，能帮助消费者快速、正确地选择符合自己要求的产品，减少品牌选择所带来的决策疲劳，简化消费者的决策过程。因此，对其研究具有重要意义。本节主要对品牌钟爱的起源、内涵、维度、影响因素、产生效应进行归纳总结，并指出未来研究构想。

一、品牌钟爱的起源

"爱"在心理学文献中已经得到了广泛的研究，Sternberg（1986）提出爱情三元理论，认为人与人之间爱的关系应包括亲密、激情、决定/承诺。亲密是一种亲近或连接感觉，它归属于一种情感。激情主要来源于对方给予激发的动机，从而引发不同形式的觉醒。决定和承诺主要来源于认知。决定意味着将双方之间爱的关系视为一种短期的认知，承诺意味着期望长久的维持这种爱的关系的意愿。根据 Sternberg（1986）观点，只有亲密和激情，没有决定和承诺成分的爱，叫作浪漫的爱。其三元理论得到广泛运用，Sternberg（1997）开发新的爱的量表用于测量具有不同关系类型的爱，如对父母的爱、对朋友的爱等，而不仅仅是对配偶之间的爱的测量。

在消费学领域，Shimp 和 Madden（1988）根据 Sternberg（1987）在心理学中提出的爱情三角理论模式，首创性提出基于消费物体的热情，指出消费者与其消费物体之间的关系被认为是"消费者极端热情"，并认为这种关系是单向的，不同于人际关系中爱是双向的。认为人际间爱包含三个维度，亲密性、激情性、决定（承诺），这三维度在消费者领域变成渴望、喜欢、决定（承诺）。现在利用这三维度形成了 8 种不同的消费者品牌关系，不喜欢、喜欢、迷恋、功能主义价值观、被抑制欲望、功利主义、被屈服欲望、忠诚。紧接着，Fournier 和 Mick（1999）提出了"消费者对物体的爱"的说法。随后西方学者对消费者—物品的爱进行广泛研究。爱常被用来理解消费者—物体之间的关系（Ahuvia，2005；Fournier，1998；Shimp & Madden，1988）。Ahuvia（1993），提出了自我整合理论来解析消费者对物体的爱。Ahuvia（2005）提出了爱不仅可以用来理解消费者—物体之间的关系，爱还可以运用于各种目标对象（地点、观点、宠物、消费对象、活动、品牌等）。还比较了人际间爱和对物体的爱,结果显示它们之间存在相似性,认为对物体的爱的感觉包括 12 种特征(卓越、不可替代、内涵等)。但这些学者都没有提出品牌钟爱的概念。

在品牌管理中,Carroll 和 Ahuvia(2006)基于消费者对物体的爱,第一次正式在文章中提出了品牌钟爱(Brand Love)概念。

总之,爱的理论是由心理学向消费领域、品牌管理领域不断演进而来的。在心理学领域,爱的关系包括认知和情感成分,并且爱已经涉及自我与他人联结及自我扩展。消费领域的爱也涉及自我整合,但学者对心理学中人际关系间的爱与对物体的爱的认知存在分歧。近几年,品牌钟爱研究才引起学者关注。

二、品牌钟爱的概念

(一)概念界定

Brand love 是一个较新的营销学概念,国内相关文献对此有不同的翻译,如"品牌喜爱"(庞隽等,2007)、"品牌至爱"(张立荣等,2007)、"品牌爱情"(庞隽等,2009)、"品牌依赖"(任强,2012)。但本书认为"品牌钟爱"这个术语更能体现消费者对品牌的情感关系。

品牌钟爱第一次正式在文章中被提出,并进行概念的定义及测量的作者是 Carroll 和 Ahuvia(2006)。将其定义为:满意的消费者对某个特定品牌的情感依恋程度,强调了消费者与品牌之间"恋人"般的关系,包括激情、情感依恋、对品牌积极的评价、积极的情绪反应和对品牌的至爱宣言 5 个方面。概括为两个核心内容,即消费者满意态度和消费者对该品牌强烈的情感依恋。满意是消费者对所选品牌的满足心理状态或品牌超过其期望的主观评价结果,是消费者对品牌的态度。依恋是个人与品牌之间富有情感的独特纽带关系(Thomson 等,2005),包含关联、情感、承诺 3 个方面。情感旨在反映消费者在直接或间接接触到品牌时产生的积极情绪与亲切感；关联是品牌与自我的关联程度，反映品牌和目标消费群体的关系密切度；承诺是消费者愿意与品牌维持长久关系的意愿。该定义将品牌钟爱视为一种纯粹情感和不合理的关系，总的来说，该定义认为品牌钟爱反映了消费者与品牌之间的长久关系（Carroll and Ahuvia, 2006）。

国内外学者对品牌钟爱到底归属于品牌情感，还是品牌关系，仍没有定论。一种观点认为品牌钟爱是一种情感，从情感上对品牌钟爱进行界定，如 Harrison（2011）认为品牌钟爱是消费者与品牌之间紧密的情感联系，是消费者对满意品牌的情感依恋、激情和承诺。Richins（1997）认为品牌钟爱是消费者对品牌的一种狂热的、激情的爱，类似于亲情。Albert&Merunk（2008）认为品牌钟爱是消费者对品牌的喜爱、狂热与依恋。Bergkvist and Bech-larsen （2010） 认为品牌钟爱就是消费者对品牌强烈的喜爱。大多学者认同品牌钟爱被视为一种情感，如 Caroll and Ahuvia（2006），Carroll & Ahuvia（2006），Bergkvist& Bech-Larsen（2010）。品牌情感（brand affect）指普通消费者对品牌使用后产生正面情绪（emotional）反应的潜能（Chaudhuri & Holbrook, 2001）。总之，情感上钟爱反映了消费者对品牌积极的情感连接。

另一种观点认为品牌钟爱是消费者和品牌之间的一种长期关系，这种爱的关系像友情一样能持续很长的时间，涉及情感、认知、行为成分（Fournier, 1998）。Fournier （1998）认为消费者对物体的爱类似于人际间的爱，在本质上是充满激情的、占有欲的、自私的，这种爱的关系被描述成一种浪漫的关系。认为品牌钟爱是满意的消费者与品牌之间动态、复杂和有目的的积极的双向关系（Pang, 2007）；是消费者向品牌传达的一种单向关系（Whang, 2004），认为消费者对物体能产生爱，但物体不可能反过来对人产生爱（Shimp and Madden , 1988）。可见，学者对钟爱主体界定不明确，但都反映消费者与品牌之间的长期发展关系。

　　Fetscherin and Conway（2013）认为消费者对品牌的爱应该与准社会关系相关，而非是人际间爱的关系。他们将准社会关系定义为"一个被感知到的友谊或亲密关系，如同观众与远程媒体，面对面的沟通的关系"。

　　国内学者金明（2011）基于扎根理论，提炼出国内消费者对品牌钟爱的原型，认为品牌钟爱类似于人际间爱情的关系，主要表现为消费者对品牌的单向关系，包括4个方面的内容：品牌满意、品牌信任、品牌激情、品牌依恋。

　　Thomson et al.（2005）创建了情感化品牌依恋这个构念，该构念与品牌钟爱十分相似。Batra et al.（2012）认为品牌钟爱包括长久关系、预期分离痛苦、整体态度、信任、积极情感连接、自我品牌一致性、激情驱动行为七个方面的内容。整体态度反映了特定品牌与理想品牌之间的比较。在自我与品牌的整合中，个体对品牌形象与自我形象的匹配程度进行合理评估。这意味品牌钟爱不仅仅是一个纯粹的不合理构念，而是合理性与不合理性的综合体现。合理部分包括了认知性的思考和评估。然而问题出现了，合理的评估是品牌钟爱的成分，还是其前置变量。在顾客与企业产品进行消费活动的过程中，顾客对企业产品的感情依恋是确保顾客忠诚度的重要内容。

　　从所列举的定义来看，目前学术界对品牌钟爱的概念界定尚存在一定分歧，还没有一个被普遍认可的观点（参见表2-2）。不过，大多学者都强调钟爱是一个多维概念，强调其情感成分。

表 2-2　具有代表性的品牌钟爱定义一览表

作者（时间）	定义	维度
Shimp&Madden（1988）	认为"爱"是"满意的一种模式"，高度的情感关系来源于高度的满意，高度满意的顾客会对品牌产生"爱"	3维度：渴望，喜爱、决定/承诺
Whang（2004）	消费者与某个特定品牌的单向关系，仅指消费者对品牌的爱	4维度：激情、占有欲、依附与利他主义、游戏

续表

作者（时间）	定义	维度
Ahuvia（2005）	消费者与品牌高强度的情感关系，可以用心理学中的爱情关系来比拟	5维度：激情、依恋、对品牌积极评估、积极情感反应、宣称对品牌的爱
Keh，Pang，Peng（2007）	消费者和品牌之间具有亲密性、激情性和承诺性的关系，这种关系具有双向性、目的性、复杂性和动态性特征	3维度：亲密、激情、承诺
张立荣（2007）	品牌钟爱是顾客使用某品牌产品后产生的一种情感或心理上的依托，并不是一种比喜欢更强烈的情绪反应，它包含消费者的自我身份与品牌的整合	2维度：满意、情感依恋
Albert，Merunk等（2008）	品牌钟爱是消费者对品牌的喜爱、狂热与依恋	11维度：激情、品牌关系持久性、自我一致性、品牌是梦想、回忆、快乐、吸引力、独特性、美丽、信任、表达喜爱
金明（2011）	品牌钟爱是顾客对某一品牌产生的感情，主要有对中意品牌的积极的、正面的认知和情感，是消费者对品牌的单向关系	3维度：品牌满意与信任、品牌激情、品牌依恋
卫海英（2012）	消费者与品牌之间双向、动态、复杂和有目的的积极的关系	3维度：品牌激情、品牌吸引、品牌承诺
Batra等（2012）	消费者对品牌认知、情感、行为的综合体现	7维度：长久关系、预期分离痛苦、整体态度、信任、积极情感连接、自我品牌一致性、激情驱动行为

资料来源：根据有关文献整理

（二）维度分析

作为品牌关系领域较新的一个变量，诸多学者对其进行研究，其维度存在较大分歧，呈多样化状态，从1个维度（Carroll和Ahuvia，2006）到2个维度（Noel Albert，2010）[①]，到11个维度（Albert，2008）。

---

① Noel Albert. Measuring the Love Feeling for a Brand using Interpersonal Love Items［J］. Journal of Marketing Development and Competitiveness，2010，5（1）.

在概念维度上，研究存在较大分歧，很大程度上是因为，前期营销研究忽略了探索性工作指导与理论发展，早期缺乏概念的边界和内容构建的研究（Lincoln 和 Guba，1985）。先前研究直接将心理学中的人际爱情的概念引用到营销领域，将个体对品牌钟爱的维度结构等同于、类似于人际间的爱（Albert，Merunka & Valette-Florence，2008；Brakus，Schmitt &Zarantonello，2009；Carroll &Ahuvia，2006；Keh，Pang & Peng，2007；Shimp &Madden，1988；Thomson et al.，2005；Whang，Allen，Sahoury & Zhang，2004）。其次，由于人际关系中的每种爱定义都有所不同，再加上，人际心理学中的爱情本身内涵就非常复杂，现有文献在心理学中对爱情的定义尚不统一（Fehr，1988），对爱情的维度划分和测量也呈现了多种方法，这也导致品牌钟爱维度多样化。再次，人文环境影响。地区间经济文化环境的不同必然造成不同地区的消费者消费心理结构差异，因此在品牌钟爱的内涵和表现上会相应地体现出相应的地区间差异（王娟，2005），这给进一步借鉴爱情理论研究品牌钟爱造成了困难。

（三）品牌钟爱原型

为了更好地揭示人们对品牌的爱的内涵，Batra（2012）对品牌钟爱的原型进行研究。本书主要从认知、情感、行为三个层面对其进行总结，以加强我们对品牌钟爱内涵的理解。见下表（2-3）：

1.品牌钟爱的认知层面

这一层面，品牌是生成机制的核心主体。消费者认知反应是指消费者对品牌信息处理的心理状态，也就是消费者对其自身心理活动的一种感知（周延风，肖文建和黄光，2007）。认知层面的作用主要是激发消费者对品牌的情绪情感反应。

表 2-3 品牌钟爱认知层面

一维	二维	含义解释	作用
认知层面	自我一致性	人们会通过拥有物来定义自己的社会身份，品牌是消费者自我认知的一种强有力支撑（Levy，1959）；品牌不仅能体现自我，成为自我的一部分，实现现实中自我认同（Belk 等，1988），还能帮助消费者体现出期望的自我	品牌与自我联结越融合，消费者对品牌越依恋，就越能导致承诺
	高质量/品质	如品牌独特形象、好的外观设计等	消费者满意前提，是爱的理性指标
	内在回报	当发自内心地爱一个品牌，能影响个人心理状态，如快乐感，这是对个体的内部回报；当品牌不提供内在回报时，真爱是不存在的	能增加个人快乐感，真爱表现形式
	品牌信任	当消费者在信息不确定和品牌遭遇危机情况下，依然选择信任某一品牌或者对品牌抱有很高的期望	提高购买意愿、品牌忠诚和品牌承诺（Kim and Jones，2009）
	品牌满意	消费者认为品牌对自己十分合适，超出其预期的心理满足状态	评估判断结果，理性指标，钟爱前提条件
	对品牌正面的积极评价	对品牌态度的反映，衡量消费者对品牌知识、品牌价值等的深刻认知	理性判断指标
	品牌有较强的价值和存在意义	品牌带来利益，如舒适性、方便性、娱乐性、运动性等；品牌能体现自我期望实现的价值，品牌与某人相关；或有特殊文化意义	感知价值对爱的形成有重要作用
	悠久历史文化	品牌文化是钟爱的品牌的重要特征（Guadagni and Little，1983）	文化能让消费者在自我身份的识别中建立重要作用，提高顾客忠诚（Thomson，2005）

从上述研究可知，品牌自身特性（如悠久历史文化、优等质量）和品牌象征价值（如身份认同、引发记忆）都能影响消费者对品牌感知（内在回报），从而影响消费者的品牌评价及品牌态度（信任、满意），信任满意是形成钟

爱的重要判断标准。

2.品牌钟爱的情感层面

情感是品牌对人产生刺激以后产生的。只有那些能满足消费者需求，能帮助消费者实现品牌与自我概念联结的品牌，才能激发消费者的品牌情感。该成分（表2-4）是品牌钟爱的核心成分。

表2-4 品牌钟爱情感层面

一维	二级成分	含义解释	作用
情感层面	与品牌强烈的情感联结，与品牌隔绝或分离的恐慌	消费者与所爱品牌具有亲密性，长时间接触不到，会焦虑不安，因为他们认为品牌是不可替代且唯一的，在长时间不能使用的情况下会产生思念的情感（Batra 等，2012）	更愿意出高价购买（Hazan and Shaver，1994）
	激情欲望和自然贴合感	消费者有极高的热情去使用一个品牌，渴望得到它并一直在努力；反映消费者较高层次的觉醒状态，频繁出现的狂热叫作激情（Belk，Ger，andAskegaard，2003）	对品牌强烈情感反应
	积极情感	情感上较低层次觉醒叫喜爱（Thomson，2005），而温暖的、热切的爱叫伙伴之间的爱（Hatfieid，1988）	形成依恋前提

品牌与自我强烈的情感联结，说明品牌已成为自我的一部分，品牌对自我扩展发挥了作用；当消费者对自我与品牌联结持积极情感态度时，品牌的刺激，就会使消费者对品牌产生激情，并最终对其产生依恋。

3.品牌钟爱行为层面

行为层面（表2-5），主要表现为品牌忠诚意向与忠诚行为。忠诚意向主要表现为消费者对品牌承诺。品牌承诺是指与特定品牌有不间断的联系，愿意为品牌投入奉献，愿意保持长久稳定关系（Walsh et al.，2010）。忠诚行动表现在：高品牌参与度。消费者在购买产品之后用它做过很多事情，导致现在离不开此品牌（Batra 等，2012）。积极向他人宣传该品牌正面信息，听到负面信息，也依然会购买该品牌。

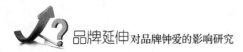

表 2-5 品牌钟爱行为层面

一维	二维	含义解释	作用
行为层面	经常思考和使用品牌，与品牌建立长期关系	消费者经常使用它，思考它，并最终依赖它 Park et al，（2010），经常思考和使用体现消费者对所爱品牌态度（Krosnick et al.，1993）	与品牌拥有长期关系的消费者会将品牌看作是人生中不可或缺的一个重要部分（Walsh et al，2010），形成依恋
	愿意投资	消费者认为购买的产品十分重要，购买之前花大量的时间、精力、金钱来寻找和分析产品信息（Josiam et al.，2004）	这种投资突出了品牌在消费者心中的重要性及品牌与消费者身份整合，提高对品牌依恋（Hazan and Shaver，1994）
	高品牌参与度	消费者在购买产品之后用它做过很多事情，导致现在离不开此品牌（Batra et al.，2012）	
	忠诚、口碑传播、对负面信息抵制	积极向他人宣传该品牌正面信息，听到负面信息，也依然会购买该品牌	为品牌、企业带来直接绩效

意向忠诚体现在对品牌承诺上，愿意维持与品牌的长久关系；并且愿意对其进行时间、精力、情感的投入。意向忠诚是品牌钟爱的表现形式，行为忠诚是对品牌具有较高依恋程度的消费者所具有的表现形式。

（四）争论焦点

通过文献总结，我们认为品牌钟爱争论问题主要集中在以下几点：

1. 品牌钟爱是否类似于人际的爱

诸多学者认为消费者对品牌的爱类似于人际的爱（Albert 等，2008；Bengtsson，2003）。认为品牌被赋予人的个性特征（Sentis & Markus，1986），以此来作为关系建构的基础（Fournier，1998）。因此，品牌被当成个体而存在，与品牌之间存在类似于人际的爱。

也有学者认为品牌钟爱是不同于人际的爱（Batra 等，2012）。首先，人际中的爱可以是无条件的爱，可以不存在回报，如父母对子女的爱；而品牌钟爱是以品牌高质量、高品质为前提，是以品牌价值能否满足消费者需求为前提的；消费者对品牌产生爱时，品牌能让消费者内心感到愉悦、快乐。其次，人际关系中的爱抱怨因素很多，而消费者对钟爱的品牌抱怨的唯一因素就是价格过高，但是对这些品牌，消费者仍感到满意，因为认为该品牌物有所值（Batra等，2012）。

2. 品牌钟爱程度差异

大多学者认为品牌钟爱是消费者对品牌狂热的爱，但也有学者提出消费者对品牌不一定需要一个强烈的狂热的爱；只需要他们对特定品牌的爱超过其他竞争性品牌，就可以称为对品牌的爱（Rauschnabel等，2014）。Batra等（2012）研究认为品牌钟爱可能存在不同的强度，较低或中等水平。即使消费者没有达到对品牌依恋的强度，在日常语言中也被称为"爱"，将消费者从中等水平爱发展到高水平的品牌钟爱，能给企业带来更多的附加价值。

（五）本书的品牌钟爱概念认识

1. 品牌钟爱的主体

品牌钟爱的主体是消费者，是消费者—品牌之间互动关系的结果，是满意的消费者对品牌形成的情感依恋。

2. 品牌钟爱的性质

品牌钟爱的概念虽有不同的表述，有时被认为是一种情感，有时被认为是一种关系，主要是在研究中运用了不同的理论基础，但归根到心理学爱情理论的本质，所表达的都是消费者自我与其接受的产品或品牌之间建立的一种情感依恋，寻求的是对自我概念的支持。当消费者表达对品牌的爱的情感时，实质就是描述消费者与品牌之间的关系，这种关系包括消费者自我与品牌关联、消费者认知情感关联，不是单一的，短暂的爱，它指消费者与品牌关系中特定的情感状态——爱。也就是说，品牌钟爱不仅仅是一种单一的情感成分，还包括认知成分和意动成分。

3. 品牌钟爱存在程度差异

根据社会规范说，品牌钟爱也应有"真情之爱"和"应有之爱"。"真情之爱"指消费者发自内心地、真正地对品牌产生爱之情，认为品牌能带来快乐、幸福的感觉。"应有之爱"指根据社会人伦规范而应表现出的爱，是义务、规范的爱；或者是为了某种特殊目的，如品牌能提高其社会身份地位，能彰显个人的与众不同等而对品牌产生的爱。Batra et al.,（2012）研究认为品牌钟爱可能存在不同的强度。即使消费者没有达到对品牌依恋的强度，在日常语言中也被称为"爱"，将消费者从中等水平爱发展到高水平的品牌钟爱，能给企业带来更多的附加价值（Batra et al.，2012）。

4. 品牌钟爱不同于人际的爱

基于人际关系理论的研究显示，文化也会影响爱的概念和维度（Beall and Sternberg，1995；Deschamps et al.，1997）。而中国本土的人际关系极为复杂，人际的爱的关系复杂，种类繁多，每种爱都有不同内涵。而品牌是特定对象，它们之间内涵是截然不同的。

本研究认为品牌钟爱是基于不同文化背景的消费者对某个满意品牌的有真情的情感依恋程度。这种依恋程度因人而异，体现消费者对品牌钟爱的程度。品牌钟爱可能存在强度不同，高水平的品牌钟爱能给企业带来更多的附加价值（Batra 等，2012）。钟爱包含了消费者对品牌的满意与信任（卫海英、骆紫薇，2012；金明，2011）、情感连接（Batra et al.，2012；Caroll & Ahuvia，2006）、激情（Batra et al.，2012；Keh Hean Tat，2007；Albert，2008；Thomson，MacInnis，Whan Park，2005；Carolland Ahuvia，2006；Whang，2004；Fournier，1998）和自我连接（Fournier，1998；Thomson，MacInnis&Whan Park，2005）；主要表现为消费者对品牌的积极的、正面的认知和情感；反映了消费者与品牌之间长期发展的关系。

三、品牌钟爱与相近概念的关系

品牌钟爱与品牌忠诚、品牌满意、品牌依恋、品牌情感等概念都是用于反映品牌关系的变量，但它们的内涵、在品牌关系中的价值却不同。为了加强消费者对品牌钟爱内涵的理解，有必要对以上概念的区别和联系进行分析。

（一）品牌钟爱与品牌依恋

品牌依恋是联结消费者和品牌的认知和情感纽带的强度（Park，MacInnis，2006），包含品牌与自我关联度和品牌显著度（Brand prominence）两要素。两者的理论渊源都来自心理学中的母婴依恋。区别体现在依恋只是品牌钟爱的核心成分（Carroll，Ahuvia，2006）；依恋是一种情感纽带，而爱正是这种情感纽带关系的表达，是用来刻画这种纽带关系的，而不是纽带本身（姜岩，董大海，2008）。

（二）品牌钟爱与品牌态度

品牌态度是消费者对品牌的评估，突出品牌的特征和利益（Keller，1993）。两者都包括认知和情感因素，且积极品牌态度是品牌钟爱的前提。区别体现在：其一，态度包括认知、情感、行为三层面，钟爱侧重于认知情感层面；其二，态度包括正面和负面，钟爱仅包括正面态度；其三，钟爱发展需要较长时间，建立在双方交互基础上，态度是个体对物体的评估，这些评估并不一定要接触；其四，消费者可能会对许多品牌有积极态度，但钟爱品牌很少；其五，钟爱涉及自我概念或品牌连接，态度没有涉及；其六，钟爱可能会产生离别痛苦，亲近意愿、维持关系意愿、品牌具有不可代替性等特征，但品牌态度没有。

（三）品牌钟爱与品牌偏好

品牌偏好是消费者在面对诸多竞争性品牌时对一个特定品牌的选择，是品牌忠诚的一种测量方式（Rajagopal，2010）。消费者越钟爱某品牌，越容易对该品牌形成偏好。它们的区别体现在：其一，钟爱更侧重于心理层面（认知和情感），偏好侧重于行为层面；其二，钟爱并不强调选择性，而偏好强调在面对两个或多个品牌时的比较和偏向性，偏好涉及比较和做出最终选择。

（四）品牌钟爱与品牌情感

品牌情感是消费者在使用过程中引发的积极情感性反应潜力（Chaudhuri and Holbrook，2007），包含两维度，即"真有之情"和"应有之情"。品牌情感分为信任、品牌与自我连接、共鸣（品牌与自我形象一致性）、伙伴关系、爱（深深喜爱）5种情感（John Rossiter 等，2012），这其中就包括爱这种情感。它们区别体现在：其一，品牌情感包括正性和负性情感（Lar 等，2005），而品牌钟爱是排斥负性情感的；其二，品牌钟爱包含品牌和消费者自我身份联结与整合的过程，品牌情感则没有这样的同化过程；其三，品牌情感有"真有之情"和"应有之情"，而品牌钟爱更多是真有之情。

（五）品牌钟爱与品牌忠诚

品牌忠诚包含行为和态度忠诚。行为上采用重复购买作为操作性定义，态度上包含更多的认知成分是承诺（张立荣、管益杰，2007）。品牌钟爱是品牌忠诚的前因。它们区别体现在：在反应类型上，品牌钟爱更多是认知和情感反应，品牌忠诚更多是态度和行为反应，而且忽视了情感成分，如激情和自我连接（Fournier，1998）。

（六）品牌钟爱与品牌满意

品牌满意是指消费者对某物体的整体性评估（Johnson and Fornell，1991），满意是消费者体验后得出的评价。满意是钟爱的前提条件。它们区别体现在：其一，并非所有满意都会产生钟爱；其二，满意是认知判断，而钟爱更倾向于情感聚焦；其三，满意是对具体的一次特定的交易结果评估，钟爱是消费者与品牌长期关系的结果；其四，满意相对于期望、不确定，钟爱与它们无关；其五，钟爱涉及消费者自我身份和品牌整合，而满意没有这层意思；其六，满意没有与品牌离别痛苦、亲近欲望等特征。

（七）品牌钟爱与品牌喜爱

喜爱与钟爱都表达了一种爱的情感，它们区别体现在：其一，程度上明显不同，品牌钟爱不是一种比喜欢更强烈的情绪反应；其二，品牌与消费者自我认知的整合结果，品牌喜爱并没有这样的同化过程；其三．品牌钟爱排除对品牌的消极情感，如不喜欢、讨厌等，而品牌喜爱是钟爱的成分之一。

（八）品牌钟爱与品牌关系质量

品牌关系质量反映消费者与品牌之间持续联结的强度和发展能力（Fournier，1994），其结果变量是增加关系强度和时间持久性。两个概念有本质区别：其一，品牌关系质量维度中除了包括爱这一成分，还包括其他维度；其二，品牌钟爱维度主要涉及品牌与自我连接；其三，品牌钟爱不用具体指关系类型，如亲属关系，也不包括负面关系质量；其四，维度不同。品牌关系质量的最优模型是三个高阶因子，分别为：象征性价值因子（包括社会价值表达、自我概念联结）、信任—承诺因子（包括信任与承诺）和亲密情感因子（包括依赖和真有与应有之情）（何佳讯，2006），而这些因子大部分是钟爱的前置变量。但两者在一定程度上都刻画了品牌关系的持久性和深度。

（九）品牌钟爱和品牌情感依恋

品牌钟爱和品牌的情感依恋是很相似的概念。Carroll and Ahuvia（2006）认为品牌钟爱是满意的消费者对品牌情感的依恋程度。两者区别：品牌钟爱是对物体情感依恋的强度，然而情感依恋不一定要求有这样的强度。也就是说，对品牌的情感依恋能够体现对品牌的钟爱，但品牌钟爱不仅限于依恋。如父母的爱、浪漫的爱、性的爱，这些体现情感依恋，但依恋只是钟爱的一个体现。

四、品牌钟爱形成机理

现有文献大多是在各自研究背景下探究并验证影响品牌钟爱的具体变量，对钟爱形成机理研究较少。有些学者从理论角度讨论钟爱形成机理，如国内只有学者卫海英，骆紫薇（2012）基于扎根理论，借助释义学方法，以消费者品牌关系中的社会互动理论为基础,提出了品牌钟爱的生成机制。研究表明:社会助长生成品牌激情,社会比较和社会交换生成品牌吸引,社会依恋生成品牌承诺。

该理论将爱的形成过程分为三个阶段,并认为爱根源于人的需要满足。品牌与自我关联的需要,是消费者与品牌形成长久关系的重要因素。首先刺激产生激情,从情感层面吸引消费者,这是感性基础上爱悦产生的前提;然后通过对品牌进一步认知,对自身具有最大同一性,能反映自我意识的品牌,消费者更易对其产生认同感,在认同基础上,消费者与品牌自我联结,形成承诺;然而,在对品牌认知阶段,如品牌不能与自我结合,就可能存在关系不稳定性。但该理论只提到关联需要、认同感需要,而在现实中,消费者可能有更多的需要如超越他人的需要、情感需要、寻根的需要、身份感需要等。这些需要满足都影响到与品牌的关系的发展。本书将该理论建立理论模型,如下图:

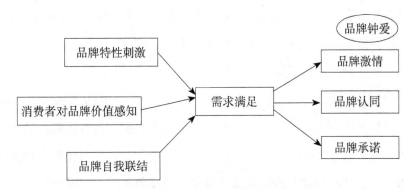

图 2-1　品牌钟爱形成机理

通过对现有文献总结,发现大部分研究都是以依恋理论为基础,该理论认为消费者会对满足自我(体验性消费)、实现自我(功能性消费)和丰富自我(象征性消费)功能的产品或品牌产生依恋。Park,Macinns 和 Prester(2006)还对消费者如何通过产品或品牌支持自我概念,与自我进行关联进而形成情感上的纽带进行了重点分析,他们提出当依恋对象成为消费者自我概念的一部分时,它就与消费者自身紧密联系起来。

总体而言，目前对形成机制的实证研究还相对缺乏。而且现有研究主要是依据依恋理论、自我概念理论展开研究，学者还可以探索更多的理论，对钟爱的形成机制进行研究。很多因素的作用有待探索，如企业因素、环境因素、社会文化因素、个体心理因素等。总之，为了对品牌钟爱形成完整、系统的认知，以便管理者更好地管理品牌，建立消费者与品牌的关系，学者们有必要对钟爱的形成机制进行更加深入、细致的研究。

五、品牌钟爱影响因素研究

熟悉消费者品牌钟爱产生的因素，能帮助营销者更好管理品牌，提高品牌忠诚。已有的研究主要从品牌、消费者、企业三个视角，研究品牌钟爱的影响因素（图2-2）。

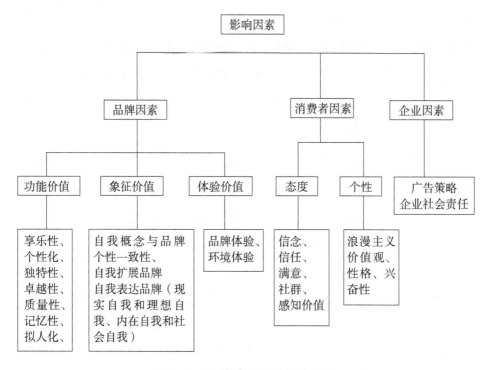

图 2-2　品牌钟爱影响因素汇总

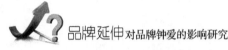

（一）品牌因素

从总体来看，品牌因素可从品牌具有的功能价值、象征价值和体验价值这三方面进行分类。品牌所提供的价值能否符合消费者物质或心理层面的需要是对品牌形成情感依恋的首要因素。品牌因素研究最多的依然是根据 Park 等（2006）所提出的品牌依恋概念模型来展开的。

功能价值是指由产品所具有的功能而使消费者获得的利益，或顾客对品牌的属性、特点、质量等的评价（Woodruff，1997）。先前学者主要研究品牌质量、享乐性（Carroll&Ahuvia，2006）、个性化（Schultz，1989）、独特性、卓越性、品质性（杨德锋、李清、赵平，2012）、记忆性品牌（Mugge 等，2010）、品牌拟人化程度（Rauschnabel 等，2014）对品牌钟爱的影响。

品牌象征性价值研究包括自我概念与品牌个性一致性（季靖，2009）、自我表达品牌（Elaine Wallace，2014；Carroll &Aaron，2006）、自我扩展（杨德锋，2012）对品牌钟爱正面影响。品牌具有象征价值，消费者通过购买具有社会认同、表达自我、实现自我、愉悦自我功能的品牌，满足自我的需要，支持自我概念，与自我进行关联从而使产品或品牌成为自我的一部分，形成对产品或品牌的情感依恋。

从体验价值方面看，国内大部分学者对品牌钟爱的前置变量研究都集中在对品牌体验研究上。品牌体验是知觉、感觉、认知以及品牌相关的刺激引起的行为反应（Schmitt，2009）。学者基于品牌体验与品牌钟爱、品牌忠诚三个概念不同的维度，对这三者之间的关系进行详细研究。如：杨德锋，杨建华，卫海英（2010）研究表明，消费者独特的品牌体验能够促进消费者品牌钟爱的形成；因为独特的品牌体验能促进消费者社会关系构建、自我展示，而且自我展示和品牌娱乐享受正面影响消费者对品牌钟爱。

从品牌体验情境视角进行分析，消费情境包括物理氛围、社会氛围、购物时间、消费者购前状态等多重因素。如 Wanmo Koo 等（2013）研究结果显示，商店设计和商品线索影响消费者对商店钟爱,商店钟爱对商店忠诚有显著影响。

总的来说,品牌因素对品牌钟爱的影响主要有三大因素。首先,品牌享乐性、独特性、卓越性、质量性、记忆性等品牌功能属性对品牌钟爱影响,因为其满足消费者需求;其次,自我概念等品牌象征价值对于消费者品牌钟爱的形成影响很大,当品牌与消费者自我概念吻合度越高,消费者对其依恋程度越强;其三,消费者对品牌体验及体验中的环境因素,会影响消费者对品牌钟爱;总的来说,消费者会对具有满足自我(体验性消费)、实现自我(功能性消费)和丰富自我(象征性消费)功能的产品或品牌产生钟爱。

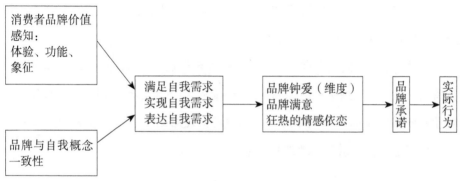

图 2-3　基于依恋理论的品牌钟爱概念模型

（二）消费者因素

关于消费者因素,现有研究主要体现在消费者对品牌的态度、消费者自身个性特征两个方面,对品牌钟爱影响。品牌态度即人们对品牌的好或不好的感觉,态度实际上是消费者通过对品牌的认知而产生的一种评价。在关系形态中,品牌给予个体刺激,品牌便与自我产生了关联,通过品牌选择来建构与表达自我概念、自我扩展,个体向品牌提供两种加工资源,即认知和情感加工。品牌态度的研究主要包括品牌信念(Yin-Chieh Hsu,2012)、品牌信任(Noel Albert 等,2013)、品牌满意(Sandra Maria,2012)、社区意识(Lars Bergkvist 等,2010)、品牌借用倾向、物质主义价值观(杨德锋,2012)、消费者享乐价值观（金明，2012）、消费者产品涉入度（葛晶，2011）对品牌钟爱的影响。在消费者自身个性特征方面，Abhigyan Sarkar（2012）研究证明，个人浪漫主义对品牌钟爱都有积极影响。此外，人的神经质和外向性对形成品牌钟爱有积极影响，亲和性、责任性、开放性的个性对形成品牌钟爱影响不显著（Philipp Rauschnabel，2014）。

（三）企业因素

企业广告策略对品牌钟爱具有影响（庞隽，2007）。研究发现，如果品牌具有享乐价值的话，感性广告比理性广告更容易使消费者对其钟爱，而品牌具备的是功能价值的话，理性广告更能使消费者钟爱。企业社会责任也会影响品牌钟爱（Vlachos 等，2012）。

总体而言，我们发现这三方面的影响因素都是单独对品牌钟爱发挥作用，没有将三者联合起来同时考虑对品牌钟爱的影响，此外，品牌的环境因素、企业营销策略（如广告策略等）、消费者个性对品牌钟爱的影响研究较少，还缺少考虑文化因素对品牌钟爱的影响。

六、品牌钟爱效应研究

钟爱产生效应，现有研究主要集中于对个体层面，对品牌层面和企业层面影响较少。

个体层面的研究主要集中于消费者意向忠诚和行为忠诚研究。意向忠诚主要表现在为品牌支付高价的意愿（Noel Albert 等，2009）、品牌承诺（Tino Bech-Larsen，2010）。行为忠诚表现在对品牌积极口碑效应（Noel Albert 等，2013）、主动向他人宣传品牌（朱鸿，张新艳，2012）、购买行为（Sandra Maria，2012）以及积极参与社群活动（Lars Bergkvist，2010）。只有当消费者对某个品牌有强烈的情感钟爱时，才会表现出很强烈的行为忠诚。少数文献对个人感知做了一定研究，如 Lee Allison（2010）认为销售人员对品牌的钟爱能降低其个人角色冲突和感知的压力。Ahuvia（2005）研究发现，消费者钟爱的物体和活动对建构社会关系和消费者幸福感有重要作用。

在企业层面，品牌钟爱可以有效提高企业业绩水平，保持利润稳定增长，为企业提高其品牌竞争能力提供有力的支持。

在品牌层面，主要集中在品牌资产研究。如 Yin-Chieh Hsu（2012）研究证明在线零售商的品牌信念、品牌钟爱对品牌资产有正向作用。

最后，本书根据文献分析总结，根据认知—情感—行为理论来给予归纳。该理论表明，消费者对某一现象或事物事先会有一种认知，这种认知会促使消费者对其产生情感，并最终促使消费者采取实际行动。在研究消费者与品牌之间的关系时，我们可以借鉴这一心理学研究的主流观点，系统全面地分析品牌关系的内在结构。品牌是关系的主动参与方，品牌对消费者的态度和行为是通过品牌所代表的企业、产品、服务、广告、定价以及渠道形象等要素表现出来的，并被消费者主观感知而形成品牌认知，进而影响消费者的品牌态度和行为。

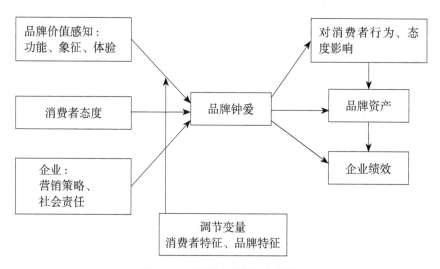

图 2-4　品牌钟爱概念模型

七、研究文献述评

尽管学者们对品牌钟爱有一定研究，但由于品牌钟爱是将心理学中爱的理论引入营销领域，研究时间并不长，现有文献对品牌钟爱研究还存在局限。本书认为未来可以关注以下几方面：

（一）品牌钟爱概念界定

本土化的品牌钟爱的边界在哪里？到底品牌钟爱包括哪些成分？各成分之间关系是怎样的？在进一步研究中，概念需要更加清晰的界定，量表开发也需要更科学和有效的研究方法。所以，理论体系待完善。

（二）品牌钟爱形成机理和作用机理

以往大多在各自研究背景下，探析品牌钟爱影响因素，但对品牌钟爱形成机制研究较少，而且大多是探索性研究，缺乏实证研究支撑。首先，品牌因素方面，可考虑5P塑造等方面对品牌钟爱的影响；其次，个体因素方面，可探索更多消费者价值观及人口统计变量对品牌钟爱的影响；再次，消费情境对品牌钟爱影响研究较少。

对作用机制研究以前很少。现有文献对品牌钟爱效应研究主要集中在对消费者忠诚行为的研究上。品牌钟爱是否对消费者行为产生负面作用，品牌钟爱是否不利于企业产品更新换代，品牌钟爱是否存在文化差异等问题研究基本空白，亟待学者填补。那么在网络新媒体的营销中，消费者对新媒体钟爱形成机制，以及钟爱对消费者购买决策行为、企业绩效作用机制研究也是未来值得探讨的方向。

（三）研究方法

以往研究主要运用访谈法、问卷法，且选择产品比较单一。在以后的研究中，可同时选择几个产品领域的品牌来做系统分析，且可采用焦点小组、实验法、问卷法、深度访谈法、扎根理论等多种方法相结合的方式，提高研究的普适性。缺乏品牌钟爱的纵向研究。

总之，品牌钟爱对提升品牌忠诚、品牌实际收益、品牌价值、品牌资产具有重要作用，对其研究对品牌长远发展具有重要意义。

表 2-6 代表性研究概括

	作者（时间）	国家	产品类别	样本大小	维度	研究方法
1	Shimp&Madden（1988）	——				
2	Fournier（1998）	USA	包装商品，耐用品	3 个不同年龄段妇女		访谈
3	Whang 等（2004）	USA	摩托车	179 位车主	多	调查
4	Auvia（2005）	USA	包装商品，耐用品	10 个深度访谈，70 个电话采访		访谈
5	Thomson 等（2005）	USA	被访者自行选择	68 位学生	多	调查
6	Carroll&Ahuvia（2006）	USA	包装商品	334 位成年人	单	调查
7	Alber 等（2007）	France	被访者自行选择	843 个网络调查用户	多	调查
8	Alber 等（2008）	France	被访者自行选择	17 位访问者	多	访谈
9	Bergkvist&BechLarsen（2010）	Australia	享乐型和功能型商品（ipods）	293 位学生	单	调查
10	Rossiter（2012）	Germany	洗衣剂、咖啡、电脑、时尚服饰	300 位学生	单	调查
11	Batra 等（2012）	USA	被访者自行选择	268 位学生	多	调查
12	Alber&Merunka（2013）	France	被访者自行选择	1505 位法国消费者	多	调查
13	Fetscherin 和 Conway（2013）	USA	汽车	180 位学生	多	调查
14	Lina Roosendans（2014）	Belgium	汽车	278 个汽车用户	单 / 多	调查

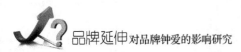

表 2-7 品牌钟爱文献汇总

研究主题		代表性观点
品牌钟爱概念		爱情三元理论（Sternberg，1986）、对物体的爱（Shimp&Madden，1988）、自我整合的爱（Ahuvia，1993）、品牌钟爱（Carroll&Ahuvia，2006）、本土化品牌钟爱（金明，2011）
品牌钟爱影响因素	品牌因素	享乐型（Carroll&Ahuvia，2006）、个性化（Schultz，1989）、历史性（Fetscherin & Conway，2013）、独特性、品牌卓越性和品牌质量、自我扩展（杨德锋等，2012）、记忆（Mugge et al.，2010）、自我概念联结（Abolghasem Mira，2013）、自我概念与品牌个性一致性（季靖文，2009）、自我象征性品牌（Carroll & Ahuvia，2006）、内在自我和社会自我品牌（Elaine Wallace et al.，2014）、品牌体验（杨德锋，2010）、商店设计和商品线索（Wanmo Koo et al.，2013）、商店形象、感知交易价值、企业社会责任（Vlachos&Vrechopoulos，2012）、自我表达型品牌和享乐型品牌（Carroll & Ahuvia，2006）
	消费者因素	品牌信念（Yin-Chieh Hsu，2012）、品牌信任（Noel Albert，Dwight Merunka，2013）、品牌满意（Sandra Maria Correia Loureior，2012）、品牌社群（Lars Bergkvist&Tino Bech-Larsen，2010）、品牌识别（Albert & Merunka，2010）、感知质量和价值（Defeng Yang，2010）、个人浪漫主义（Abhigyan Sarkar et al.，2012）、性格（Govers&Mugge，2004）、品牌借用倾向、物质主义价值观（杨德锋，2012）、消费者享乐价值观和产品价格（金明，2012）、产品涉入度（葛晶，2011）、顾客满意度（Defeng Yang，2010）
	企业因素	广告策略（庞隽等，2007）、企业社会责任（Vlachos & Vrechopoulos，2012）
品牌钟爱影响结果	对消费者影响	积极口碑效应（Noel Albert & Dwight Merunka，2013）、为品牌支付高价意愿（Noel Albert& CERAG，2009）、品牌承诺（Tino Bech-Larsen，2010）、购买行为（Sandra Maria Correia Loureiro，2012）、积极参与社群活动（Lars Bergkvist&，2010）、牺牲意愿（Van Lange，1997）、个人角色冲突和感知的压力（Lee Allison，2010）
	对企业影响	提高企业业绩水平（Kabiraj &Shanmugan，2010；Keller，2003）、品牌资产（Yin-Chieh Hsu et al.，2012）

第四节　品牌延伸理论及文献回顾

　　20 世纪 90 年代以来，随着市场竞争的加剧、营销费用的高涨、新产品导入失败风险的增大，越来越多的企业倾向于采用品牌延伸的方式推出新产品以降低市场进入的壁垒。然而在实际运用中，品牌延伸是一把双刃剑，对延伸产品和母品牌都带来一定风险。那么，在品牌延伸中，消费者对母品牌钟爱能否转移至延伸产品中，延伸后对原品牌钟爱有无影响，这是企业实施延伸策略亟须解决的问题。所以，本节就对品牌延伸的研究进行文献综述与述评。

一、品牌延伸定义

营销学词典《营销术语：概念、解释及其他》对品牌延伸的定义非常简捷，品牌延伸指将已被市场接受的品牌延伸使用到公司的其他产品上，目的是改变原有品牌的形象，但这种策略必须和其他营销策略配套使用才能具有较好的效果（Shapiro 等，1995）。

Edward Tauber（1979）首次对品牌延伸的概念进行阐述，认为品牌延伸是指使用某产品类别的品牌向市场引进在总体上与原产品类别不同的新产品类别。从此引发西方学者对其研究的兴趣。

品牌延伸的定义有广义和狭义之分。广义的品牌延伸包括产品线延伸和跨产品类别延伸。前者指将现有品牌名称用于公司同一类别的另一产品，即将母品牌用于原产品类别，但同一品牌下存在口味不同、感受不同、形式不同、大小不同或者用途不同的各类产品。跨类别延伸是指将现有品牌名称用于公司不同类别的产品，即将母品牌用于全新的产品类别中，简称为跨类延伸或类别延伸（Farquhar，1989）。卢泰宏（1997）认为品牌延伸是将原有品牌转移使用于新进入市场的其他产品或服务（包括同类的和异类的），以及运用于新的细分市场之中，以达到以更少的营销成本占领更大市场份额的目的。

狭义的品牌延伸仅指跨产品类别的延伸。将著名品牌或成名品牌使用到与现有产品不同的产品上，是企业在推出产品过程中经常采用的策略，也是品牌资产利用的重要方式（符国群，2003）。"市场营销之父"菲利普·科特勒和品牌管理大师戴维·阿克也都认为品牌延伸就是"利用品牌名称从一种产品类别跨越到另一种产品类别"。

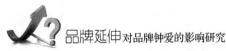

Taube（1981）以企业成长机会矩阵清楚地表明了产品线延伸和品牌延伸的不同，将品牌延伸明确地定义为使用原品牌推出不同类别的产品（图2-5）。从这一定义可以看出，Tauber对品牌延伸的定义采用的是狭义的视角，即品牌延伸是指只将品牌运用到新产品类别中，也就是前面学者提到的跨产品类别延伸。

产品类别

	新	旧	
品牌名称	新产品 New product	侧翼产品 Flank brand	新
	品牌延伸 Brand extension	产品线延伸 Line extension	旧

图 2-5　品牌延伸策略（资料来源：Edward M.Tauber，1981）

本书采用广义的品牌延伸定义，即品牌延伸包括产品线延伸和跨产品类别延伸。即将母品牌用于原产品类别或运用到新产品类别中，包括改进产品和新产品，本书都统一纳入品牌延伸的定义范畴之内。这样定义品牌延伸也更符合企业的客观实际，因为企业在品牌延伸过程中最开始一般都是采取产品线延伸的方式，等到企业品牌声誉提高和企业实力提升之后，根据企业发展战略采取跨产品类别的延伸方式。

二、品牌延伸的分类

按照产品属性的相似性的多寡，Aaker& Keller（1992）把品牌延伸分为近的（close）品牌延伸，适度的品牌延伸，以及远的品牌延伸。Loken，Barbara&John（1993）把品牌延伸划分为典型性延伸和非典型性延伸。如果延伸产品与现有产品非常相似，则称为典型性延伸。

依照产品种类的相似性程度，Broniarczyk&Alba（1994）把品牌延伸分为产品线延伸、相似延伸和不相似的延伸。

按照延伸方向的不同，品牌延伸可分为水平延伸和垂直延伸。水平延伸是指将原有的品牌名称应用在与原品牌产品种类相似或无关的新产品上，（Park，1991；Dawar&Anderson，1994）。水平延伸包括产品线延伸和特权延伸。延伸产品与原产品处于同一行业，通过对配套产品或与原品牌相关联的产品进行开发，来丰富原品牌的种类。奢侈品牌迪奥最初经营女装，后来将产品延伸到男装、童装等。垂直延伸是指用现有品牌引入与原产品种类相同，但在价格或质量上与原产品差别较大的新产品（Keller&Aaker，1992）。通常垂直延伸时会结合子品牌或者复合品牌的策略。垂直延伸又分为向上延伸、向下延伸、双向延伸。

三、品牌延伸效应的优势和风险

（一）品牌延伸的优势

1. 对消费者来说，是一种质量承诺和保证，降低消费者的感知风险，帮助消费者从众多的产品类目选择中迅速做出购买决策（Byung & Sullivan，1995），满足顾客多样化需求。

2. 对品牌管理者来说，是提高品牌管理水平、增加品牌资产的一个重要战略工具。

3. 对企业来说，可以有效利用母品牌的分销渠道（Wernerfelt，1988），提高促销投入的效率（Keller，1998；Bhat & Reddy，2001），提高新产品的成功率（Aaker，1991），利用原品牌的联想效果（Tauber，1988），强化原品牌在顾客心目中的地位，提升知名度和美誉度（Lehu 等，2004）、增加原品牌的市场覆盖（Jaworski & MacInnis，1986），缩短新产品被消费者认知的时间周期，减少开辟新市场的风险，降低投资失败的概率（Aaker & Keller，1990）。

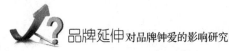

（二）品牌延伸的风险

1. 对消费者来说，品牌延伸容易造成消费者认识上的混乱，导致品牌淡化或品牌稀释（Tauber，1981；Keller，1993）。

2. 对品牌而言，不成功的品牌延伸可能会伤害品牌资产，降低品牌的正面联想，造成消费者的负面联想；某一品牌的负面效应可能会损害原有品牌市场定位、品牌形象、品牌忠诚度（Tauber 等，1988），由此形成品牌延伸株连效应，波及整个品牌系统（Allard 等，2001）。品牌延伸可能会蚕食已有的市场份额和市场地位（John，1998）。在美国一些快速消费品类别中，品牌延伸失败的概率高达 80%（Nielsen A C，1990）。

四、品牌延伸的研究范畴

早在上世纪 60 年代，就有学者提出品牌延伸的相关问题，但一直未进行深入研究，直到 70 年代末，这一研究主题逐渐受到关注。Tauber（1979）发表了重要论文《品牌授权延伸，新产品得益于老品牌》，对品牌延伸进行系统研究。80 年代这方面的研究有很大的发展，但多停留在定性研究和宏观统计上，如 Boush，Auderson，Allen，Bragg 等学者基于定性研究从不同的视角对品牌延伸问题进行了深入探讨，丰富了品牌延伸的理论体系。90 年代，品牌延伸的实证研究开始出现，这一主题的研究逐步形成高潮。其中 Aaker & Keller（1990）从消费者对品牌延伸评价的角度提出 的 A & K 模型最具代表性。后续学者对其研究进行了多方面的验证，如符国群，约翰·桑德斯（1995）研究也得出了与 A & K 模型相一致的结论。Keller（1992）发表的《品牌延伸连续性引入》，将品牌与消费者行为研究联系到一起，为两个领域的学者提供了新颖的研究视角。

国内品牌延伸理论研究始于 20 世纪 90 年代，学者们先后发表相关学术论文近百篇，出版相关书籍 30 多种。主要运用定性研究方法，定量研究较少。

具有代表性研究主要有：卢泰宏（1997）提出品牌延伸的评估模型；符国群（2003）对品牌延伸理论进行了回顾并在中国背景下检验了 Aaker & Keller 模型；薛可、余明阳（2003）创建了资产价值转移与理论模型，提出了品牌延伸的三大决定性因子；刘勇、刘凤军（2006）采用层次分析法构建品牌延伸的综合评价模型，并以娃哈哈、茅台、乐百氏等国内品牌的延伸为例对模型进行了实证研究。这些研究著作和论文从我国实际情况出发对品牌延伸问题进行了研究，促进了我国品牌延伸理论的发展。

总之，在过去 20 多年里，学者们主要致力于探讨品牌延伸的评估过程，形成了以 A & K 理论模型为基础，契合度为关键中介变量的经典理论框架。随后相关文献探索品牌延伸对母品牌的影响作用等。国内对品牌延伸的研究落后于国外，相关文献的学术贡献度和影响力比较低。国内研究主要集中在品牌延伸策略研究以及品牌延伸与其他相关因素的关系方面，而国外的研究更关注品牌延伸在各个领域的应用研究。在研究方法方面，国外研究侧重于定量分析，而国内定性分析比较多，侧重于理论性探讨。

五、消费者对延伸品牌评价的影响因素

延伸品牌评价的主要影响因素，是品牌延伸研究的关键问题。笔者在已有研究的基础上，总结了学者们的研究成果，归纳出了以下几个层面的影响因素。

（一）消费者层面

消费者自身特征、消费者的品牌认知（品牌联想、感知质量、感知风险、涉入度）等因素都会影响消费者对品牌延伸评价。

1. 消费者自身特征

如消费者的情感情绪、消费者的创新性（Klink and Smith，2001）、消费者调节聚焦的思维模式（张黎等，2011）、消费者的解释水平、消费

者的品牌知识（Broniarczyk&Alba，1994）、消费者思维模式（Alokparna Basu Monga 等，2010）都被证实对品牌延伸具有显著正面影响。消费者自身的特征对品牌延伸评价的影响更多表现在对合适性或者母品牌评价的调节作用上。

在情感情绪上，消费者对品牌依恋可以令不合适的品牌延伸也获得高评价，对于中等以上合适性的品牌延伸，消费者对母品牌的依恋的作用凌驾于母品牌态度及感知合适性之上，而且直接影响消费者对品牌延伸的行为，例如购买意愿、支付意愿、口碑和谅解等（Fedorikhin 等，2008）。在消费者高卷入度和母品牌强势度的条件下，消费者自身心情的好坏对契合度的评价是不同的，进而会影响品牌延伸的效应（Barone 等，2000）。对消费者喜欢的品牌，积极的情绪有助于提高消费者对这些品牌感知契合度，进而提高品牌延伸评价（Barone 等，2000），但对消费者不喜欢的品牌，积极的情绪对任何契合度的品牌延伸评价都不具备调节作用（Barone 等，2002）。同时，在低涉入度的情况下，积极的情绪直接影响着消费者对品牌延伸的评价；在高涉入度的情况下，积极的情绪需要通过感知合适性的中介作用发挥间接影响（Barone，2005）。

在消费者思维模式上，消费者处理外界信息时拥有不同的思维方式，最终导致消费者对品牌延伸做出不同的评价。张黎等（2011）发现消费者的调节聚焦思维对子母品牌匹配与消费者评价起调节作用。属于趋进型调节聚焦的消费者，更善于提取事物之间的深层次关系，所以更重视延伸品牌与母品牌之间的匹配程度；而属于规避型调节聚焦的消费者，更善于处理具体的信息，侧重思考母品牌质量。

在消费者的知识、经验、创新性等特征上，根据情感转移模型指出，消费者的情感在母品牌和延伸品牌之间具有转移性，但受到消费者消费知识、经验和契合度的调节（Boush 等，1987）。具有丰富知识和经验的消费者更倾向于采用积极的态度，来判断延伸效果。知识和经验欠缺的消费者会从更直观的角度理解延伸合适性（Muthukrishnan，1991），这时品牌契合度往往会对品牌延伸产生更积极的影响（Nkwocha等，2005）。顾客对延伸产品的知识越少，延伸产品成功的可能性越高（Smith and Park，1992）；顾客寻求多样性的行为倾向越高，延伸产品成功面临的压力越大（Nijssen，1999）；顾客的创新性越高，对新产品的接受程度越高，延伸成功的可能性越高（Klink and Smith，2001）；顾客的自我形象与母品牌的联系也有助于提高品牌延伸评价（Hem and Iversen，2002）。

2. 消费者对品牌认知

母品牌的特质联想对延伸品牌的评价具有影响，消费者会根据母品牌的特质联想所提供的利益点满足自身需求的程度，来评价延伸产品（Bhat & Reddy，2001）。Broniarczyk 和 Alba（1994）揭示了在母品牌特定联想与目标产品类别具有密切联系时，品牌延伸的评价也将获得提高，此时，合适性包含了母品牌与延伸产品在联想（association）方面的联系。

消费者的感知风险也能影响消费者对品牌延伸的评价，在以消费者的涉入度为调节变量的情况下，高涉入度消费者的感知风险能对品牌延伸的评价有显著的影响，在低涉入度的情况下则这种关系不显著（郑春东等，2012）。

"拥有效应（Ownership Effect）"对品牌延伸的反应存在差异，品牌的现有顾客比非顾客对品牌延伸持有更积极的态度（Kirmani，Sood and Bridges，1999）。

消费者品牌忠诚度。消费者与母品牌的关系质量对品牌延伸评价具有正面影响（Park and Kim，2001）。消费者忠诚不但体现在对该品牌重复购买的实际行为，还体现在对该品牌的独特持久的态度，这种特殊的情感会促使消费者对延伸品牌的购买。消费者具有在未来持续购买所忠诚的品牌

的倾向，这种倾向会影响消费者对延伸品牌的评价，且其忠诚度不受外界
环境的干扰和竞争者营销活动的刺激影响（Olivenr，1999）。但也有学者
提出不同见解。认为相对于非忠诚消费者，忠诚消费者对母品牌的信念和
评价难以向延伸产品转移（Coderre等，1998）。Hem和Iversen（2003）
的研究同时考虑了情感和行为两方面的忠诚，结果显示消费者对母品牌的
情感忠诚可能轻微降低消费者的品牌延伸评价，而行为忠诚有助于提高品
牌延伸评价。

根据以上研究显示，消费者特征对品牌延伸评价的影响既可能表现为主
效应，例如创新程度，也可能表现为中介效应及调节效应，例如消费者的母
品牌经验通过母品牌可信度影响品牌延伸评价，消费者情绪、自我调节及涉
入度对合适性作用的调节以及忠诚度对母品牌信念作用的调节等。

（二）品牌因素

品牌因素包括品牌强度（Aaker & Keller，1992）、品牌生命周期（卢泰宏、
谢飙，1997）、母品牌感知质量（Thamaraiselvan&Raja，2008）、母品牌声望
（Thamaraiselvan and Raja，2008）等因素。

1. 品牌强度

强势品牌的品牌延伸效应高于一般品牌价值资产的品牌延伸效应（Aaker
& Keller，1992），且远距离的品牌延伸对母品牌的声誉要求更强，在低卷入
的情况下，母品牌的品牌声誉是其延伸成功的机制保证（雷莉等，2005）。
薛可、余明阳（2003）的研究认为母品牌的强势度是影响品牌延伸效应的关
键因素，从知名度、美誉度和定位度三个方面来反映母品牌的强势度，得出
母品牌的强势度越高，品牌延伸效应就越好。Smith和Park（1992）研究表明，
母品牌实力越强，延伸产品的市场份额越高，未来延伸的成功率越高（Dacin
和Smith，1994）。同时，企业规模、进入行业的时间、独特的市场竞争力等
也会对品牌延伸产生积极影响（Reddy，Holak and Bhat，1994）。

2.品牌价值

Tsai（2005）通过实证研究发现品牌象征价值与消费者重复购买行为之间存在正相关关系，会在一定程度上影响对延伸品牌的购买。

3.母品牌生命周期

母品牌所处的生命周期阶段越靠前，品牌延伸的相对价值会越高，且目标市场的相关度也会影响品牌延伸的效果，相关程度很小的目标市场并不太适合品牌延伸（卢泰宏、谢飙，1997）。

4.母品牌的"固化现象"

母品牌的用途与原产品类别产品属性的联系。母品牌的用途与原产品属性的联系越强，即母品牌的"固化现象"越强，品牌延伸尤其是类别延伸成功的可能性越低（Rangaswamy，Burke and Oliva，1993）。

（三）产品因素

产品本身的特点、所属类别、制造工艺等因素也会影响品牌延伸的效果。

Keller & Aaker（1992）认为高品质的产品在延伸范围的大小和延伸效果上都好于低品质母品牌的品牌延伸。制造工艺复杂的产品相对于工艺简单的产品其延伸效果会更好（Dacin & Smith，1994）。越抽象的产品（如娱乐）本身的品牌延伸范围就比具体的产品（如电视）广（Johnson，1984）。

延伸产品的服务含量对品牌延伸评价具有负面影响，即对于同一母品牌，延伸到服务含量较低的产品得到的评价比延伸到服务含量较高的产品更高，而且相似性越高，服务含量所引发的负效应越大（Lei，Pruppers等，2004）。

（四）企业因素

目标市场的竞争环境、广告战略、企业实力、文化差异等因素也是影响品牌延伸效应不容忽视的方面。

Völckner 和 Sattler（2006）指出，营销支持会影响延伸产品与母品牌之间的契合度。如延伸产品的广告突出与母品牌的联系，帮助消费者联想延伸产品的特征和好处（Chakravarti，1990 等）；广告中多次出现母品牌会提高消费者的感知契合度（Lane，2000）。危华，原永丹（2013）认为代言人所具有的吸引力与消费者的品牌延伸评价之间具有正向关系，高吸引力的代言人使消费者产生更加积极的品牌延伸评价，且这一影响不受卷入度的调节（危华等，2013）。沈铖（2008）认为企业形象，包含外部形象、贡献形象和情感形象对品牌延伸具有正面影响作用。Oakley 等（2008）对企业进入市场的顺序进行了研究，当企业作为一个市场追随者进入市场时，高度契合的品牌延伸将会受到更高的评价，而当企业以市场开拓者身份进入市场时，即使其品牌延伸的契合度比较低，其品牌延伸也会受到较高的评价。企业品牌延伸的次序（Dawar and Anderson，1994）、营销努力（Heath et al.，2001）、企业的营销执行能力（Nijssen，1999）、广告和促销支持对零售商接受品牌延伸的程度有显著正面影响（Louviere，1999）。

（五）品牌延伸一致性

品牌延伸的关键点在于品牌与延伸间的契合度。消费者按情感迁移模型根据延伸一致性决定品牌情感向延伸产品的转移，从品牌利益、信念和属性等维度以归类、图式原理去推断、评价品牌延伸。

一致性在延伸中有重要作用，但学者就一致性对品牌延伸效应的影响具有不同的观点。一种观点认为延伸效果在某种程度上并不受两者契合度的影响，消费者的感知质量是影响品牌延伸效果的决定因素（Aaker and Keller，1990）。

另一种观点，也是目前主流理论，认为母品牌和延伸品牌之间的一致性是影响品牌延伸效果的关键因素。当延伸产品与母品牌产品类别在属性、利益或价格上保持一致时，原始品牌的知觉品质和专有联想形象就可能会至延伸产品上。一致性越高，顾客认为母品牌拥有者制造延伸产品所在类别产品的能力越强，从而对其延伸产品持积极态度（Aaker and Keller，1990）。当延伸品牌与母品牌缺乏契合度时，会直接动摇消费者的心理定位，并会产生消费心理冲突（Loken & John，1993）。图式理论认为适度的一致性能通过品牌联想提高品牌延伸的评价，且中等程度的一致性比极端一致性和信息完全不一致在对品牌延伸评价时效果更好（Meyers Levy J等,1989; 周懿瑾和卢泰宏，2008）。Park 等（1991）认为延伸产品与母品牌概念高度一致时，不管是功能导向型品牌，还是声望导向型品牌，品牌延伸都将获得更高的评价。

产品层面契合度是基于分类加工理论。首先，产品层面契合度表明，对一个延伸品牌的评价是母品牌的一些整体属性所导致的。类别层面契合度通常是由延伸品牌与母品牌产品类别中样本的属性相似性来确定的。当延伸品牌与母品牌类别之间建立了一个认知联系，消费者与品牌类别相关的态度和理念就会被转移到延伸品牌上。

品牌层面契合度强调来自品牌独特属性，品牌概念和品牌形象的相似性。这与概念一致性理论和目标分类理论密切吻合。概念一致性理论主张当两个不相干项目被一致性联系所关联，就可以获得这两个项目之间的概念相似性。同样地，派生目标分类理论表明当两个物体被消费者用来实现同一个目标时，可以获得对这两个物体的相似判断。更重要的是，形象契合度影响消费者，使他们相信他们能够在母品牌和延伸品牌上享受到相似的利益。

六、消费者对母品牌评价（反馈效应）

Rome（1991）首次对品牌延伸的反馈效应进行了实证研究，但直到Loken和John(1993)发表了《品牌信念稀释：品牌延伸何时会产生负面影响?》，学者们才逐渐开始将品牌延伸反馈效应作为独立的主题来研究。

品牌延伸反馈是指品牌延伸后，消费者对延伸产品的态度或评价会反馈到母品牌上，因而对母品牌的记忆和态度可能发生变化，有着利弊的双面效应。一方面，品牌延伸可强化品牌记忆，吸引新顾客，提高品牌市场份额，提升品牌评价，产生正反馈效应；另一方面，品牌延伸会动摇信念，改变品牌联想和形象，产生负反馈效应，增或减值品牌资产（Loken & John，1993；John，Loken & Joiner，1998）。现有文献中，关于延伸产品对母品牌的反馈影响效果的研究相对较少，主要分为两种反馈效应：稀释效应和增强效应。

（一）稀释效应和增强效应

反馈效应指的是品牌延伸后对母品牌的影响。稀释效应发生在延伸中消费者对原品牌产品的评价降低了，增强效应指延伸后对原品牌产品的评价提高了。

1. 稀释效应

一类学者认为稀释效应发生在产品（Keller and Aaker，1992；Romeo，1991）和属性层面（Loken and John，1993）。在产品层面，延伸产品（BOPe）的负面信息对原品牌的评价没有影响，研究将负面信息控制在组内或组间，研究证明，负面信息对原品牌的评价并没有稀释效应（Keller and Aaker，1992；Romeo，1991）。在属性层面，延伸产品（BOPe）的负面信息降低了对原品牌的评价（Loken and Johnson，1993）。两个理论提供解释：簿记模型（Weber and Crocker，1983）和典型性（Rothbart Lewsi，1988）。

簿记模型提出，任何新信息的接收都会影响原品牌信念的改变（Weber and Crocker，1983），尤其是在延伸不一致时，稀释效应更明显（Gurhan-Calin and Maheswaran，1998；Loken and John，1993）。簿记模型认为任何形式的延伸，无论原产品与延伸产品之间的关系如何，稀释效应都将发生。而典型性的评估认为原产品与延伸产品之间的关系影响稀释效应。相比非典型延伸产品失败，典型性延伸的负面信息对原品牌的影响更大（Loken and John，1993）。当非典型延伸时，延伸产品被视为一种例外或子品牌（Weber and Crocker，1983）。子产品与母品牌相区别，这种子类别策略可阻碍母品牌产品的稀释。

此外，稀释效应取决于原品牌的独特联想（Leong，Ang and Lain，1997）。联想可以是一个特定的产品类别，产品使用情况，或一个产品属性对消费者的独特利益。研究表明，品牌联想的独特优势可以减少失败延伸的稀释效应（Leong，Ang and Lain，1997）。稀释效应只发生在与原产品有紧密的关系（John，Loken and Joiner，1998）。

2. 增强效应

另一学派强调品牌延伸对母品牌有增强作用。Balachander and Ghose（2003）发现原产品从延伸产品的广告中获益，提供三种理论支持该观点。

首先，同一品牌下，延伸产品之间彼此收益，共享产品广告，从而减少每个产品的广告支出（Smith，1992）。从这个意义上讲，信息实现经济性，即同一品牌下，一个产品广告会产生一种"光环效应"，增加其他产品的销售（Morein，1975）。

其次，信号理论解释了延伸产品增强母品牌延伸的能力。Wernerfelt（1988）表明，所有产品在同一个品牌下，作为彼此性能保障和未来延伸的可能。一个较低质量延伸产品会降低消费者对其他延伸产品质量的评估。因此，一个品牌旗下产品更多，则连接更紧密。

第三种理论支持延伸增强效应的是消费者记忆网络理论。消费者的品牌知识作为记忆网络连接的结点。这些知识包括品牌的各个方面，如品牌联想，品牌产品，品牌形象等。所有这些概念都是由品牌联系在一起。联系越强，就越容易激活链接。母品牌（B0）与旗舰产品之间的联系是最强的一个。因此，任何产品在这个品牌的广告将激活整个品牌模式。旗舰产品和母品牌之间的联系最为强大。研究显示，在同一品牌下，旗舰产品可以受益于任何其他产品的广告。

Aaker认为，当延伸产品与母品牌具有较好的契合度时，该品牌延伸将会强化消费者的品牌联想，母品牌的个性和形象就可能通过品牌延伸而得到加强。

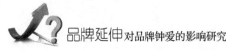

（二）对母品牌反馈效应的影响因素

1. 一致性

延伸一致性是否影响消费者评价母品牌这一问题，现有研究仍然没有定论。早期研究普遍认为，当延伸产品与母品牌有较高的契合度或相似度时，不成功的品牌延伸会损坏母品牌形象。消费者对母品牌的信任在相似性延伸中更容易被削弱，因为在相似性延伸中，消费者对公司专业性认知会受到挑战（Kevin Keller 和 Sanjay Sood，2003）。Lane & Jacobson（1995）则认为由于竞食效应（Cannibalization）的存在，品牌延伸会在一定程度上模糊母品牌与延伸品牌的定位，动摇母品牌在消费者心中的地位（Lane & Jacobson，1995）。Keller 和 Aaker（1992）也通过实验证实了不成功的品牌延伸使母品牌获得的评价显著低于成功品牌延伸。Martine & de Chernatony 等（2004）研究指出，品牌形象一致性较低将对母品牌资产产生稀释作用，延伸品牌形象一致性越高，对品牌资产正反馈效应越大，越有利于品牌提升。

但研究也证明，母品牌面对失败的品牌延伸，也不那么容易被稀释。比如，在与母品牌相似度不同的失败的延伸中，母品牌资产依然保持稳健（Kevin Keller 和 Sanjay Sood，2003）。John，Loken & Joiner（1998）研究品牌延伸契合或远近影响反馈作用，结论是品牌旗舰产品对负反馈有较强免疫力，仅当契合度高的品牌延伸失败时产生负反馈；Kevin Keller 和 David Aaker 在研究中假设不相似的延伸将会导致品牌稀释，因为消费者会认为这是公司在过度利用品牌名字，然而研究并没有证明不相似的延伸会对品牌产生稀释。同样地，Deborah Roedder John 和 Barbara Loken 发现，尽管母品牌拥有较好的质量感知，但引入一个相似的产品类别，质量感知较低的延伸产品，母品牌质量感知降低。但如果引入的是不相似的产品类别，母品牌的质量感知不易受到影响。Roedder John 等发现，旗舰产品是不易被稀释的，线性延伸已被稀释，对于不相似的产品种类延伸，稀释不一定发生。

此外，学者们对产品属性一致性对母品牌的影响存在一定分歧。Keller & Aaker（1992）研究指出，延伸产品属性契合对反馈效应无显著影响；Romeo（1991）研究证实了不当的品牌延伸对母品牌有负效应，延伸产品属性与类别契合的交互影响，指出产品类别比属性契合对反馈效应有更大作用。

总的来说，研究发现除非消费者考虑产品失败原因，当延伸产品与母品牌有较高相似性和诊断性特征被稀释时，稀释效应才会发生。如果延伸产品本质特征与母品牌差异较大，延伸产品失败，不一定会伤害母品牌。在这种情况下，消费者可能会忽略延伸产品的表现，因为他们将延伸产品与母品牌视为不同种类。

2. 其他因素对母品牌反馈效应的影响

Kevin Keller 和 Sanjay Sood（2003）探索性地分析了母品牌资产稀释的影响因素。认为延伸产品体验、品牌战略、消费者涉入度、时间、品牌所有权、诊断性等因素会影响母品牌资产稀释。

其一，延伸产品体验。当消费者体验了较差的相似性较高的延伸产品，母品牌稀释效应将会产生。（不相似的负面体验将不会导致母品牌稀释）当消费者被提供相似性延伸产品的负面评价时，但他们没有直接地体验时，稀释效应将不会发生。消费者直接体验导致稀释，因为体验比其他形式更容易让消费者相信延伸产品。

其二，品牌战略。当品牌延伸战略采用的是母—子品牌时，当延伸产品采用子品牌时，稀释效应不会发生。作者提出相似性的直接体验为母品牌态度改变提供了可能性。子品牌发出一种期望差异性的信号，期望母品牌与延伸产品有距离。至于母品牌是否该为失败延伸负责，子品牌战略能够改变消费者的归因。Chris Janiszewski 和 Stijnvan Osselaer 研究发现，记忆联想模型可以证明这一观点。认为子品牌名称传达不同信息给消费者。Sandra Milberg 等发现同样证据，证明子品牌战略可以避免稀释。子品牌战略是管理上可控的

因素，允许公司积极从事更多的延伸战略，允许品牌犯错和延伸。Milberg,
Park & McCarthy（1997），Gurhan-Canli & Maheshwarn（1998）指出，品牌
的高契合延伸产生正面品牌评价，反之，则负面评价，而运用副品牌策略可
有效消除负反馈效应。

其三，消费者涉入度。品牌延伸稀释效应取决于消费者体验的涉入度水平。
Zeynep 等研究发现，当消费者涉入度不是很高时，稀释效应只有在相似性延
伸中产生。作者发现，当消费者积极处理关于品牌延伸的负面信息时，即使
是不相似的延伸，也会导致母品牌稀释。同样地，Vicki Lane 等研究发现，当
消费者有更高的认知需求的时候（即消费者能分析和理解产品信息时），相
比那些具有较低认知需求的消费者，品牌稀释更容易发生。认知需求高的消
费者对信息处理更加深入。

其四，时间因素。Rohini Ahluwalia 等研究发现，时间也是影响品牌资产
稀释的重要因子。当消费者刚体验完一个负面的延伸体验时，立即测量消费
者态度；不论是相似性延伸还是不相似延伸，稀释效应都将发生。但是当过
了一段时间以后再测试，那么只有不成功的相似性高的延伸才导致稀释。

其五，品牌所有权。消费者对母品牌的熟悉程度也可能会影响母品牌延
伸稀释。在那点上，品牌所有权和使用是关键因素。在实验中，Amna Kirmani
等研究发现不同类型的品牌稀释，取决于消费者是否拥有该母品牌。Vanitha
Swaminathan 等也发现不成功的负面效应只存在于品牌使用者，而对非品牌使
用者稀释效应不存在。这个结果意味着，即使成功延伸也能导致品牌稀释。
因为品牌的意义对忠诚顾客和非忠诚顾客可能不同。忠诚顾客对品牌有更丰
富的、更多的品牌知识结构，对品牌核心意义和价值也比使用者有更深认知，
导致忠诚顾客对品牌信任更强。延伸可能会成功地吸引新的使用者，增加销
售额，但同时，延伸也会使忠诚顾客感知到不一致性，导致品牌稀释。因此，
在某种程度上，忠诚顾客更稳定，但成功延伸也会稀释整个品牌资产。

在本研究中，提出消费者将母品牌钟爱转移至延伸产品的方式有三种。第一种以品牌形象的方式转移至延伸产品上，第二种为以产品类别的方式转移至延伸产品上，第三种为消费者感知契合度—对延伸产品的期望的方式来研究钟爱转移。但究竟哪一种方式更有利于钟爱转移，还有待于本研究工作的进一步开展与验证。

七、研究现状述评

通过对品牌延伸领域研究的细致回顾，本书明确了品牌延伸的概念、品牌延伸领域的主要理论基础、影响品牌延伸评价的主要因素、品牌延伸的逆向作用。

国外研究注重定量研究，结合相关案例进行针对性的实证性研究，探索品牌延伸理论在各个领域的实际运用。目前国外研究主题集中在 4 个方面，分别是品牌延伸评价模型研究、品牌延伸反馈效应研究、品牌延伸评价的影响因素研究、品牌延伸应用研究。在品牌延伸评价模型方面，很多学者都对 A & K 模型进行了验证。研究表明，延伸契合度、母品牌因素、消费者个人因素、消费者涉入的程度是品牌延伸评价的主要影响因素。这与符国群等学者的研究基本一致。

国内研究偏重于定性分析，通过理论性探讨，阐明影响品牌延伸的各种因素以及品牌延伸的意义和必要性，缺乏足够的实证支撑。国内比较关注的品牌延伸的研究主题有品牌延伸的价值分析、品牌延伸评价模型的检验、品牌延伸评价指标体系构建、品牌延伸策略研究以及品牌延伸与其他因素的关系等方面。例如，符国群（2001）运用残差中心化方法检验 Aaker 和 Keller 模型；王小毅和马庆国（2009）探索了基于神经营销学的品牌延伸评估，并对 A & K 模型进行了修正；王艳（2008）论述了品牌延伸的新陷阱与策略；周明（2004）通过品牌延伸对品牌权益影响进行了实证研究；韩经纶（2004）研究了品牌延伸与品牌定位的关系。品牌延伸的反馈效应是品牌延伸研究领域的一个重要研究主题，但是国内少有关于这方面的研究，最有代表性的就是周懿瑾，卢泰宏（2008）发表的关于品牌延伸反馈效应述评的文章，未检索到相关的实证性研究。

1. 在延伸契合度是否影响消费者评价母品牌这一问题上，现有研究仍然没有定论。在品牌延伸发生之后，消费者对母品牌的态度是否会受到影响，受到何种影响，至今还没有一个令人信服的研究结论出现。

2. 有关品牌属性、产品类别等因素对母品牌的影响研究存在一定争议。如母品牌宽度对延伸品牌影响，一些学者认为宽度过宽，且契合度较高时，会模糊母品牌定位；一些学者认为宽品牌增加品牌展露，加强消费者记忆，对延伸品牌有积极作用。

3. 关于品牌延伸对品牌形象影响的研究结论很不一致。有人认为高契合度的品牌延伸会加强品牌形象（Aaker，1990；Eva 等，2009），有学者认为不论契合度高低，品牌延伸都会对品牌形象产生负面影响（Tauber 等，1981），还有人认为品牌延伸对品牌形象不产生作用（Diamantopoulos，2005；Lau，2007；Eva 等，2008）。

4. 国内外有关品牌延伸反馈效应的研究非常稀缺，尤其是对消费者品牌关系的反馈几乎没有（如品牌钟爱），但在实践中却普遍存在。反馈效应是否存在不同的表现形式，这些都为学者的后续研究提供了新的视角和丰富的素材。

5. 现有的研究主要是集中于产品本身的契合度，对消费者感知的契合度研究较少。那么，消费者心中的契合度用什么来衡量？影响消费者心中对契合度评价的因素是什么？如何提高消费者心中的契合度？

6. 很多文献提到了母品牌强势度会对品牌延伸的效应产生影响，但是对母品牌强势度的度量问题很少涉及，强势度对品牌延伸影响的大小也很难量化，本书选择品牌钟爱作为母品牌强势度的度量，拓展延伸理论发展。

7.目前大部分研究者都将精力集中在负面稀释效应上，而忽视了对正面提升效应的研究。特别是，对于这两种效应分别会在什么情况下产生和被抑制，也就是说，负面效应和正面效应的作用边界在何处，目前的研究并没有给出确定的答案。这方面的深入研究，将有助于品牌的长期管理。

第五节 相关变量的研究

一、延伸一致性的相关研究

（一）定义和衡量

品牌延伸一致性也被称为品牌契合度，是一个多维概念，与此相似的概念，如典型性（John D R 等，1998）、相似性（Park C 等，1991）、相关性、感知匹配度、概念一致性等，但其基本内涵大致相同。本书认为延伸一致性是消费者所感知的延伸产品与母品牌之间相容的程度，它包括产品属性特征的相似和非产品属性特征的相似。一致性在延伸中起着关键作用。一致性既影响对品牌延伸的评价（Aaker & Keller，1990；Boush & Loken，1991），也影响品牌延伸的反馈作用（Smith & Park，1992；Morrin，1999），对其定义进行了梳理（参考表2-8）。

表 2-8 一致性及其相关概念的定义

研究者（时间）	内涵
Aaker&Keller（1990）	契合度是消费者认为延伸产品与母品牌之间相容的程度，它包括产品属性特征的相似和非产品属性特征的相似。
Park，Milberg&Lawson（1991）	感知契合度是产品属性的相似性和品牌概念一致性的双重作用。产品特征一致性是指原品牌的产品类别与延伸产品类别之间共性的多寡，这里的产品特征可以是具体的，也可以是抽象的。品牌概念一致性指原品牌的联想与延伸产品之间是否相关或者联结，这种联想代表着品牌特定的概念意义（比如高的社会地位）。

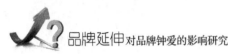

续表

研究者（时间）	内涵
Loken，Barbara，John（1993）	提出典型性（typical）延伸的概念，认为如果一个延伸产品与现有产品是一致的则称为典型性延伸。
Gurhan，Canli&Maheswaran（1998）	认为相关性是一个产品类别能代表品牌家族形象的程度。
Broniarczyk，Alba（1994）	认为品牌延伸一致性包括产品种类相似度与品牌特性联想。品牌特定联想是指消费者对原品牌的感觉与产品原有类相似的程度。
Bhat&Reddy（2001）	认为一致性由延伸产品与原产品间的相似度和延伸与原品牌形象的相似度组成。产品种类相似度是消费者对于延伸产品与原产品相似性的感知；品牌形象的相似度是指母品牌推出延伸产品时，消费者第一感觉认定延伸产品形象与母品牌的相似性，其中包含原品牌特殊属性衍生的相似性和原品牌质量联想延伸的相似性。
Brides，Keller&Sood（2000）	认为契合度是指任何与原品牌相关联想显著性，这种联想包括类别、品牌概念、品牌特定联想等诸多能够联结原品牌与延伸的东西。
Bhat&Reddy（2001）	认为感知契合度应包括产品类别契合度与品牌形象契合度两个维度。
Klink&Smith（2001）	通过组成部分、产品特征、产品功能、满足的需求、使用情形、制造过程和服务这七个方面来判断延伸产品与母品牌的契合度，并指出契合度应该包括消费者对延伸产品和现有产品的认知相似性以及延伸产品与母品牌之间的具体联想两种。

资料来源：相关资料整理

从上述研究中，可以看出现有对品牌延伸一致性的研究主要有两大类，一类是原产品和延伸产品的一致性（POPe），另一类是母品牌和延伸产品之间的一致性（BOPe）。

1. 产品层面一致性

产品层面的一致性主要衡量原品牌产品与延伸产品在特征、属性和利益方面的一致性，一致性越高，那么原产品的影响就越容易转移至延伸产品中。虽然不同的研究者对感知契合度这个变量所采用的定义以及衡量标准有所不同，但大部分的研究者都将"拟合度"、"典型性"、"相似性"、"延伸远近"等概念与延伸产品与母品牌现有产品在产品属性、产品类别上的相似程度相联系，所体现的是延伸产品在产品层面上与母品牌的产品相似程度。Loken 和 John 研究中的"典型性"是指消费者对延伸产品属性的信念与母品牌的相似性。当延伸产品与母品牌原有产品具有较高的契合度时，品牌延伸具有典型性，称为典型性品牌延伸。Zimmer&Bhat用产品类别的相似程度来衡量相似性。Park（1991）认为属性相似性是指原产品与延伸产品属性的重叠程度。Keller和Aaker（1990）将契合度界定为"在延伸种类和母品牌产品间的相似性或可重叠的特征"，包含三个维度：互补性、替代性、制造难度。总之，研究者经常从不同的角度来定义和操作产品一致性。对相似性概念的定义和操作也存在较为混乱的问题。

2. 品牌层面的延伸一致性

还有一类学者认为延伸一致性应包括品牌层面，强调母品牌与延伸产品之间的契合度。品牌被视为所有属性的集合（Keller，1993）。为充分利用母品牌资产，延伸品牌的属性需要与母品牌相似。学者基于不同类型的品牌属性研究了母品牌与延伸产品之间的契合度（BOPe），如品牌形象（Park等，2001）、品牌利益联想（Broniarczyk和Alba，1994）、品牌宽度（Boush等，1991；Mao，2006；Meyvis，2004）。

首先，在品牌形象方面，Park等（2001）认为原品牌形象与延伸产品形象一致时，消费者对延伸产品评价较高。他们检验了两种类型的品牌形象：声望型和功能型品牌形象与延伸产品一致性。研究发现消费者对声望型品牌的感知品牌形象契合度比功能型品牌更高。品牌形象与延伸产品不一致时，将导致延伸产品的评价较低。

其次，母品牌的利益联想也会影响消费者对延伸产品的评价（Broniarczyk和Alba，1994）。相关性指出了母品牌的利益联想对延伸产品分类的重要性。研究表明，牙膏品牌与"清新口气"紧密相连，而清新利益属性在漱口水产品类别中有重要作用，因此，漱口水与牙膏品牌有较高一致性，延伸产品漱口水就会有较高评价。学者利用虚拟品牌证明了品牌利益属性在延伸产品中的重要作用（Bhat等，2001）。Bhat&Reddy也认为消费者的感知契合度由延伸产品与原产品间的相似度和延伸与原品牌形象的相似度组成。

再次，品牌宽度。学者分别用两个理论研究了品牌宽度的作用：典型性评估（Boush 和 Loken，1991）和可达性—识别力评估（the accessibility-diagnosticity argument）（Meyvis and Janiszewski，2004）。Boush and Loken（1991）表明品牌宽度与原产品和延伸产品之间的相似性交互影响消费者对品牌契合度（BOPe）的评估。典型性是指属性、利益、形象等对一个产品类别的代表性。 如果一个延伸产品与现有产品是一致的则称为典型性延伸（Boush and Loken，1991）。若延伸产品与原产品之间的一致性较低时称为非典型性延伸。当消费者认为延伸产品能很好体现原产品的特征时，延伸产品被视为典型性延伸。典型性受品牌宽度和原产品与延伸产品（POPe）相似性影响（Boush and Loken，1991）。品牌宽度是指一个品牌下产品的范围。对一个较窄的品牌，当原产品与延伸产品相似性较高时，延伸产品被视为典型性延伸。对一个较宽的品牌，当原产品与延伸产品相似性较低时，延伸产品被视为典型性延伸。例如，Campbell 是一个窄而深的品牌，提供不同类型的汤，而 Heinz 是一个宽品牌，提供了从婴儿食品到调味料等各类食品。冷冻蔬菜对两种品牌来说，都是不相似的延伸，但冷冻蔬菜对较宽的 Heinz 品牌来说，相比较窄的 Campbell 品牌更具典型性，也就是说，在面对不相似的延伸时，宽品牌比窄品牌更具优势。

分类理论为这种典型性的评估提供了理论支持。Fisk and Pavelchak（1986）认为当延伸产品与原产品在同一种类下时，消费者不需要更多的认知努力就能处理新信息。因此，在分类信息处理过程中，消费者更喜欢典型性延伸。

Meyvis and Janiszewski （2004）运用可达性—识别力评估（accessibility-diagnosticity argument）解释了品牌宽度效应。可达性是指信息可以从记忆中提取的程度，而识别力是指这些信息用以判断相关性（Feldman and Lynch，1988）。当识别信息的程度是一样的，消费者使用最可达的信息。消费者使用两种类型的信息来判断一个品牌产品：品牌联想和产品联想。一个较窄的品牌包含了产品之间的相似性。回忆任何一个产品信息都会激活其他的产品信息。因此，窄品牌的产品联想具有较高的可达性。相比，宽品牌通过品牌联想其产品。因此，对宽品牌来说，品牌联想相比产品联想更具有可达性。Meyvis and Janiszewski（2004）认为当消费者更渴望延伸产品的利益联想时，宽品牌比窄品牌的延伸更有利。

总的来说，品牌层面的契合度强调了母品牌对延伸产品评估有重要影响。大多数研究，只涉及两种契合度中的一种，本研究试图同时检验两个层面的契合度。

学者们对感知契合度的研究一般都集中于关注延伸产品与母品牌在产品层面上的契合度和品牌形象层面上的契合度。品牌延伸过程中的产品契合度和形象契合度是明显不同的。首先，产品层面的契合度的影响主要基于归类理论，而品牌层面的契合度的影响主要基于概念一致性理论和目的派生归类理论。其次，在产品层面上，感知契合度由产品属性特征的相似程度决定；而在品牌层面上，感知契合度由消费者感知的品牌形象决定，产品属性对感知契合度的影响较小。

3. *消费者层面*

与先前研究产品契合度所用的"相似性"概念相比，期望性是一个更广的概念。它从消费者感知的视角来测量产品契合度的不同构念，如感知契合度和属性相似性都可以作为形成期望的基础（Heckler and Childers，1992）。比如，消费者期望宝马汽车制造商能生产出摩托车，因为他们相信制造商能利用宝马的生产技术，并将其迁移到摩托车上。消费者期望电脑制造商根据先前的技术延伸出打印机。因此，期望概念包括了产品知识、先前的经验、感知相似性，以便于判断原产品与延伸产品之间的关系（Heckler and Childers，1992）。

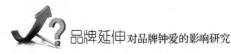

期望性是指新信息落入已有模式的程度,指产品之间的契合度,影响原产品对延伸产品的情感转移(Heckler and Childers, 1992)。当信息不被期望时,它需要更复杂的编码处理过程(Hastie, 1980 1981; Srull, 1981; Srull et al, 1985),才能导致更好的回忆。

消费者的满足程度与其对产品、商品的期望是息息相关的。当消费者购买商品后觉得与自己先前的期望是一样的就会觉得比较满意,但当消费者购买商品后发现与自己的预想有较大差距时,不满足感就会因此产生。按照弗鲁姆的期望理论,当一件事的效价比较高,期望值又比较高的时候,才会对人有较大的激励作用。同理,只有消费者认为一件商品的效价比较高,公司的信誉比较好的时候才会产生对这个公司乃至其产品的钟爱。

（二）本书对延伸一致性的定义及衡量

大多数学者认为延伸一致性包含了两条路线的情感转移（Fiske, 1982; Fiske and Pavelchak, 1986）。一个是原产品和延伸产品的契合度（POPe 适合），另一个是母品牌和延伸产品之间的契合度（BOPe 配合）。

产品层面上,本书选择产品种类相似性这一变量来衡量,产品种类相似性是由消费者对于延伸产品与母品牌产品类别中样本属性相似性来确定的（Meyers-Levy, 1989）。其中属性是产品或服务的描述性特征,也就是消费者购买产品或服务的原因,可以分为与产品相关的属性（产品或服务的实质功能）和非产品相关的属性（包括价格、包装、使用者及使用情境等）。

品牌层面上,本书选择品牌形象相似性这一变量来衡量,品牌形象相似性是指母品牌推出延伸产品时,消费者第一感觉认定延伸产品形象与母品牌的相似性,其中包含原品牌特定联想的相似性（Bhat&Reddy, 2001）。Keller（1993）把品牌形象分为利益和态度。

为了衡量消费者层面的感知的契合度,本研究引入了消费者期望性这一概念。Heckler and Childers （1992）提出了一致性包含两个维度:相关性和期望性，研究了延伸一致性对消费者母品牌记忆的影响。期望性是指新信息落入已有模式的程度（Heckler and Childers，1992）。当信息不被期望时，它需要更复杂的编码处理过程（Hastie，1980；Srull 等，1985），才能引发更好的回忆。相关性是新刺激与现有图式相关的程度（Heckler and Childers，1992）。测量产品契合度的不同构念，如感知契合度和属性相似性都可以作为形成期望的基础。比如，消费者期望宝马汽车制造商能生产出摩托车，因为他们相信制造商能利用宝马的生产技术，并将其迁移到摩托车上。消费者期望电脑制造商根据先前的技术延伸出打印机。因此，期望概念包括了产品知识、先前的经验，以便判断原产品与延伸产品之间的关系。

一致性是影响品牌延伸效应的一个关键因素，先前研究很少有同时检验两种一致性。为填补这一缺口，这项研究提供了一个框架，整合了产品层面契合度（POPe）和品牌层面契合度（BOPe）。此外，现有研究基于消费者感知的一致性研究较少，现有的研究主要是集中产品和品牌一致性。那么，在消费者心中的契合度用什么来衡量？本研究结合了 Bhat&Reddy（2001）和 Heckler and Childers（1992）对品牌一致性的认知，将品牌一致性维度分为产品种类一致性、品牌形象一致性（Bhat&Reddy，2001）以及消费者感知的期望性（Heckler 和 Childers，1992）。

对于一致性目前理论界大多采用直接的方式进行衡量。本书借鉴 Aaker和 Keller（1990）和 Bhat&Reddy（2001）量表测量产品层面一致性。借鉴周冠奴（2008），Keller & Sood（2003），Simonin 和 Ruth（1988），Meyers-Levy & Tybout（1989），Lee & Marson（1999），Lange & Dahlèn（2003）研究中的有关一致性量表，发展出衡量消费者对品牌层面一致性的量表。借鉴 Heckler & Childers（1992），Keller & Sood（2003），Lane & Jacobson（1997）研究中的期望性测量，发展出衡量消费者层面的一致性量表——消费者期望性。然后采用 5 道题项的李克特七级量表（Seven Likert type scales）来进行衡量，分数为1~7，分数越高表示受测者认为延伸一致性越好。由题项的平均来衡量，并计算题项的Cronbach's α值，以求题项的相关性，以确定题项所衡量的结果区分受测者是否具一致性、不一致性。一致性操作性定义及量表题项设计如表2-9所示：

表2-9　产品种类一致性定义及量表

变量	定义	量表	参考文献
产品类别相似性	是指品牌延伸必须要使消费者认为延伸的产品或服务与品牌原有产品或服务有一定的关联性；是消费者对于延伸产品与原产品相似性的感知	1.a与A的产品有相似的功能 2.a与A的产品有相似的适用场合 3.a与A的产品有相似的使用需求	Aak和Keller（1990） Bhat和Reddy（2001）

表2-10　品牌形象一致性定义及量表

变量	定义	量表	参考文献
品牌形象相似性	指当品牌延伸所提供的形象与原品牌形象一致或不一致	1.延伸产品符合原品牌形象 2.a传递着与A相同的品牌概念 3.进行该品牌延伸对苹果公司是合适的 4.我觉得延伸品牌与原品牌是搭配很好的	Keller&Sood（2003） 周冠妏（2008） Lange & Dahlèn（2003）

表2-11　期望性定义及量表

变量	定义	量表	参考文献
期望	期望在品牌延伸中，主要用在产品契合度上，指消费者对原产品产出延伸产品的期望程度	1.A现有的制造技术、资源、人员等有助于a的开发和制造 2.我觉得延伸产品是符合期望的 3.原产品进行这样的延伸，我一点也不觉得奇怪	Heckler &Childers 1992） Keller & Sood（2003） Lane &Jacobson（1997）

二、产品涉入度定义与衡量

（一）涉入度定义

涉入度指消费者对某事物的重视程度（Latsovicka and Gardner，1978）、持有的兴趣与狂热的感觉（Goldsmith and Emmert，1991），引发不可观察的激动动机（Rothschild，1984）。涉入度越强，消费者就会越主动、越积极地搜寻购买信息。Mittal 和 Lee（1989）以及 Kim（2005）等学者指出，产品涉入是消费者基于对本身的相关性、需求性、价值观、概念及兴趣，对产品所知觉到的相关性及重要性程度以及处理的方式。涉入可依本质与对象区分为不同的类别，包括广告涉入、产品涉入、购买决策涉入。本书主要研究产品涉入，指消费者对某事物的重视程度及持有的兴趣与狂热的感觉。当来自购买的期望利润或损失增加时，对个人的重要性亦随之增加，而随着涉入的增加，消费者会产生更多的动机去了解与仔细考察并搜寻有关购买方面的信息。本书将以产品涉入度作为调节变量，研究其对母品牌钟爱的影响。关于产品涉入度的研究主要包括以下几种观点（见表2-12）。

表2-12 产品涉入度定义

学者（时间）	观念性定义
Goldsmith and Emmert（1991）	产品涉入度是消费者对某一产品所持有的兴趣与狂热的感觉，其对消费者行为、信息处理与决策都扮演着重要的角色
Bloch& Richins（1983）	产品涉入度是指消费者将产品与持续或特定情境目标相联结的程度
Rothschild（1984）	产品涉入度是指产品因为与消费者的需求和价值观念相关联而在其心目中占据重要地位，并引发不可观察的动机激动和兴趣
Latsovicka and Gardner（1978）	产品涉入度是指消费者对产品的重要程度或消费者赋予产品的个人主观意义，是以个人本身的认知来定义，而非针对产品来定义
Zaichknowsky（1985）	产品涉入度乃是产品特性所引发的消费者对个人攸关性的知觉
Cohen（1983）	产品涉入度是消费者对某一产品所投注与重视的程度
Kapferer and Laurent（1985）	产品涉入度对广告的重要性、涉入为一重要的区隔变量

资料来源：本研究整理

（二）产品涉入度衡量

以往研究多以单一变量衡量，如重要程度或关心程度等，若以单一变量衡量涉入，难以完整描述、解释或预测消费者之涉入。因此，有些学者采用多重变量以为衡量涉入之变量。

Chaffee and Mclead（1973）将产品涉入以品牌数目、式样差异、产品功能、价格、购买重要性、经销商专业性、品牌替换性等七个变量探讨。Tyebjee（1979）以每周平均消费、产品差异、印象差异、自我经验、收集产品信息的兴趣、使用产品的渴望程度和品牌熟悉度等变量加以衡量。Engle and Blackwell（1982）将误购风险与购后因素纳入考虑，以产品与个人攸关程度、产品误购风险、消费结果与消费者相关程度与购买后的焦虑程度，为衡量涉入之变量。Laurent 和 Kapfere（1985）认为对产品涉入度的衡量需要观察四个构面：产品的重要性/兴趣、误购风险、产品愉悦性和产品象征性；他们提出了消费者介入概况量表（称为 CIP 量表）。Zaichkowsky（1985）提出了包含个人因素、产品因素和情境因素三个构面的 20 个题项的语义差异量表，来衡量消费者的产品介入度。Dholakia 和 Fortin（2002）在研究中将产品介入区分为持续介入和情境介入。

Mittal（1995）在比较分析已有量表的基础上，将现有量表进行了修正。其中广为采用的量表是 Zaichkowsky（1994）所提出的个人涉入量表。消费者对不同产品与购买任务的产品涉入度会有所分别，高涉入购买是指对消费者很重要，会引发广泛性问题解决；低涉入购买对消费者较不重要，且知觉风险很小，所引发的信息处理非常有限（Schiffman and Kanuk，2000）。Blackwell，Miniard and Engel（2001）指出涉入的范围从低到高，涉入的程度由消费者认知产品与服务重要性所决定，产品与服务对消费者愈重要，他们会有愈多的动机去搜寻信息于涉入决策之中①。

本研究参考 Mittal（1995）的产品涉入度量表，共设计 4 个题项衡量消费

① Blackwell D R，Miniard P W and Engel J F. Consumer Behavior，9th ed. Harcourt，Inc，2001.

者的产品涉入度（如表 2-13）。

表 2-13 产品涉入度量表

题项	内容	题项	内容
1	选购 XX 产品时，我非常关心所买的是哪个品种或品牌	3	购买 XX 产品前，我会多方收集相关信息
2	选购 XX 产品时，做出正确选择很重要	4	使用 XX 产品是我的兴趣之一

三、消费者创新性定义及衡量

（一）创新性的定义

消费者创新性的研究始于上个世纪七十年代（Robertson and Myers, 1969, 1970；Bruce and Witt, 1970；Blake, Perloff and Heslin, 1970；Jacoby, 1971；Rogers and Shoemaker, 1971；Coney, 1972），是研究创新扩散过程中所创立的一个概念，早期研究主要采用心理学研究方法。

Roehrich（2004）将创新性分为三类：企业创新性、产品创新性、消费者创新性。企业创新性指一个企业快速设计和推出新产品的能力（Hurley and Hult, 1998）；产品创新性指产品创新力度（Daneels and Kleinsmith, 2001）；消费者创新性指消费者比他人更频繁、更快购买新产品的倾向（Midgley and Dowling, 1978）。本书创新性一词特指消费者创新性。Midgley and Dowling（1978）最早进行系统研究，将消费者创新性分为内在的和实际的创新性。

一方面，实际的创新性或称为"新产品购买行为"，是指实际购买新的信息、新的创意及新产品（Hirschman, 1980；Midgley and Dowling, 1978），反映了消费者对新信息、观念和产品的实际需求（Hirschman, 1980；Midgley and Dowling, 1978）。从行为科学的视角来看，实际创新性被定义为"个人在其社会系统中较他人较早采用创新的程度"（Rogers and Shoemaker, 1971）。例如，Stenkamp 和 Hofstede（1999）认为消费者创新性是消费者购买新的不同产品或品牌而不是保留以前的选择和消费模式的倾向①。实际创新性又划分为两种：采用创新性（Adoptive Innovativeness）与代理创新性（Vicarious Innovativeness）。前者指的是"个人实际采用一项新产品"，后者指的则是"获得某项新产品的相关信息"。通过"代理创新性"，个人可能采用了一项新产品的观念而非实际采用，不过由于这观念植入了记忆中，所以对未来的采用会有影响。

另一方面，内在的创新性指消费者潜在的"创新倾向"（Midgley and Dowling，1993），即天生创新性或一般创新性（Hirschman，1980），是人的一种潜在的喜欢接受新产品的心理特质，这种心理特质存在于很多产品种类的消费行为中，并广泛应用于心理学以识别个体的创新性（Kirton，1976）。例如 Steenkamp et al.（1999）认为创新性是消费者受到新产品吸引的倾向，Hauser（2005）将消费者创新性定义为消费者采用新产品的倾向和偏好。黄嘉胜（1994）认为消费者创新性是一种个性的概念，可以用来解释个人愿意接受改变的程度。

（二）消费者创新性的衡量

学者们对消费者创新性的定义各不相同，有的将消费者创新性视为单维构念，有的则视为多维构念，因而其结构和适用范围都不相同。

Foxall（1995），Rogers（1995）等学者将消费者拥有的产品数量、使用特定产品的相对时间和购买意图作为测量消费者创新性的方法。

Roehrich（1995）认为消费者创新性是消费者对刺激和独特性的追求，并从享乐、社会比较两个维度构建了6个题项的消费者创新性量表。

Roehrich（2004）指出消费者创新性包括生活创新性和接受性创新性两类。认为消费者创新性测量量表也包括生活型量表和采用型量表两大

---

① Steenkamp JBEM, Hofstede Fter, Wedel M. A Cross-national Comparison into the National and National Cultural Antecedents of Consumer Innovativeness. Journal of Marketing，1999，63（2）：55-69.

类。生活型量表度量的消费者创新性指提出新问题、采用新方法和改变意愿的个性，测度范围不仅限于对新产品的采用，而且包含了对用创造性思维提出问题和解决问题的度量。采用型量表，主要用于度量采用新产品的倾向。

我国学者刘石兰提出，消费者创新性包括认知创新性和感知创新性两个维度。LeLouarn 从新事物的吸引力、新产品购买决定的独立性和购买新产品时的风险承担能力三个方面度量消费者创新性。

本研究在参考 Roeh Lrich（1995）的量表以及 Volckne 和 Scattler（2006）的量表的基础上，设计了包括 5 个题项的消费者创新性量表（表 2-14）。

表 2-14 消费者创新性量表

题项	内容	题项	内容
1	我喜欢先于别人买新产品	4	总的来说，买新近的产品让我兴奋
2	总体而言，我喜欢（享受）买新近的产品	5	我比别人知道更多新产品
3	我对新产品很感兴趣		

四、品牌延伸态度测量量表

品牌延伸态度是消费者接触到延伸产品时，在没有任何外在信息输入的情况下所产生的对延伸产品的态度，这是品牌延伸时消费者对延伸产品的初始评价，不包括后续的购买问题。本研究中的品牌延伸态度的测量量表参考 Aaker&Keller，Bhat&Reddy 等学者的测量量表，具体如表（2-15）所示。

表 2-15 品牌延伸态度测量量表

题项	内容
1	您对延伸的赞成程度如何？
2	延伸产品的总体质量感知如何？
3	您尝试购买延伸产品的可能性如何？
4	您认为延伸产品的市场地位会怎样？

表 2-16　研究变量操作性定义与量表汇总表

变量	操作性定义	量表	来源
品牌形象相似性	指当品牌延伸所提供的信息与原品牌形象一致或不一致时	1.a 与 A 有相似的品牌形象 2. 我觉得 a 与 A 是合适的 3. 我觉得 a 与 A 搭配是很好的 4. 我觉得 a 与 A 原产品是相关的 5. a 传递着 A 相同的品牌概念	Keller&Sood（2003） 周冠妏（2008） Simonin&Ruth（1988） Meyers，Levy&Tybout（1989） Lee& Marson（1999） Lange & Dahlèn（2003） 林正士（2006）
产品类别相似性	指品牌延伸必须要使消费者认为品牌延伸的产品或服务与品牌原有产品或服务有一定的关联性；是消费者对延伸产品与原产品相似性的感知	1.a 与 A 的产品种类相似 2. a 与 A 的产品有相似的适用场合 3. a 与 A 的产品有相似的使用需求	Aak&Keller（1990） Bhat&Reddy（2001）
消费者期望性	期望在品牌延伸中，主要用在产品契合度上，指消费者对原产品产出延伸产品的期望程度	1.A 现有的制造技术、资源、人员等有助于 a 的开发和制造 2. 我觉得 A 产品与 B 产品是符合期望的 3. 我觉得 A 产品与 B 产品是令人惊奇的	Keller（2006） Keller&Sood（2003）
产品知识	产品知识定义为消费者对产品所了解的具有多少知识或对产品了解的自信程度。主观知识，即个人认为自己了解产品程度的多少	1. 我对 XX 有足够的产品知识 2. 朋友选购 XX 时，我可以针对不同品牌提供建议 3. 我有能力分辨不同品牌 XX 之间的品质差异 4. 如果今天要买 XX，只需收集很少资料，我就能做出最后选择	Betty 和 Smith（1987）
产品涉入度	产品涉入度定义为消费者对延伸产品品牌关心程度的高低	1. 选购 XX 产品时，我非常关心所买的是哪个品种或品牌 2. 选购 XX 产品时，做出正确选择很重要 3. 购买 XX 产品前，我会多方收集相关信息 4. 使用 XX 产品是我的兴趣之一	Mittal（1995）

续表

变量	操作性定义	量表	来源
创新性	消费者对刺激和独特性的追求	1. 我喜欢先于别人买新产品 2. 总体而言，我喜欢（享受）买新近的产品 3. 我对新产品很感兴趣 4. 总的来说，买新近的产品让我兴奋 5. 我比别人知道更多新产品	RoehLrich（1995） Volckne&Scattler（2006）
品牌延伸态度	消费者接触到延伸产品时，在没有任何外在信息输入的情况下所产生的对延伸产品的态度	1. 您对延伸的赞成程度如何？ 2. 延伸产品的总体质量感知如何？ 3. 您尝试购买延伸产品的可能性如何？ 4. 您认为延伸产品的市场地位会怎样？	Aaker&Keller（1990） Bhat&Reddy（1988）

资料来源：本研究整理

第六节 相关理论基础

对于品牌延伸评价过程的相关理论，主要涉及情感迁移模型和联想需求模型、晕轮效应与强化理论、分类理论、类比学习。

一、态度转移理论

（一）品牌态度的定义

态度定义为个人对某些个体或观念，存有一种持久性的喜欢或不喜欢的认知评价、情绪感觉以及行动倾向（Kotler，1994）。品牌态度是以对产品相关属性及非产品相关属性的信念为基础（Keller，1997），是顾客在特定品牌偏好下对品牌形成的稳定的有利或不利的整体评估（Franzen，1999），是储存在个人记忆中实体产品评价的连结（Farquhar，1990）。而品牌态度的要素为品牌情感与品牌知识（Percy&Rossiter，1992）。品牌态度包含着有关此品牌的正面或负面的倾向（Myers，1967）。

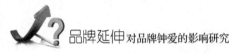

（二）品牌态度的影响因素

本论文选择目前学者们广泛接受的态度影响因素感知质量、经验与消费者的品牌知识来进行进一步的验证。在感知质量方面，研究者认为品牌态度的好坏取决于消费者对品牌的品质认知的高低（Aaker&Keller，1990）。在经验方面，研究者所谈到的经验包含虚拟产品经验、网络经验（Li，Daugherty，2002），产品试用经验（Smith，1993）与产品使用经验（Allen 等，1992）等，对品牌态度均会产生影响。在品牌知识方面，研究者认为消费者品牌知识的多寡（Broniarczyk&Alba，1994）以及消费者是否具备与产品相关的知识都会影响消费者如何评价品牌（Smith&Park，1992）。

1. 产品的感知质量

Keller（1993）认为品牌强度是消费者对品牌的熟悉程度和偏爱程度。而 Aaker&Keller（1990）以及美国营销科学机构将品牌强度视为消费者对品牌的态度，这种态度的好坏取决于消费者对品牌品质认知的高低。品牌的强度是品牌在延伸领域中最为普遍的发现，它是决定品牌延伸过程中的重要因素（Aaker&Keller，1990）。

感知质量是消费者对品牌属性评价的重要方面（Zeithaml V A，1988）。品牌强度能够影响消费者对延伸品牌的评价，而在操作层面上定义为消费者对品牌品质的认知。当消费者对核心品牌的感知质量较高时，消费者对延伸品牌的评价会更好些。当消费者将高品质与该品牌联想在一起时，延伸产品会因这种联想传递作用而受益，若消费者将劣等品质与该品牌联想在一起时，品牌延伸将因此而受牵累。

Aaker&Keller（1990）认为具有高品质的品牌，消费者给予其延伸品牌高的评价，如果延伸品牌只有中等品质或品质较差，那么其相似性低，其评价也会较差。而且，高品质的品牌可以在较大的幅度进行延伸，即延伸到更加不相似的产品种类中去。

2. 以往使用经验

产品使用经验是指曾经使用过产品或者是曾经试用过产品（Shapio & Spence，2002）。Broniarczyk&Alba（1994）认为当消费者在购买新产品时，面对的是一种风险。所以消费者会搜寻所拥有的原品牌信息或认识来帮助对新产品的评估。而消费者对于原品牌的知识来源于对产品以往的使用经验。因而，当消费者购买联合品牌时，对元素品牌以及产品功能以往的使用经验必然也成为其对联合品牌评价的影响因素之一。消费者对于相似性的判断，使用者与非使用者在考评方法上是不同的（Lane，1998）。不少学者（Wright&Lynch，1995；Kirmani 等，1999）认为使用者与非使用者或者是有经验者与无经验者对于品牌延伸会有不同的认同与效果。Shapio&Spence（2002）以及 Van Osselaedr&Alba（2000）认为，由于消费者相信自己的经验，因而产品的经验对于消费者购买决策有相当重要的影响。品牌延伸的试用能够强化消费者购买的意愿（Swaminathan 等，2001）。

3. 品牌知识

知识是指学习者对于基础领域所具备的认知。一个人可以支配的知识可分为两类：一种为属性的集合，另一种为这些属性之间的关系。Alba&Hutchinson（1987）认为消费者的知识有两个主要的成分，熟悉性与专家知识。熟悉性是指消费者累积相关产品经验的数目，而专家知识是指个人能够成功地完成相关产品工作的能力。Broniarczyk&Alba（1994）依据消费者品牌知识的多寡将消费者分为两种：一是在头脑中具有与此品牌相关联想的消费者，被称为老手型消费者；另一类是与此品牌接触不多，且没有相关联想的消费者，被称为新手型消费者（Broniarczyk 等 1994）。

对于基础领域知识的拥有，会因问题解决者是专家或新手而有不同。Glaser（1981）在研究中发现，就新手与专家而言，新手对问题的解决是以表面结构为基础的，而专家以理论为基础。Gregan Paxton（2002）认为专家拥有的不仅是基础知识，而且也有丰富的知识网络。在事物评价过程中，Novick（1998）认为新手是依赖目标的显著属性的外观特质而进行评价，而专家会同时使用外观特质与结构特质来作为评价的线索。

Smith&Park（1992）认为当消费者对品牌知识较为匮乏时，会因知觉风险的存在而仅仅根据品牌名称来评价品牌。当消费者具有较多的产品知识时，则会更大程度地建构知识网络来进行品牌评价，因此，评价更容易受到来源信息的影响。知识匮乏的消费者在相同的情况下，更容易接受和认同通过广告等方法所传递的具有外部特质的线索与信息（Smith 等，1992），而且品牌态度会影响品牌的权益（Farquhar，1990）、影响品牌映象、影响消费者的购买意愿与行为（Mitchell 等，1981）。

4. 态度可达理论

Fazio（1995）认为态度可达性是指态度客体与其态度评价在头脑内的联系强度，它反映的是态度评价和态度客体之间的联结性记忆的强度，衡量的主要指标就是反应时。根据该理论，品牌态度越显著或越容易提取，消费者越有可能利用该品牌态度来评价与该品牌相关的刺激信息（Fazio 和 Williams，1986），而且会沿着该品牌态度暗示的方向来解读刺激信息（Lynch，Chakravarti 和 Mitra，1991）。

二、分类理论

分类研究来源于心理学，研究认为人们对于新的刺激不会逐一进行评价，而通常是先判断能否将其归入某一定义好的大类中。在营销范畴，分类理论认为母品牌作为一系列产品所组成的类别标签（Boush and Loken，1991），是品牌延伸研究的重要理论基础（Aaker 和 Keller，1990）。分类是指消费者运用自己的品牌知识，简化、构造并解释新产品与原品牌相似的程度。如果消费者感知或者判断为近似的事物，将其划为同类别。根据分类的观点，如果品牌推出的延伸与原品牌大类紧密关联或类似，那么消费者就很容易将自己对母品牌的现有态度传递到品牌延伸上来。如果消费者对两者之间的相似性不太肯定，那就有可能以一种更加细致的逐件处理的态度来评价延伸。在这种情况下，消费者对有关延伸的任何具体的联想的好恶，都将成为延伸评价的决定性因素。如果母品牌和延伸产品的消费者感知合适性较高，则母品牌联想将传递到延伸产品中（Klink and Smith，2001）。雷莉和马谋超（2003）也提出如果消费者涉入度较高，则可能有意识运用分类过程评价品牌延伸。

杨宗欣运用分类理论的延伸理论——类比学习理论，将消费者对原品牌的品牌态度经由三个过程转移至延伸品牌上，即取回阶段、映对阶段和转移阶段。在取回阶段，消费者对原品牌与延伸产品之间的契合度、原品牌的使用经验和涉入度对取回原品牌知识有直接正向的影响。映对阶段由于受到品牌知识程度不同以及专家程度不同的影响，消费者会使用不同的方式来建立原品牌与品牌延伸之间的态度关系，因此原品牌知识取回程度高、专家程度高的消费者，会使用品牌属性方式来建立原品牌与延伸产品之间的态度关系；原品牌知识取回程度低、专家程度低的消费者，会使用品牌情感的方式来建立原品牌与延伸品牌之间的态度关系。在转移阶段，原品牌知识取回程度高、专家程度高的消费者，使用品牌属性方式来建立原品牌与延伸产品之间的态度关系，并且延伸转移会影响原品牌。

三、　精细加工理论

ELM 模型又称为详尽可能性模型（Elaboration Likelihood Model，简称 ELM），它是由著名心理学家理查德·E.派蒂（Richard E.Petty）和约翰·T.卡乔鲍（John T.Cacioppo）提出的，它在消费者信息处理研究领域内占有着重要的地位，是现代消费者信息处理中常用的理论模型。

精细加工可能性模型（Elaboration Likelihood Model）认为个体说服路径受

到个体对信息实施精细加工的程度不同的影响。如果精细加工的可能性高，个体倾向于通过中枢路径改变态度；相反，如果精细加工的可能性低，个体倾向于通过边缘路径改变态度。

中枢说服路径认为消费者态度的改变是经过综合信息和认真考虑的结果；引发的态度改变更加持久，也更加稳定。面对说服诉求，个体通常会留意到它们；然后从回忆中提取与之有关的联想、形象和经验；对诉求信息进行考察和精细加工；对比分析从诉求中获取的信息和从记忆中提取的信息，进而形成关于事物优缺点的评判；据此形成对客体的总体评价和态度判断。也就是说，当介入程度高的时候，消费者采用更多的是中枢说服路径。

边缘说服路径认为消费者面对说服诉求时，很少仔细审查信息，个体态度的改变并非考虑了对象本身的特性或证据，而是只进行了一些简单的信息处理，这个过程需要很少的认知资源，不需努力权衡相关信息就可以完成评价。此时，消费者是否接受说服诉求不是基于对相关信息的深思熟虑，而是根据各种外在的暗示进行简单推论；对产品的评价主要来自于重复、暗示、线索以及整体的知觉等，如讯息的代言人、音乐、图片等来形成他们的态度，此时较偏向情感性的处理。引发的态度改变更加短暂，对于未来的行为也较没有预测力。

Cacioppo 和 Petty（1981）指出两种路径对说服过程的影响是此消彼长的，即随着中心路经的处理对说服过程的影响增加，边缘路径处理对说服过程的影响会降低。但中枢路径与外围路径都可能同时存在，所不同的只是哪一种途径较为强势，较为有主宰力量。

根据 ELM 模型，信息处理和态度改变依赖于信息处理的深度和数量。品牌延伸信号在对母品牌钟爱的反馈评价中发挥的作用，受到消费者信息加工深度和数量的影响。而影响程度受到消费者的信息加工动机和能力的影响。信息加工动机与消费者产品介入度有关，信息加工能力与消费者产品知识有关。因此，品牌延伸研究将产品介入度作为调节变量。

四、情感迁移模型和联想需求模型

情感迁移模型（图2-6）认为，延伸评价是母品牌好感和态度迁移的结果，有两个可能迁移路径。一种是直接迁移的过程，可以用刺激的泛化和同化来解释，品牌态度是母品牌和消费者之间存在的一种条件反射，当条件刺激母品牌名称出现时，就会引起消费者一定的情感体验。当消费者对品牌信息加工的参与性较低的通过直接条件反应机制的直接迁移机制。另一种路径是间接迁移的过程，可以用类化和图式理论来解释。该理论认为如果一个新个体被认为归属于一个目标类别，与目标类别相联系的态度就会转移到这个新个体上去。当参与性较高时，消费者先体验到原品牌与延伸品牌之间的相似程度，然后才有可能迁移的间接迁移机制。

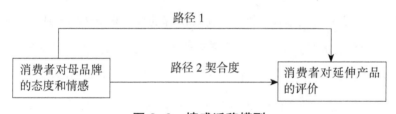

图2-6 情感迁移模型

联想网络记忆模型揭示了信息在相关节点间的传递，节点间的关联特征影响信息在节点间的传递，节点间的相关程度越高，发生信息传递的可能性就越大；节点间的相关程度存在非对称性，导致信息传递的可能性在节点间非对称。在市场营销领域，学者们依据该模型提出了品牌的联想网络理论（John et al.，2006；Keller，1993和2003；Aaker，1991），都指出消费者对于品牌的认知并不局限于品牌本身，而是由品牌名称联想到的一切事物，包括产品、代言人、供应商等，联想的结构及强度是某一品牌信息能否被回忆、进而影响消费者反应和决策的重要原因。由此可见，消费者并不是孤立地认识品牌，而是给予品牌相关的一系列事物对品牌产生整体的认知和评价。

联想需求模型（Bhat 等，2001）的出现晚于情感迁移模型，该模型认为决定延伸产品评价的主要因素不是消费者的品牌态度、好感度或延伸产品与原品牌产品之间的拟合度，而是原品牌的品牌特定联想在延伸产品领域被需要的程度。品牌特定联想是一个品牌与竞争品牌相区别的特征或利益点。当一个品牌的特定联想同时也是消费者需求的延伸产品利益点时，消费者对延伸产品的评价较高。模式联想需求模型适用于母品牌知识较丰富、介入程度较高的消费者行为模式。

Broniarczyk&Alba（1994）认为品牌特定联想对延伸评价有更重要的影响作用。

情感迁移模型与联想需求模型研究的侧重点有所不同，首先在迁移的内容方面，情感迁移模型认为是消费者对原品牌的正性的态度从原品牌转移至延伸产品上，而联想需求模型则认为是原品牌的特定联想转移至延伸品牌上。此外在评价形成的过程方面，情感迁移模型认为延伸评价是情感迁移的直接结果，拟合度对情感迁移起到了调节作用，而联想需求模型则认为延伸评价是在特质迁移完成之后消费者对延伸品牌具有的特性总体评价的结果。

BhatS 等（2001）曾试图将情感迁移和联想需求两个评价模型进行整合，他们假设在品牌延伸评价中，既有品牌好感的整体迁移，又有品牌特定联想的加工。但他们的研究结果发现情感迁移只发生在抽象概念的品牌延伸上，有些品牌的特定联想对延伸评价并没有显著的影响。

雷莉，王谅，夏齐等（2005）认为情感迁移模型适用于原品牌知识较概括，涉入程度较低的消费者行为模式，而联想需求模型则能更好地理解原品牌，知识较丰富，为涉入程度较高的消费者延伸评价行为。

Bhat&Reddy（2001）认为品牌的情感与属性联想均扮演重要的角色。

Czellar（2003）将品牌态度的组成分为两类：认知成分与情感成分。所谓认知成分系指品牌知识，其定义为在消费者记忆中，与品牌产生产品相关以及非产品相关的联想。因而消费者的品牌态度转移可以有两种途径以产品属性的方式转移和以品牌情感的方式转移。

杨宗欣（2005）建立的模型（图2-7）的横坐标为原品牌知识取回程度，其受到原品牌与品牌延伸之间的契合度、原品牌的使用经验和涉入程度三个因素的影响。纵坐标为消费者的专家程度，当消费者是专家时，相较于新手有更多的关于特定产品知识、产品使用知识与个人知识，而这将会影响评估的过程（杨宗欣，2005）。

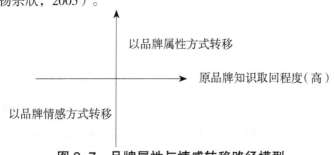

以品牌属性方式转移

原品牌知识取回程度（高）

以品牌情感方式转移

图2-7 品牌属性与情感转移路径模型

五、晕轮效应与强化理论

晕轮效应，指认知者对一个人的某种性格特征形成好的或坏的印象之后，人们倾向于据此推论该人其他方面的特征。

强化理论是比较早的起源于行为主义观点的态度理论。该理论把态度跟环境中存在的诱因或强化物联系起来，认为态度的改变就像新习惯的习得一样，其中必有某种诱因或强化物，这种诱因或强化物通常是某种酬赏如物质奖励、社会赞许等。将新产品与已经在市场上建立起来的品牌联系起来，消费者就会比较偏爱或购买与该品牌名字相联系的新产品。他们对名牌产品的偏爱态度是其对同一品牌其他产品多次满意的结果。一个已经确立的品牌是一个经过以往正强化形成的积极品牌态度的条件反射，而一个与已确立品牌

相关的新产品则是条件刺激。当条件刺激出现时,消费者自然会做出条件反射。

强化理论把消费者的态度和市场环境中存在的诱因或强化物关联起来,指出消费者态度的改变跟新习惯的形成一样,需要有某种诱因或强化物的刺激。消费者对某种品牌产生依恋是其对同一品牌多款产品多次满意的结果,是经过以往正向强化形成的积极品牌态度的条件反射。当消费者将延伸产品跟现有的成熟品牌建立关联后,也就是条件刺激出现时,消费者自然会做出条件反射,会比较偏爱购买与该品牌名称一致或有联系的新产品。

六、期望确认理论

期望确认理论(ECT)是由 Oliver(1980)提出的,研究消费者满意度的基本理论,被广泛用来评估消费者的满意度与购后行为(Anderson & Sullivan,1993;Oliver,1980,1993;Patterson et al.,1997;Tse & Wilton,1988)。该理论以消费者购前期望与购后绩效表现的比较结果来判断是否对产品或服务满意,而满意度成为下次再度购买或使用的参考。该模型是信息系统持续使用研究的重要模型,该模型提出的依据是"期望—确认—满意—意图"这个范式。许多学者验证了期望确认理论中对再次购买产品及相关的继续服务使用意愿,如汽车再次购买(Oliver,1993)及摄像机再次购买(Spreng et al.,1996)。

按照 ECT 理论对消费者重复购买行为的解释:购买前,用户会对购买的产品服务有一个期望;使用产品或体验服务后,用户会建立产品服务的感知;最后,用户根据消费体验与最初期望的匹配程度,确定满意度,进而影响再次购买意图。如果使用体验超过预期,用户形成正向确认,产生再次购买意愿;如果预期超过体验,用户形成负向确认,取消再次购买意愿。总体而言,用户体验超过期望越多,用户满意度越高,用户再次购买意愿也越强烈。ECT理论认为影响用户持续使用意图的因素包括感知有用性,用户使用前期望。

由 ECT 架构中可知,继续购买意愿是由满意度所影响,而满意度是由期望、绩效及确认等因素所影响。分别说明如下：

期望是指人们对每样东西提前勾画出的一种标准，达到了这个标准就是达到了期望值。期望在消费情境中，指消费者在消费之前产生的一种情感认知。期望是影响满意度的重要因素，对产品或服务的评价判断提供参考。Oliver（1981）认为期望包含发生概率及发生内容评估，随着消费者对发生概率和内容评估的个人判断，影响期望的形成。根据此二因素，可将期望分为高期望，即希望发生的事件发生，不希望发生的事不发生；低期望，即希望发生的事件不发生，不希望发生的事件发生。Fornell et al.（1996）研究认为，第一次购买的消费者在购买前，会先针对想要购买的产品或服务，做外部资料的搜集，如销售人员的介绍、参考媒体数据或是亲朋好友的口碑等，但若是再次购买，则除了前述的外部资料的搜集外，还会加上自己前次购买使用经验的内部信息，当消费者在消费前所搜集的数据愈完整，对于产品或服务的期望就会愈高。因此，初期阶段的初次使用决策来自于间接经验，相较于来自于直接使用经验的持续使用决策是有所不同的（Venkatesh et al.，2000）。

确认是由实际绩效（performance）表现和预期（expectation）的差距而来的，亦即确认系由合并期望与绩效所共同决定的（Churchilland Suprenant，1982）。消费者在使用商品或服务之前会有一定的期望，等使用之后则会产生一定的认知，将这种认知与之前的期望进行对比，就产生了确认的行为。消费者在确认行为之后可能会产生三种不同的结果，正面的不确认、确认和负面的不确认。正面的不确认是指消费品的表现超过了消费者的期望；负面的不确认是指消费品的表现没有达到消费者的期望；而确认即消费品的表现与消费者的期望平衡。确认（Confirmation）可分成三种类型：客观确认（objective confirmation）、推论确认（infered confirmation）、知觉确认（perceived confirmation）。客观确认是预期与产品绩效间的客观性差异，亦即为客观的绩效表现与预期间的差异，客观的绩效表现通常被研究者视为已存在。推论确认是由预期与绩效表现的差距而来，所以推论确认是研究者从消费者购前与购后的反应推论而得，其计算概念可以是整体绩效水平，或是某一特定产品属性的绩效水平。知觉确认是以消费者主观去评估绩效表现与比较基准的差异，此评估的直接感受，其中包括了心理因素，其测量问题常是绩效表现与预期接受的程度，其测量的尺度常用比预期的好及比预期的差（邱庆德，2003）。

满意度被视为期望（Expectation）水平与确认（confirmation）的知觉函数。Westbrook（1987）发现，满意度经常被视为购后行为之中介变项，链接了购前选择产品信念到购后选择之认知架构、消费者沟通及再次购买的意愿。消费者根据购买前的期望和产品在使用过程中的绩效表现，以两者之间的比较结果来判断是否对产品或服务满意。消费者重复购买产品或服务的意愿主要是由其之前使用的满意度来决定的，而满意度由期望和确认程度共同决定。消费者的满意度应该是在经过五个步骤的行为以后产生的。第一步，消费者在购买产品或服务之前，会对它们产生一个初始的期望。第二步，消费者根据对产品或服务的初始期望决定开始使用这些产品或服务，并在消费以后对这些消费品形成一定的感知。第三步，消费者将自己的感知与消费之前的期望进行比较，确定期望被确认的程度，这个期望被确认的程度有可能是正面的不确认、可能是确认也有可能是负面的不确认。第四步，消费者会根据自己期望被确认的程度产生对商品或服务的满意度水平，正面的不确认和确认都会使满意度提高，而负面的不确认则会使满意度降低。第五步，满意程度高或满意的消费者会产生再次购买商品或服务的意愿，而满意程度低或不满意的消费者则会停止购买。

绩效（Performance）为一种比较的标准，消费者以此来与期望相比较，用以评量确认程度。亦即是购买之后，顾客会以所知觉的产品绩效与之前的期望做比较，产生正向或负向的确认，进而影响顾客的满意程度。Oliver 和 DeSarbo（1988）研究发现，产品绩效的认知对消费者之满意有直接影响，后续的研究亦显示，绩效表现与消费者满意间是正向的关系（Anderson，Fornell and Lehmann，1994；Anderson and Sullivan，1993）。

在 ECT 中，期望与确认的关系为负向影响，表示当消费者的期望过高，而实际绩效未超过预期，则确认的程度就越低，并间接影响消费者的满意度。反之，原先的期望较低，而实际绩效较高，则提高确认的程度，同时也间接提高满意度。Oliver（1980）认为消费者的再次购买意愿过程如下：消费者会对欲购买的产品或服务的表现形成一个购买前之期望，该期望会影响消费者对产品的态度和购买倾向。购买后，消费者会根据实际使用之经验，对产品之绩效产生认知。当产品绩效超过期望时，产生正面不确认（Disconfirmation）；当产品绩效等于期望时，产生确认（Confirmation）；若期望超过绩效时，则产生负面不确认（Disconfirmation）。接着，消费者的购买前期望与购买后的确认或不确认将影响消费者的满意程度。最后，消费者的满意程度，会影响消费者是否再次使用的意愿，当消费者的满意度愈高，继续使用的意愿亦会愈高。消费者是否愿意再次购买产品或持续使用服务，对于产品或服务提供之厂商而言，是一项关键成功因素，而主要影响消费者继续使用意愿的因素，为使用产品或服务的满意度。

那么期待又会怎样影响消费者态度变化？ Oliver（1999）提出的期望确认理论对消费者由期望产生的态度及满意程度进行了解释。他认为消费者在使用或购买一个品牌之前会对其不同层面形成期望。当该品牌在特定层面的绩效满足了消费者的期望，那么消费者对该品牌的态度便会上升。反过来说，如果消费者对特定层面的期望较低，那么消费者也会更容易满意，当遇到低绩效时态度的下降也会有所缓解（Kim 等，2009）。根据这个理论 Oliver（1999）和 Kim 等（2009）认为在购前阶段，消费者会在正式交易之前形成一个最初始的期待。这个期待是指消费者相信自己在即将到来的交易中应该并将从卖家那里得到什么。初始消费阶段过后，消费者会根据卖家的表现形成对产品或者品牌的感知，比如，感知绩效。然后，对比感知绩效与最初的期待，以此判断期待的满足程度，比如，确认，从而形成一个满意度水平，这将影响他们的再购买意愿（如图2-8）。

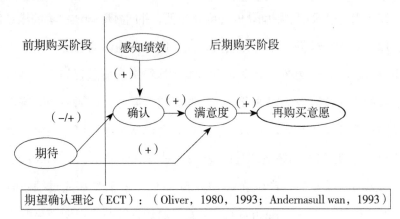

图2-8　期望确认理论模型

七、信息整合理论

信息整合理论主要阐述了人们将刺激物信息整合并形成新的态度或观点的过程（Anderson，2006）。这一过程主要包括三个阶段：（1）评价，消费者会根据自身经验对外部刺激信息做出主观评价；（2）整合，消费者会整合对相关外部刺激信息的评价，进而做出整体评价；（3）反应，消费者会基于整体评价做出一系列外部行动反应（如图2-9）。

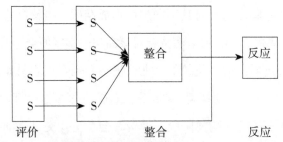

图2-9　信息整合理论示意图（Anderson，2006）

该理论认为，当人们接受、解释、评价并且将外部刺激信息与现有的观点或态度进行整合时，可能会改变原来的态度或观点，也就是说会形成新的态度或观点（Anderson，2006）。根据这一理论，当消费者接触到某品牌时，他会将当前的刺激信息与对该品牌已有的态度进行整合，对其进行整体评价并形成新的观念和态度，进而引发一系列外部行为反应，例如购买或者放弃购买。

根据这一理论，当消费者接触到某品牌时，他会将当前的刺激信息与对该品牌已有的态度进行整合，对其进行整体评价并形成新的观念和态度，进而引发一系列反应。在品牌延伸的情境中，消费者对延伸产品的评价很可能会受到其对母品牌钟爱程度的影响。消费者会整合其对母品牌和延伸产品的态度和知识，来形成对品牌延伸的评价，从而也会影响消费者对母品牌的钟爱。

八、认知一致性理论

认知一致性理论是学者用于解释态度形成与变化的重要理论。该理论认为，当人的信息或对外界事物的态度与外界存在不一致性时，就会形成一种内在驱动力，进行自我调整，以恢复自身在认知上、情感上、行为上的一致性。认知相符论主要有三种主要的变式，即平衡理论、认知—情感相符理论和认知失调理论。Aaker 和 Keller（1990）用认知一致性理论对品牌延伸中的态度、情感迁移进行了解释，即在母品牌与延伸品牌之间，如果一致性高，消费者就会将有关母品牌的一些特性和态度传递给延伸产品，以保持认知一致。若一致性低，就会引起消费者认知冲突，给予延伸产品较低评价。根据认知一致性理论，消费者对合适性较高的品牌延伸的评价也将较高（Aaker and Keller，1990）。

九、评价性条件反射理论

Levey&Martin（1975）首先提出了评价性条件反射的概念，评价性条件反射指通过将一个中性的刺激与一个已经可以激发一定情绪性反应的刺激连续性地配对，就可以使得这一中性刺激获得一种与相配对的刺激相同的情感评价。用条件反射术语来说，情感上中性的刺激是条件化刺激，将它与一个喜欢的或者不喜欢的无条件刺激相配对，导致了会激发出一个与它所配对的相一致的反应。例如，将一个情感上中性的图片与一个喜欢的或不喜欢的图片重复地配对，将会使中性的图片变得更正性或负性。这一范式对态度形成的研究具有重要意义。

第七节　品牌钟爱结构维度及其测量研究

根据Churchill(1979)和石贵成(2005)提出的营销概念的测量方法与步骤，本书对品牌钟爱结构维度进行测量，主要分为以下几个步骤：整理文献、访谈、明确概念范围、形成测量项和量表、收集资料、量表的品质评估。

一、文献回顾

通过文献回顾，可以了解已有研究在处理消费者品牌钟爱维度时采用的方法及主要结论；品牌钟爱作为品牌关系领域较新的一个变量，其维度存在较大分歧，从1个维度（Carroll和Ahuvia，2006）到2个维度（Noel Albert，2010）[1]，到11个维度（Albert，2008）。仍然没有达成共识，没有一个被普遍认同的用于测量品牌钟爱的量表，正确理解品牌钟爱的维度并对其进行测量有助于加深对品牌钟爱概念的认识，也是开展品牌钟爱系统研究的前提和基础。

通过文献资料回顾，我们发现品牌钟爱维度存在较大差异，但从中发现以往研究主要有两大类方法研究钟爱维度。

第一类维度是目前大多数营销学者使用的方法，就是套用西方心理学中的爱情[2]三元理论，或从爱情三元理论衍生出品牌钟爱维度。如 Keh，Pang，

---

① Noel Albert. Measuring the Love Feeling for a Brand using Interpersonal Love Items [J]. Journal of Marketing Development and Competitiveness，2010，5（1）.

② 跟前面的钟爱理论是否重复。

Peng（2007）直接套用爱情三元理论维度——亲密、激情、承诺；Shimp and Madden（1988）利用三元理论衍生出渴望、喜爱、决定/承诺三维度；国内学者卫海英（2011）借助释义学方法，利用爱的概念化框架衍生出品牌钟爱由品牌激情、品牌吸引、品牌承诺组成，并总结出每维度形成的理论基础。Noel Albert，CERAG and WESFORD 通过访谈法和调查法，根据法国消费者特征，利用人际间爱的题项开发了一个包含 7 维度的量表。John R. Rossiter 采用实证研究方法，调查被访者 4 种不同的产品类别。设计和检验一个新量表，用于区分品牌钟爱和品牌喜爱[①]。Noël Albert，Dwight R. Merunka 采用探索性网络调研和定质、定量结合方法，探析爱的维度。通过对被访者描述的爱的感觉的语句，采用对应分析和聚类分析，提炼出有关爱的 11 个潜在维度。开发的量表由 7 个一阶维度，2 个二阶维度构成（喜爱和激情）[②]。但这些量表都有一个共同特点，即在量表开发中，有意或无意中都使用到了人际间爱的概念框架。Thomson，MacInnis, and Park's（2005）开发的量表处理更多的是依恋这个构念。所展示的激情维度（伴随喜爱和连接）表明品牌钟爱感情的测量。此外，爱的关系中的依恋成分不应该包括激情维度（Baumeister andBratslavsky, 1999；Fisher, 2006；Hatfield, 1988），而且使用的题项"爱"属于情感的维度，意味依恋与钟爱这两个构念很相似。这一量表存在问题是，激情和喜爱代表爱的两个关键维度，但是连接代表喜爱的特征，因此也叫亲密性（Sternberg, 1997）或依恋（Fisher, 2006）。Sternberg（1997）定义亲密性作为"紧密的情感、连接、爱的关系中联系"，认为连接是喜爱的特征。Caroll and Ahuvia（2006）开发的是一个单一维度量表，而在人际爱的理论中，

①　John R Rossiter. A new C-OAR-SE-based content-valid and predictively valid measure that distinguishes brand love from brand liking. Published online：14 April 2012. Springer Science Business Media, 2012, 23（3）：905-916.

②　Noël Albert, Dwight R Merunka. Pierre Valette-Florence, Conceptualizing and Measuring Consumers' Love towards their Brands.

爱是一个多维构念（Hatfield，1988；Sternberg，1986），此外，这个单一维度量表包含多种不同内容，如激情、快乐、依恋、幸福等，更倾向于是一个多维概念。激情和依恋在人际爱理论中被视为不同维度，但在这里被视为一样的，都被作为钟爱的维度。

运用这种方法，存在一定问题。因为爱是一种很复杂的情感和现象，用人际的爱的理论来解析品牌钟爱这个概念，直接把它运用到物体上和品牌上很难令人信服。有些学者用定性的访谈法来解析爱的原型时，使用爱这个词，就极有可能让被访者用人际的爱的含义来思考问题，因为爱这个词更多地用于人际的关系，而不是对品牌的爱或对物体的爱，这就会影响消费者的品牌钟爱维度解释（Rajeev Batra，Aaron Ahuvia，& Richard P. Bagozzi，2012）。

第二种方法，就是利用扎根理论对维度进行研究，但只有为数不多的文献采用该方法。最具代表性、最全面的就是 Rajeev Batra，Aaron Ahuvia，& Richard P. Bagozzi（2012）利用扎根理论，研究消费者对品牌钟爱产生的原因、心理过程及消费者表现特征，从中提炼出消费者对品牌钟爱的维度及相应的测量项目，而不是借用人际爱的理论进行简单的维度取舍组合；通过实证分析将品牌钟爱划分为七个组成部分。包括长久关系、预期分离痛苦、整体态度、信任、积极情感连接、自我品牌一致性、激情驱动行为。认为更高阶的维度包括认知、情感、行为三维度。这种从消费者亲身经历中列出的对品牌爱的情感的原型特征，更准确，更令人信服。该研究的维度较全面，研究方法也更具科学性。虽然该维度较全面，但其研究与先前研究也存在诸多分歧。比如，根据 Thomson et al.（2005）研究，分离痛苦被认为是品牌至爱和品牌依恋的结果变量，而非是爱的成分；但 Batra et al.（2012）研究认为，情感依恋和分离痛苦都作为品牌至爱的维度。Batra et al.（2012）认为行为层面的忠诚、口碑传播、对负面信息抵制是钟爱的子维度，但一些学者认为它们是品牌钟爱的结果变量（Barbara A. Carroll & Aaron C. Ahuvia，2006；Noel Albert，

2009）。总的来说，钟爱维度结构研究结果还没形成统一的观点，不同学者持有不同意见。但大部分学者都认同品牌钟爱维度包括认知和情感成分。下面就对在实际运用中，运用最广的量表进行归纳：

表2-17　品牌钟爱量表

学者（时间）		量表题项
Caroll and Ahuvia's Brand Love Scale（2006）		10个题项，包括：（1）这是一个非常好的品牌；（2）这个品牌让我感觉良好；（3）这个品牌令人尊敬；（4）我对这个品牌持中立态度；（5）这个品牌让我愉快；（6）我喜爱这个品牌；（7）我对这个品牌没有特殊的感觉；（8）我对这个品牌充满了激情；（9）使用这个品牌能让我得到十足的快乐；（10）我很喜欢这个品牌
Noel Albert，Pierre Valette-Florence（2009）	独特性	这个品牌很特别；这个品牌很独特
	快乐性	买这个品牌，我很快乐；发现品牌新产品，发自内心地高兴；使用这个品牌感到真正快乐；我很乐意使用该品牌
	亲密性	生活中我很重视这个品牌；品牌让我感到很舒服
	理想性	我和品牌之间有种很神奇的力量；品牌对我来说很重要
	持久性	品牌陪伴我多年；我使用品牌有一段时间了；我很久没有换其他品牌
	回忆	这个品牌让我想起一些重要事情；这个品牌让我想起了某个重要的人；品牌与我生命中重要事情相关
	梦想	对我来说，品牌就是梦想；我梦想得到该品牌有很长时间了；该品牌是我童年时的梦；我梦想拥有该品牌
（Whang，Allen等，2004）	热情	我和我的摩托车具有合适的外观特质；我感觉我和我的摩托车是彼此有默契的；我的摩托车很符合我理想中的外观表现
	游戏	我如果骑其他摩托车也不会觉得有内疚；我喜欢将注意力分散到不同的摩托车品牌中去
	现实	选择摩托车时，我主要考虑有何影响；选择摩托车时，我主要考虑对我工作有何影响；在买摩托车前我很仔细地制订了人生规划
	依附／利他	有时候我为我的摩托车兴奋得睡不着；一想起我的摩托车，我就不能集中精神做其他事；我愿一无所有，也不愿我的摩托车出现任何问题；我的摩托车对我来说是第一位的，让我感到幸福；我愿意为我的摩托车付出很多
（Keh，Pang，Peng，2007）	亲密	我从该品牌获得了相当的情感支持；我和该品牌之间的关系是亲密的；我和该品牌之间有一些特别的关系
	激情	该品牌是我最愿意拥有的品牌；我不能想象其他品牌能像该品牌一样让我幸福；我发现我整天在想看该品牌；我看到该品牌的商品就有一种购买冲动
	承诺	在我需要同类产品时，我会继续购买该品牌；我准备将该品牌向我的朋友做推荐；我感觉我可以真正地信任该品牌；在我买同类产品时，该品牌是我的首选

资料来源：根据有关文献整理

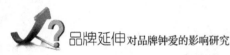

在维度上，研究存在较大分歧，很大程度上是因为前期营销研究忽略了探索性工作指导与理论发展，早期缺乏概念的边界和内容构建的研究（Lincoln和 Guba，1985）。先前研究直接将心理学中的人际关系中爱情的概念引用到营销领域，将个体对品牌钟爱的维度结构等同于、类似于人际的爱（Albert，Merunka & Valette-Florence，2008；Brakus，Schmitt &Zarantonello，2009；Carroll &Ahuvia，2006；Keh，Pang & Peng，2007；Shimp &Madden，1988；Thomson et al.，2005；Whang，Allen，Sahoury & Zhang，2004）。其次，由于人际关系中的每种爱定义都有所不同，再加上，人际心理学中的爱情本身内涵就非常复杂，现有文献在心理学中对爱情的定义尚不统一（Fehr，1988），对爱情的维度划分和测量上也呈现了多种方法，这也导致品牌至爱维度多样化。再次，人文环境影响。地区间经济文化环境的不同必然造成不同地区，消费者的消费心理结构差异，因此在品牌钟爱的内涵和表现上会相应地体现出地区间差异（王娟，2005），这给进一步借鉴爱情理论研究品牌至爱造成了困难。

充分理解品牌钟爱的内涵及构成维度是开展品牌钟爱系统研究的前提和基础。根据上述分析，本书认为，应根据中国消费者的消费心理结构特征及所处的经济文化环境，深入调查与访谈，从国内消费者品牌钟爱的具体表现及其典型特征中提炼出测量语句，开发出本土化的品牌钟爱量表，而不仅仅根据文献信息进行简单的取舍组合，或完全移植西方文化情境中的品牌钟爱量表来测度中国消费者的品牌钟爱程度。而且在设计问题时，不使用"爱"这个词，避免消费者使用人际的爱的思维来谈自己对品牌的感情。需要建立在消费者如何体验它的立场去研究，然后要有效联接文学、心理学中人际关系的爱。因此，有必要在以往量表的基础上，针对中国文化情境，利用规范的量表开发程序开发本土化的品牌钟爱测量工具。

大多数学者认同品牌钟爱是多维构念，包括品牌激情（Batra et al,

2012；Keh Hean Tat，2007；Albert ，2008；Thomson，MacInnis，Whan Park，2005；Carolland Ahuvia ，2006；Whang，2004；Fournier，1998）、自我关联（Fournier，1998；Thomson，MacInnis&Whan Park，2005）和情感连接（Batra et al，2012；Caroll & Ahuvia ，2006）、品牌信任与满意（卫海英、骆紫薇，2012；金明，2011）的六维度。

二、调查访谈与假设维度的提出

Batra et al.（2012）在发达国家美国对品牌钟爱实施了质性研究，认为消费者的情感根据经济水平的不同应有所差异，所以关于品牌钟爱的质性研究非常有必要在发展中国家展开。本书的调查访谈分为以下三个步骤：

第一步，邀请40名参与者对品牌钟爱的主题进行头脑风暴。包括大学生、营销专业教师、企业界人士。首先概述了品牌钟爱研究渊源、发展现状、存在不足及未来发展趋势。然后要求参与者围绕品牌钟爱进行了热烈讨论。主要是为了收集除"人际关系中的爱"之外的所有爱的现象（以防遗漏重要的相关现象），再聚焦品牌钟爱，回答访谈问题；再提炼出品牌钟爱主要特征，编码，提炼分层。

访谈结果显示，超过90%的被访者称喜欢某样东西而不是某个人；严格地讲，72%的被访者至少有一件喜欢的事物或活动。100%的被访者声称至少"爱"或者"有点爱"一个品牌。访谈结果说明非人际关系爱是普遍存在的，其中品牌钟爱是普遍存在的，所以实验的探索性研究是有意义的。

第二步，根据头脑风暴的结果和文献研究，了解消费者是如何理解品牌钟爱内涵的。通过开放式问卷，要求被试者回忆其消费经历中对某产品或服务品牌产生钟爱的感觉或体验，回答"什么是品牌钟爱"，接着向被试者呈现范例，如关于"品牌钟爱"这个概念，可以举出的典型范例可能是"被品牌牢牢吸引，对品牌的信任，对品牌的痴迷"等，要求被试者尽可能多地列出能典型说明"品牌钟爱"这个概念内涵的范例；另一种是封闭式问卷，即先将品牌钟爱相关文献测量条款中的关键词语提炼出来形成选项，同样要求被试者通过回忆其消费经历中对某产品或服务品牌产生钟爱的感觉或体验，对照这些相关选项，让被试者选择其认同的相关选项。问卷在武汉、重庆、广州等地发放，共计发放问卷100份，回收有效问卷73份。

第三步，采用深度访谈，对个体消费者进行深度访谈，要求消费者就品牌钟爱的主要表现，内心感受等做了进一步探讨，以探究消费者对"什么是品牌钟爱"这个问题的内心潜在的认识、看法、态度和情感等。决定访谈终止的原则是"饱和"原则，即在访谈中没有出现新的内容就停止访谈（金玉芳，2005），共进行了35位消费者的深度访谈。本研究重点访谈了消费者对手机品牌钟爱，选择手机产品，一方面是因为随着移动互联网发展，手机是大家最为熟悉的产品，手机产品也体现时代特征。另一方面是由于苹果品牌作为奢侈品牌的代表，受到世界各地果粉们的热烈追捧，果粉们愿意透支银行卡、愿意彻夜排队来拥有苹果的产品。而这种强烈的情感反应，正是品牌钟爱的重要体现。

通过文献研究发现，国内外学者对品牌钟爱的维度主要体现为认知、情感维度，行为维度主要表现为钟爱的结果变量，不将其划为概念维度。大多数学者都赞同钟爱主要表现为情感成分。通过深度访谈，本研究将结合智能手机行业的背景与特点，从消费者的角度将手机行业品牌钟爱的维度划分为认知钟爱、情感钟爱。通过以上三个步骤，笔者较为全面地掌握了中国消费者所理解的品牌钟爱的表现内容，通过内容分析法（Berelson，1952），并参考Fehr（1988）相关研究步骤，将上述工作中获得的描述消费者理解的品牌钟爱的内容（句子或短语）进行简化处理，抽取关键词取代之，并将同义关键词合并处理以减少数目，最后获得描述中国消费者品牌钟爱内容的关键词，这些关键词可以被定性地概括为品牌满意、品牌信任、品牌激情和自我关联四个方面的内容（见表2-18）。

品牌钟爱的认知层面，这一层面是消费者对品牌形成态度的前提，是消费者在品牌价值感知的基础上形成的认知，是消费者对品牌的理性判断。消费者认知反应是指消费者对品牌信息处理的心理状态，也就是消费者对其自身心理活动的一种感知（周延风，肖文建和黄光，2007）。认知层面的作用主要是激发消费者对品牌的情绪情感反应。本书基于先前学者对品牌钟爱维度的研究，主要选择品牌信任和品牌满意这两个维度（Rajeev Batra，2012），如图2-10。

品牌钟爱的情感层面，是品牌钟爱的核心成分。情感是品牌对人产生刺激以后产生的。只有那些能满足消费者需求，能帮助消费者实现品牌与自我联结的品牌，才能激发消费者对品牌的情感。品牌与自我强烈的情感联结，说明品牌已经成为自我的一部分，品牌对自我扩展发挥作用；当自我与品牌连接持积极态度时，消费者才会对品牌产生激情，并最终对其产生依恋。本书主要选择自我品牌关联和品牌激情这两个维度，如图2-10。

图2-10 智能手机行业品牌钟爱的维度划分

品牌满意指消费者认为品牌对自己十分合适，超出其预期的心理满足状态；是理性指标，钟爱前提条件；品牌信任指当消费者在信息不确定和品牌遭遇危机情况下，依然选择信任某一品牌或者对品牌抱有很高的期望（Rajeev Batra，2012）。自我品牌关联是指消费者将品牌作为建构、强化和表达自我的综合概念，它反映了消费者通过品牌联想以达到自我确认和自我提升目的的心理需求（Escalas 和 Bettman，2009）。参照群体是使消费者展开品牌联想进而将自我与品牌关联的来源之一。品牌激情体现了消费者对品牌钟爱的情感程度，消费者基于品牌的核心价值，对品牌表现出一种高度强烈的消费情感（钟辉，张艳洁，2014）。

表 2-18　智能手机行业品牌钟爱的初始测量题项

维度	题项关键词句	主要来源
品牌满意	质量不错；性能好；评价高	金明（2011）；Batra et al（2012）
品牌信任	可靠；有保障；值得拥有	金明（2011）；Batra et al（2012）；Albert，Merunk 等（2008）
自我关联	表达自我；提高自我身份	Batra et al（2012）；Albert，Merunk 等（2008）；Thomson 等（2005）；Fournier（1998）
品牌激情	渴望拥有；兴奋；吸引力	Batra et al（2012）；Albert 等（2008b）；Keh Hean Tat（2007）；Fournier（1998）；卫海英（2012）；

三、 测量条款的开发及预检验

（一）初始条款的生成及预检验

通过文献梳理和深度访谈相结合的方法可以获得可行的变量测量条款（严浩仁，2004），本研究归纳和总结了品牌钟爱的量表，并结合手机行业的背景与特点，借鉴了先前学者研究中运用到的经典量表的测量题项，如Batra et al 在 2012 年开发的多维度的测量量表，其中涉及品牌信任、满意、自我关联、品牌激情等维度；Thomson 在 2005 年对自我关联变量的测量；国内学者金明（2011）和卫海英（2012）等开发的满意与信任测量量表等。这些条款都是在其他行业和产品的研究背景下获得的，不能直接用于测量手机品牌钟爱。本研究对测量条款进行了适当的调整，修改和补充，形成了手机品牌钟爱各维度初始测量条款。初始测量条款完成后，再次组织了品牌钟爱研究讨论班，对问卷实施预检验。预检验主要包括：评判测量条款是否明确代表品牌钟爱相应维度，是否存在同一条款代表多个维度的现象；讨论可能引起应答者歧义或表述上存在模糊语义的条款，并对上述条款做相应的改进和优化。经过预检验，最后形成了包含 20 个条款的初始测量问卷，见表 2-19。

初始问卷主要包括两部分，第一部分是被访者对自己所用手机品牌的钟爱度评价，衡量四个维度的 28 个题项被打乱顺序排放，以 7 级李克特量表进行测量。第二部分是被访者个人信息，包括性别、所在年级和专业、所用手机品牌等。调查抽样的范围是武汉市各大高校，样本单位是在校大学生。调查时间是 2015 年 5 月至 8 月，调查实际发放问卷 320 份，回收 279 份，回收率 87.2%，其中合格问卷 240 份，合格率 86%。样本中男生占 60%，女生占 40%；从大一到大四各年级所占比例分别为 20%、63.3%、12.9% 和 3.7%；样本中文科生占 44.2%，理科生占 19.2%，工科生占 27%，医学、农学和艺术类学生共占 9.6%；月消费水平 500 元以下、501—1000 元、1001—2000 元和 2001 元以上各层次的比例分别为 2.5%、51.3%、42.1% 和 4.1%。样本所用手机品牌的前三名是苹果、三星和小米，与全国的手机品牌市场占有率情况相符。

表 2-19 智能手机行业品牌钟爱的初始测量问卷

维度	题号	题项	研究者
品牌满意	1	对该品牌手机很满意	Levcsqu（1996）；Jamal 等（2003）；Alczuch，Lundgren（2004）
	2	对这个品牌手机的整体印象很好	
	3	该该品牌是一个非常好的手机品牌	
品牌信任	4	该品牌是一个专业的手机品牌	Kanawat tanachai，Yoo（2002）；金明（2011）
	5	该品牌手机质量可靠，值得信任	
	6	该品牌手机对消费者的宣传和实际一致	
	7	该品牌手机在消费者中口碑不错	
自我关联	8	用这个品牌的手机让我感到很自信	Thomson 等（2005）；Fournier（1998）
	9	该品牌可以表现我的身份和地位	
	10	该品牌能表现我的风格	
	11	该品牌提高了我的社会形象	
	12	该品牌比较符合我的个性	
	13	该品牌可以展示和表达我自己，使我的形象更加突出	
品牌激情	14	该品牌是我最愿意拥有的品牌	Keh Hean Tat（2007）；Thomson（2005）；Carroll 和 Ahuvi（2006）
	15	只要一提起手机，我总是会想到该品牌	
	16	该品牌对我很有吸引力	
	17	如果这个品牌推出新款手机，我都乐意尝试	

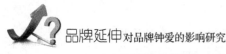

（二）预测试与量表优化

我们首先对小样本数据进行信度和效度的初始检验，样本的 KMO 值为 0.925，巴特莱特球体检验的卡方统计值的显著性概率计算值为 0.000，小于 0.05，均适合做因子分析（参见表 2-20）。但探索性因子分析（EFA）计算结果如表 2-21 显示，有 4 个题项出现交叉负载的现象，删除这 4 个题项后，量表的信度和效度较好，剩余的 13 个题项予以保留。删减后，对剩余的 13 个题项进行项目分析，各题项的决断值都在 6 以上，p 值都是 0.000 < 0.01，说明各题项能成功鉴别高低分组。进行内部一致性检验，各题项在 0.01 的显著水平下均相关，表明问卷的内部一致性即建构效度较好。然后进行信度和效度检验和因子分析，第 15 题和第 16 题在两个因子上的载荷均大于 0.4，将其删除。删除后再检验问卷的信度和效度，适合做因子分析。对问卷的处理方法包括：使用纠正的项目—总体相关系数（C1TC）净化测量条款；用 CITC 小于 0.3 作为净化删除标准；Cronbacha 系数大于 0.6 作为合格标准（Moss，Prosser 等，1998；骆克任，2002）。因此，本研究以这 10 个题项为主体，辅之以人口统计变量，形成正式调研的问卷。

表 2-20　KMO and Bartlett's 检验

Kaiser-Meyer-Olkin Measure of Sampling Adequacy.		0.925
Bartlett's Test of Sphericity	Approx. Chi-Square	2.317E3
	df	231
	Sig.	0.000

a. Based on correlations

表 2-21　品牌钟爱初始量表和信度检验、因子分析结果

维度	题号	题项	CITC	Cronbach's a	旋转后的因子载荷	各维度的 Cronbach's a
满意	1	我对该品牌手机很满意	0.587	0.955	0.710	0.913
	2	对该品牌手机的整体印象很好	0.641	0.955	0.803	
	3	该品牌是一个非常好的手机品牌	0.627	0.955	0.872/.613	
	4	该品牌是一个专业的手机品牌	0.525	0.956	0.814	

续表

维度	题号	题项	CITC	Cronbach's a	旋转后的因子载荷	各维度的Cronbach's a
信任	5	该品牌手机质量可靠，值得信任	0.502	0.956	0.870	0.902
	6	该品牌手机对消费者的宣传和实际情况一致	0.506	0.956	0.803	
	7	该品牌手机在消费者中口碑不错	0.509	0.956	0.825	
自我关联	8	用这个品牌的手机让我感到很自信	0.791	0.953	0.677/0.413	0.951
	9	苹果品牌可以表现我的身份和地位	0.771	0.953	0.879	
	10	苹果品牌能表现我的风格	0.806	0.953	0.855	
	11	该品牌提高了我的社会形象	0.763	0.953	0.884/0.652	
	12	该品牌比较符合我的个性	0.762	0.953	0.800	
	13	该品牌可以展示和表达我自己，使我的形象更加突出	0.825	0.952	0.890	
品牌激情	14	该品牌是我最愿意拥有的品牌	0.505	0.957	0.721	0.845
	15	只要一提起手机，我总是会想到该品牌	0.765	0.953	0.576	
	16	该品牌对我很有吸引力	0.751	0.953	0.591/0.531	
	17	如果这个品牌推出新款手机，我会乐意尝试	0.673	0.954	0.517	

四、正式调研

（一）样本选择

本研究随机选择了 250 位有意愿购买智能手机的消费者作为调研对象，共发放 250 份问卷，回收 187 份，回收率为 74.8%，达到了最低回收率要求。有效问卷 374 份，有效率为 91.7%。本研究重点关注的人口统计变量包括性别、年龄、月收入等，具体分布，样本中男生占 60%，女生占 40%；从大一到大四各年级所占比例分别为 20%、63.3%、12.9% 和 3.7%；样本中文科生占 44.2%，理科生占 19.2%，工科生占 27.1%，医学、农学和艺术类学生共占 9.6%；月消费水平 500 元以下、501—1000 元、1001—2000 元和 2001 元以上各层次的比例分别为 2.5%、51.3%、42.1% 和 4.2%。

（二）量表检验

1. 信度检验

通过对量表的内部一致性信度测量，4 个维度的 Cronbach α 系数在 0.8374 至 0.9527 之间，都满足 0.7 的最低接受标准。对总体相关系数进行检验，CITC 值都在 0.5544 ~ 0.8836 之间，满足 0.5 的最低接受标准。因此，本研究开发的测量量表具有较好的内部一致性信度。

2. 探索性因子分析

探索性因子分析是对测量量表所进行的效度检验的第一步。所谓的效度检验，也就是检测设计的量表可以真正测量出所要测量的概念的程度。而结构性概念效度大多是通过探索性因子分析来检验，检验结果如表 2-23 所示。

表 2-22　品牌钟爱测量量表及信度分析

维度	题号	题项	CITC	Cronbach's a	旋转后的因子载荷	各维度的Cronbach's a
满意与信任	1	对该品牌手机很满意	0.622	0.908	0.774	0.879
	2	对该品牌手机的整体印象很好	0.726	0.903	0.824	
	4	该品牌是一个专业的手机品牌	0.578	0.910	0.830	
	7	该品牌手机在消费者中口碑不错	0.579	0.910	0.829	
自我关联品牌激情	9	该品牌可以表现我的身份和地位	0.700	0.903	0.842	
	10	该品牌能表现我的风格	0.802	0.896	0.839	0.909
	12	该品牌比较符合我的个性	0.757	0.900	0.798	
	16	该品牌对我很有吸引力	0.597	0.910	0.832	
	14	该品牌是我最愿意拥有的品牌	0.766	0.899	0.648	
	15	只要一提起手机，我总是会想到该品牌	0.715	0.902	0.776	0.856

探索性因子分析的结果显示，KMO 值为 0.892，满足 0.5 的最低接受标准，说明数据非常适合做因子分析。由 Bartlett's 球形检验可知，x^2 值为 1520.819，P < 0.000，进一步说明数据适合做因子分析。正交旋转截取出 3 个特征值大于 1 的因子，方差累积百分比为 58.673。由表 2-23 可知，10 个题项都在所属的维度下，且都具有大于 0.5 的因子负载，没有出现跨因子负载的现象。这说明本研究开发的品牌钟爱量表具有较好的区别效度，初步证明

了本研究对品牌钟爱 4 个维度的划分合理性。

表 2-23 品牌钟爱测量探索性因子的总体方差解释表

因子	初始特征根			旋转后因子负荷方和		
	总体值	总体方差比例	累计方差比例	总体值	总体方差比例	累计方差比例
1	7.213	37.961	37.961	3.830	20.157	20.157
2	2.633	13.858	51.819	3.708	19.514	39.671
3	1.302	6.854	58.673	3.610	19.002	58.673

3. 收敛效度检验

收敛效度是测量各维度下所有题项间的相关性。本研究主要通过 2 个步骤来检验品牌钟爱量表的收敛效度：第一步是观察所有题项的标准化负载系数，第二步则是计算各维度的平均方差提取量。通过验证性因子分析来评价品牌钟爱测量量表的收敛效度，如图 2-11 所示。

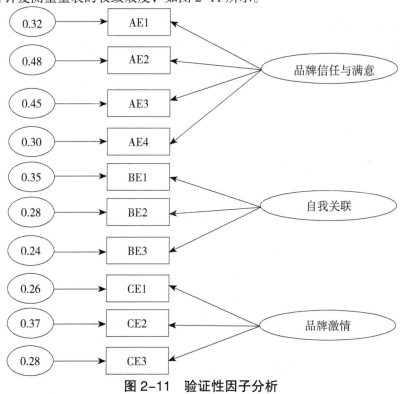

图 2-11 验证性因子分析

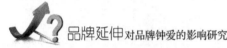

由图 2-11 可知，各维度下的所有题项的标准化负载系数都在 0.70 至 0.96 之间，满足 0.7 的最低接受标准，且在 P < 0.001 条件下呈现统计显著性。各维度的平均方差提取量（AVE）都在 0.7956 至 0.9563 之间，远高于 0.5 的最低接受标准。综合两个指标的检验结果，本研究开发的品牌钟爱测量量表具有较好的收敛效度。另外，验证性因子分析的结果中，x^2/df 值为 1.371，小于 3；CFI、GFI、AGFI、NFI 等拟合指标都在 0.90 以上，说明量表具有较好的收敛效度。如表 2-24 所示。

对内部一致性信度，大样本数据已经通过了大样本净化分析和单维度检验，而且在进行验证性因子分析时也没有进行其他条款的增减，说明该问卷满足数据测量的内部一致性信度要求。

对建构信度分析，两个维度的计算结果显示 CR 均大于 0.6，说明该问卷的建构信度满足要求。

对效度分析，测量项目是从前人的研究文献中获得，并通过访谈和调查，形成初始测量项，最后通过预检验和小样本测试，确保了问卷具有合适的内容效度。

对建构效度分析，首先通过计算三个维度的均方差抽取量 AVE 来判别收敛效度，计算结果显示，两个维度的 AVE 都大于 0.5，问卷的收敛效度满足要求。接着通过比较两维度之间的相关系数和 AVE 的平方根（以粗体显示于对角线）来分析区别效度，结果显示各维度的 AVE 值的均方根均大于其与其他维度之间的相关系数，表明问卷的区别效度较好。

表 2-24 品牌钟爱测量的建构信度（CR）指标

指数分类	指数	测量值	评价标准	是否满足要求
绝对拟合指标	卡方/自由度（x^2/df）	1.371	小于 5，最好小于 3	满足
	近似误差均方根（RMSEA）	0.042	小于 0.1，最好小于 0.05	满足
	调整拟合优度（AGFI）	0.933	小于 0.85，最好大于 0.9	满足

续表

指数分类	指数	测量值	评价标准	是否满足要求
相对指标	拟合优度指标（GFI）	0.966	大于0.85，最好大于0.9	满足
	常模拟合指数（NFI）	0.974	大于0.9	满足
	增值拟合指数（IFI）	0.993	大于0.9	满足
	比较拟合指数（CFI）	0.993	大于0.9	满足

表2-25　品牌钟爱测量的建构信度（CR）与收敛效度（AVE）指标

标准载荷	测量误差	CR	AVE	信度系数	
品牌信任与满意	0.817	0.32			
	0.957	0.76			
	0.890	0.78			
	0.890	0.71	0.729	0.529	
自我关联	0.821	0.35			
	0.931	0.28			
	0.860	0.24			
品牌激情	0.584	0.79			
	0.758	0.73			
	0.710	0.71	0.860	0.511	
评价标准	大于0.5		大于0.6	大于0.5	
模型适配判断	适配		适配	适配	

五、本节小结

本节回顾了品牌钟爱的概念与维度，并以手机行业为背景，构建了品牌钟爱的内部结构体系，提出了手机行业品牌钟爱的3个维度，即品牌信任与满意、品牌自我关联、品牌激情，开发了品牌钟爱的测量量表，共计10个题项。品牌满意与信任是品牌钟爱中的理性维度，也是品牌钟爱中最基本的维度。品牌激情属于品牌钟爱中的一个感性维度，品牌激情是消费者对该品牌的热情、痴迷乃至狂热，就消费者对苹果手机品牌钟爱来看，手机品牌激情意味着该手机品牌让消费者觉得"这是一个伟大的品牌，拥有该品牌的手机是令人振奋的，激动人心的"。

通过预调研和正式调研，回收大量数据，进行实证检验。经过信度检验、探索性因子分析、收敛效度检验和区别效度检验等分析，证明本研究开发的品牌钟爱量表具有较好的信度和效度。

本研究对智能手机行业品牌钟爱的结构与测量研究，一方面对品牌钟爱的概念结构建立了一个更为直观和系统的认知，为智能手机企业和该领域的学者提供了一个更为清晰、更易理解的框架体系和测量工具；另一方面，也为智能手机企业未来的品牌营销与推广工作提供了理论指导，建议智能手机企业从消费者认知和情感两个方向塑造品牌钟爱。在认知方面，主要是培养消费者的品牌信任与满意，在情感方面，主要是建立品牌与消费者自我关联，全力塑造品牌的象征价值，同时建立消费者与品牌的内在情感联系，培养消费者对品牌的激情。

由于客观条件的限制，本研究仍存在很多局限和不足：① 本研究的研究背景是智能手机行业，消费者接触到的是有形的实物产品，对提供无形服务的行业，本研究开发的量表的适用性仍有待检验；② 通过人口统计变量的分析，本研究的调研对象主要是年轻的学生群体，调研对象的范围略有局限，对于面向年龄层更广的服务行业来说，其测量品牌钟爱的量表还有待于讨论和开发。

第三章　研究模型建立与假设提出

一、研究模型

在上述文献分析和相关理论的基础上，为了更好地理解品牌延伸对品牌钟爱的影响，我们根据所要研究的问题，品牌钟爱能否迁移以及在什么条件下迁移，构建模型1（如图3-1）。自变量是消费者对母品牌的钟爱，由两类钟爱程度不同品牌组成，因变量是消费者对延伸产品的钟爱。在研究钟爱能否迁移时，我们进一步检验了钟爱延伸边界，即一致性的三维度：消费者的期望、产品种类相似性、品牌形象相似性在其中起调节作用的影响。并检测了消费者涉入度、消费者创新性等干扰变量的影响。

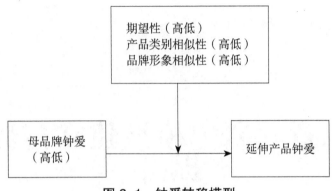

图 3-1 钟爱转移模型

二、理论推演和假设提出

（一）母品牌钟爱对延伸品牌钟爱的影响

钟爱反映了消费者对特定品牌强烈的情感依恋（Albert，2006），影响了消费者对目标品牌的认知、情感、行为（Holmes，2000）。在认知层面，钟爱与自我概念紧密相连，反映较强的品牌关系。自我概念联结反映了消费者对品牌的一种信念，将导致强烈的依恋，依恋越强，就越能导致承诺（Rajeev Batra 等，2012）。当品牌与自我联结越强，对母品牌潜在情感与记忆也越强（Alexander Fedorikhin 等，2008）。根据联想记忆理论，母品牌钟爱程度越强，情感记忆越强，消费者就越容易将母品牌钟爱转移至延伸品牌。其次，钟爱包含对品牌信任和满意，是评估判断的理性指标，对提高品牌忠诚和品牌承诺（Kim and Jones，2009）有重要作用。在情感层面，表现为与品牌强烈的情感联结、与品牌隔绝或分离的恐慌。消费者与所爱的品牌具有亲密性，长时间接触不到该品牌，会焦虑不安，因为他们认为品牌是不可替代且唯一的，在长时间不能使用的情况下会产生思念的情感（Batra et al，2012）。在行为方面，钟爱主要表现为品牌意向忠诚与行为忠诚；即消费者对母品牌越钟爱，则动机和行为反应也更强。如亲近性维持、愿意为品牌投入奉献，愿意保持长久稳定关系（Walsh et al，2010）、积极向他人宣传该品牌正面信息、高品牌参与度，导致现在离不开此品牌（Rajeev Batra 等，2012）。

根据联想网络理论，有关品牌最终联想依赖于最初的联想，并且会影响到个体对品牌的最终态度。因此，延伸产品的钟爱在很大程度上依赖于消费者对原品牌的钟爱。当一个人对原品牌有较高的钟爱时，就会有更高的忠诚度，更乐于维持他们与品牌之间的关系，有更强的动机投资与保护该品牌、有更强的情感联结、更害怕与品牌分离。比如，粉丝对他们所支持的明星有更多的投资，更强情感连接，因为依恋是驱动忠诚和承诺的因素之一（Alexander Fedorikhin 等，2008）。

根据情感迁移理论，消费者在延伸的评估中，可通过两个可能路径将母品牌情感迁移到延伸产品中。第一种直接迁移的过程，用刺激的泛化和同化来解释，即母品牌钟爱是母品牌和消费者之间存在的一种条件反射，当条件刺激——母品牌名称出现时，就会引起消费者一定的情感体验。消费者就很容易将母品牌钟爱转移至对延伸品牌钟爱。当母品牌钟爱程度越高，消费者对原品牌认知程度越深，则原品牌联想越丰富（卢泰宏和谢飙，1997），消费者感知质量越高（韩经纶和赵军，2004），品牌延伸的效果会越好。直接迁移适用于消费者对品牌信息加工的参与性较低的情况。

第二种间接迁移的过程，这种迁移依赖于消费者所感知的原品牌与延伸品牌之间的相似性。该观点认为消费者首先经历的是分类的过程，然后再进行评价或者是情感转移的过程，在两个阶段钟爱发挥着不同的作用。在分类阶段，如果延伸品牌被认为归属于原品牌类别，那么，与原品牌相关的联想，如母品牌情感或潜在的记忆都有利于对延伸品牌的依恋（Alexander Fedorikhin 等，2008）。当母品牌作为分类的线索，对母品牌有较高钟爱的消费者更容易将延伸物作为母品牌的分类，因为他们有一种与钟爱的物体维持关系的欲望，与母品牌有较强的情感依恋，他们会抵制与母品牌的分离（Rajeev Batra 等，2012）。因此消费者有较强钟爱时，更有可能将延伸物品作为加强他们与母品牌关系的机会，来维持与品牌之间关系的发展。

总之，当延伸产品被分类为母品牌的部分时，由于较强的自我暗示，更容易达到的母品牌记忆、更强的动机来对延伸产品进行分类，因此，有更强的行为预测、较高的品牌依恋对延伸有更强的效果（Alexander Fedorikhin 等，2008）。

有学者认为较高的品牌依恋可能会导致更不受欢迎的延伸评估，因为有较高依恋的消费者渴望维持与品牌之间的独特关系，害怕失去他们与独特品牌之间的关系。然而，分类理论将延伸品牌作为母品牌一类对维持这种关系有较强的渴望，有较强的抵制分离的痛苦。当消费者有较强的依恋更有可能是延伸产品作为维持和加强他们与品牌之间关系的机会，被支持、较强的品牌关系可反映为不断增强的与品牌相关的活动（Alexander Fedorikhin 等，2008）。

薛可、余明阳（2003）的研究也同样得出了母品牌的强势度是影响品牌延伸效应的关键因素，一个没有强势度的品牌没有延伸的价值，他们从知名度、美誉度和定位度三个方面来反映母品牌的强势度，其中美誉度是消费者对母品牌感知质量的函数，知名度是品牌在消费者中间的知晓程度，定位度反映品牌的档次和风格。母品牌的强势度越高，品牌延伸效应就越好。消费者对品牌钟爱也反映出品牌强势度。因此，本研究提出假设：

H1：相对于钟爱程度一般的品牌，原品牌钟爱程度越高，则同一品牌下的延伸产品钟爱程度也越高。

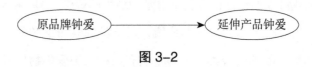

图 3-2

（二）产品类别相似性和钟爱转移

品牌延伸一致性存在两个层面：产品层面和品牌层面。产品层面的种类相似性主要是指延伸产品与母品牌现有产品在产品特征属性方面的相似性，如形状大小、制造技术、使用场合等，它对消费者判断延伸产品与原品牌之间的契合度具有重要作用（Xin Liu，2007）。

根据认知一致性理论，消费者对一致性较高的品牌延伸的评价也将较高（Aaker and Keller，1990）。延伸产品与母产品类别相似性是消费者对品牌延伸最直接的一种联想（Boush and Loken，1991）。品牌联想在很大程度上取决于消费者对品牌延伸类别的判断，消费者会通过评估延伸产品与该品牌其他成员是否相配，从而对该延伸产品进行分类。如果母品牌的相关联想能够被传递到延伸产品上，那么消费者就会认为延伸产品与母品牌现有产品目录是契合的，从而接受该延伸产品，那么母品牌的情感就很容易转向延伸产品（Park等，1991）。

当延伸产品与母品牌现有产品具有较高的相似性时，可以降低消费者对延伸产品的感知风险，消费者就会认为母品牌生产原有产品的专业性也有利于延伸产品的生产，从而使消费者将母品牌的一些正面信息传递到延伸产品上，消费者就很容易将自己对母品牌的联想和情感传递到延伸产品中（Klink and Smith，2001）。研究发现，产品种类相似性对消费者的延伸产品评价具有积极的正向影响。另一方面，如果消费者对两者之间的产品种类契合度不太肯定，那就有可能以一种更加细致的逐件处理的态度来评价延伸。在这种情况下，消费者对有关延伸的任何具体的联想，都将影响原品牌产品情感转移。Aaker and Keller（1992）认为消费者比较喜欢相似延伸，而非不相似延伸，因为相似延伸有助于消费者将原产品与延伸产品信息联系起来。

不相关的信息阻碍了情感迁移。人们很难将不相关的信息与现有信息链接起来（Heckler and Childers，1992）。当母品牌延伸至不相关种类时，消费者在延伸产品中不能找到母品牌相关联想，母品牌与延伸产品之间不相关常让人感到沮丧，甚至导致负面的情感迁移（Lee and Mason，1999）。相反，相关性信息的呈现，更有利于情感迁徙（Lee and Mason，1999）。因此，本研究提出假设：

H2：产品类别相似性对母品牌钟爱与延伸产品钟爱起到调节作用，原产品与延伸产品类别相似性越高，原品牌钟爱对延伸产品钟爱影响越大，则延伸产品钟爱程度越高。

（三）品牌形象相似性和情感转移

在品牌层面，当延伸产品与原产品的品牌形象相似时，情感更容易迁移。也就是说，当企业进行品牌延伸时，消费者对母品牌的情感是否能够转移到延伸产品还取决于延伸产品的形象特征所引起的联想是否与母品牌的形象具有一致性。

同样根据分类理论和品牌联想理论，如果延伸产品的属性特征与原品牌类似，那么消费者就很容易将自己对母品牌的联想和情感传递到延伸产品中（Klink and Smith，2001）。母品牌联想与延伸产品具有一致性时，消费者对品牌延伸的认可度较高（Herr，Farquhar and Fazio，1996；Bridges，Keller and Sood，2000；Chowdhury and Kabir，2007）。

Aaker 和 Keller（1991）的研究指出，当消费者感知到延伸产品与母品牌是相似的或在形象上是一致时，消费者就会将对母品牌的整体感知传递给延伸产品。

Bhat 和 Reddy（2001）的研究发现，当延伸产品形象和母品牌形象相似性较高时，消费者会将延伸产品视为母品牌目录下的典型成员，使得母品牌的正面态度能够更容易地传递给延伸产品。相对于产品类别层面的相似性而言，品牌形象层面相似性对品牌延伸的影响更显著。即使延伸产品与母品牌之间在产品层面上存在着一定的差异，如果延伸产品与母品牌的品牌形象一致也可能产生积极的消费者评价。

Park 等（1991）研究证明延伸产品与母品牌在品牌形象上的相似性对消

费者评价延伸产品具有重要影响。母品牌联想与延伸产品具有一致性时，消费者对品牌延伸的认可度较高（Herr，Farquhar and Fazio，1996；Bridges，Keller and Sood，2000；Chowdhury and Kabir，2007）。

因此，品牌形象的一致性对品牌延伸能否成功具有关键影响，并且品牌概念一致性的影响对奢侈品牌拥有者和非拥有者应当存在差异。由于拥有者当初在购买母品牌产品时必然是出于某些认知或情感基础，品牌延伸引起的母品牌形象的稀释或淡化会动摇这种基础并损害拥有者的利益。而非拥有者对于品牌形象的了解并不如拥有者清晰，而且他们并不会那么关心品牌延伸与母品牌概念不一致会不会对母品牌造成影响。所以，拥有者会比非拥有者更加关心品牌延伸与母品牌在品牌概念上的一致性，非拥有者则可能更多地根据产品种类相似性来对延伸产品做出评价。基于以上分析，我们提出以下假设：

H3：品牌形象相似性对母品牌钟爱与延伸产品钟爱起到调节作用，原产品与延伸产品的品牌形象相似性越高，原品牌钟爱对延伸产品钟爱影响越大，则延伸产品钟爱程度越高。

（四）期望性和情感转移

期望是指人们对延伸产品提前勾画出的一种标准，达到了这个标准就是达到了期望（xin liu，2007）。期望在品牌延伸中，主要用在产品一致性上，指消费者对原产品产出延伸产品的期望程度。与先前研究契合度的相似性概念相比，期望性是一个更宽广的概念。不同构念测量产品契合度，如感知契合度和属性相似性，但它们都可以作为形成期望的基础。比如，消费者期望宝马汽车制造商能生产出摩托车，因为他们相信制造商能利用宝马的生产技术，并将其迁移到摩托车上。消费者期望电脑制造商根据先前的技术延伸出打印机。因此，期望概念包括了产品知识、先前的经验、感知相似性，以便于判断原产品与延伸产品之间的关系。

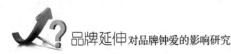

期望在情感转移过程中有两个作用：其一，它激活了脑海中已存在的图式信息。消费者在脑海中也会对延伸产品产生一定的图式。该图式包含了消费者原有的知识、经验以及对原产品的信念。基于这些信息形成消费者对延伸产品的期望。当消费者对延伸产品期望较高时，延伸产品归类为现有图式，激发情感转移。其二，期望的确认将产生积极情感影响（Mandler，1975）。人们通常想预测接下来会发生什么，如初始认知的确认将带来积极的情感反应（Olson，Roese and Zanna，1996）。这一论点被归因理论（Kelley，1973；Weiner，1986）和认知一致性理论（Festinger，1957；Heider，1958）所支持。在这种情况下，当消费者对母品牌下的延伸产品有较高的期望时，期望的确认就会对延伸产品产生积极情感影响。

总之，期望概括了母产品与延伸产品的关系。当延伸产品被期望时，延伸产品接收两部分情感：一部分来自于原产品，另一部分来自于期望的确认。基于以上分析，本研究提出以下假设：

H4：消费者对延伸产品的期望值会调节母品牌钟爱与延伸产品钟爱，消费者对延伸产品期望值越高，则母品牌钟爱对延伸品牌钟爱影响越大。

第二节　对母品牌钟爱反馈模型建立与假设提出

一、研究模型

品牌关系会影响品牌延伸的效果，品牌延伸反过来也会影响品牌关系（Davis & Halligan，2002）。本书根据所要研究的问题，不当延伸后对母品牌钟爱的影响，构建模型（如图3-3）。自变量为研究一中的一致性，延伸一致性包括现有产品种类相似性、品牌形象相似性和期望性三个维度；因变量为延伸后母品牌钟爱；调节变量为消费者创新性、涉入度。

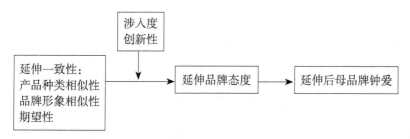

图 3-3　延伸对母品牌钟爱反馈效应的研究

消费者的情感在母品牌和延伸品牌之间具有转移性，但受到消费者消费知识、经验和契合度的调节（Boush 等，1987）。具有丰富知识和经验的消费者更倾向于采用积极的态度来判断延伸效果。知识和经验欠缺的消费者会从更直观的角度理解延伸合适性（Muthukrishnan，1991），这时品牌契合度对品牌延伸产生更积极的影响（Nkwocha 等，2005）。顾客对延伸产品的知识越少，延伸产品成功的可能性越高（Smith and Park，1992）；顾客寻求多样性的行为倾向越高，延伸产品成功面临的压力越大（Nijssen，1999）；顾客的创新性越高，对新产品的接受程度越高，延伸成功的可能性越高（Klink and Smith，2001）；顾客的自我形象与母品牌的联系也有助于提高品牌延伸评价（Hem and Iversen，2002）。

二、假设提出

（一）延伸一致性对母品牌钟爱的影响

在产品层面，产品种类相似性对母品牌资产的影响主要有以下三种观点：

第一种观点认为产品类别一致性对母品牌资产具有稀释效应。根据簿记模型，消费者接收任何新信息都会影响原品牌信念的改变（Weber and Crocker，1983），尤其是在延伸不一致时，稀释效应更明显（Gurhan-Calin and Maheswaran，1998；Loken and John，1993）。Aaker（1990）提到品牌延伸可能会产生三种风险，分别是减少现存的联想、增加新的联想及不受喜爱的联想，进而伤害原始品牌的品牌资产。

第二种观点认为稀释效应只发生在与原产品有紧密的关系的延伸（John, Loken and Joiner, 1998）。当产品类别不一致, 非典型延伸产品失败时, 延伸产品类别不一致对原品牌并没有稀释效应（Keller and Aaker, 1992; Romeo, 1991）。

第三种观点认为产品类别一致性对母品牌资产有增强效应。认为产品类别的相似性也增强了彼此的连接。相似的产品类别可满足消费者的不同方面的需求，因此这些延伸产品是可以共同使用的（Lattin and McAlister, 1985; Walters, 1991）。如海尔空调、海尔冰箱、海尔洗衣机都属于家电产品，类别相似性较高，但它们满足了消费者不同的需求。信号理论（Erdem and Swait, 1998）表明，一个品牌的类别的相似性影响该品牌的质量。一个品牌的产品类别的相似可以增加该品牌信号的清晰度。对于同等大小的产品组合，一个品牌拥有的产品类别相似性越高，消费者对母品牌就会有越强的品牌信号，从而降低对品牌的不确定性。根据消费者的记忆网络理论，同一品牌下的不同产品广告，都将激活消费者对母品牌感知。

在属性层面，也存在不同观点。一种观点认为延伸产品属性契合对反馈效应无显著影响（Keller & Aaker, 1992）；另一种观点认为延伸产品属性与类别契合之间交互影响，产品类别比属性契合对反馈效应有更大作用（Romeo, 1991）。

Loken and Johnson（1993）认为延伸产品属性不一致性降低了对原品牌的评价；即当延伸产品的特性与核心品牌产品所代表的形象不一致时，会发生品牌稀释。

在消费者期望性方面，当延伸产品体验与母品牌期望不一致时，造成态度的改变。改变方向和程度取决于体验的相关强度和受欢迎性。较高的不一致性延伸体验将被认为不相关。失败的品牌延伸会降低消费者对母品牌的忠诚度，降低对母品牌期望的预期（Gurhan-Canli Z，2003）。当品牌延伸新产品让消费者失望时，将可能影响消费者对企业原母品牌的信赖（Kotler，1997）。

Roux 认为如果延伸不一致，品牌的信心将会下降，将导致品牌形象的稀释。Doyle（1990）认为不当的品牌延伸可能会混淆品牌识别（identification）、降低成功品牌的商誉、模糊及削弱品牌的整体形象，从而影响原品牌形象。

子类型模型认为当延伸产品被消费者归为认知图式下的一个子类型时，消费者会将不一致的信息排除，那么子类型的形成会减小不一致性对认知图式的影响。也就是说，当延伸产品与原品牌一致性越高时，就会减小不一致性对原品牌钟爱的影响。

根据先前文献梳理，品牌钟爱是消费者对满意的品牌强烈的情感依恋，体现了消费者对品牌的情感连接，反映了消费者与品牌之间长久的发展关系。钟爱的品牌在消费者头脑中会形成一定的思维定势，认为这个品牌在市场上就代表这类产品。企业实施延伸后，当延伸产品能让消费者感受到母品牌的诊断性特征时，即延伸产品让消费者感知到延伸产品与母品牌产品在类别和形象上相一致时，更能让消费者相信延伸产品与母品牌是相关联的，消费者对母品牌认知不易被改变。也就是说，当一致性较高时，消费者就很容易将母品牌钟爱转移至延伸产品。根据认知一致性理论，这时消费者认知冲突较小，消费者对母品牌钟爱的影响不大。然而，当延伸一致性较低时，消费者对延伸产品增加的新的联想或不受喜爱的联想，可能会伤害原始品牌的品牌资产（Aaker，1990），从而影响消费者对原品牌的钟爱，这时，消费者对母品牌钟爱的影响较大。总之，本书认为当产品类别相似性、品牌形象相似性、期望性越高时，消费者对母品牌钟爱影响越小。所以本研究提出以下假设：

H5a：产品类别相似性会降低消费者对母品牌钟爱，相对于高类别相似性的延伸，低类别相似性的品牌延伸对母品牌钟爱的稀释影响更大。

H5b：品牌形象相似性会降低消费者对母品牌钟爱，相对于高形象相似性的延伸，低形象相似性的品牌延伸对母品牌钟爱的稀释影响更大。

H5c：消费者期望性会降低消费者对母品牌钟爱，相对于高期望性的延伸，低期望性的品牌延伸对母品牌钟爱的稀释影响更大。

（二）延伸一致性对品牌延伸态度的影响

在所有影响品牌延伸的因素中，延伸一致性对品牌延伸成功与否具有最大的影响（Volckner F 等，2006）。延伸一致性是消费者对品牌延伸最直接的一种联想。品牌联想在很大程度上取决于消费者对品牌延伸类别的判断，消费者会通过评估延伸产品与该品牌其他成员是否相配，从而对该延伸产品进行分类（Sheinin D A，1994）。如果母品牌的相关联想能够被传递到延伸产品上，那么消费者就会认为延伸产品与母品牌现有产品类别是相似的，从而接受该延伸产品，延伸态度较好（Chakravarti D 等，1990）。

延伸产品与母品牌之间的相似程度越高，消费者越容易把母品牌的一些特征推理到延伸产品上（Bhat S，2001）。当延伸产品的形象和母品牌形象之间的相似程度比较高时，消费者会将延伸产品视为母品牌目录下的典型成员，使得母品牌的正面态度能够更容易地传递给延伸产品。相对于产品类别层面的契合度而言，品牌形象层面契合度对品牌延伸的影响更显著。即使延伸产品与母品牌之间在产品层面上存在着一定的差异，如果延伸产品与母品牌的品牌形象相似也可能产生积极的消费者评价，也就是说，相对于功能性品牌来说，声望性品牌更容易形成延伸产品与母品牌之间的形象契合，从而使品牌延伸取得成功。消费者就会认为母品牌生产原有产品的专业性也有利于延伸产品的生产，从而可能使得消费者将母品牌的一些正面信息传递到延伸产品上（Smith D C，1995）。

期望是指人们对每样东西的提前勾画出的一种标准，达到了这个标准就是达到了期望值。期望在消费情境中，指的是消费者在消费之前实际产生的一种情感认知。

期望在情感转移过程中有两个作用：其一，它激活了脑海中已存在的图式信息。消费者在脑海中也会对延伸产品产生一定的图式。该图式包含了消费者原有的知识、经验以及对原产品的信念。基于这些信息形成消费者对延伸产品的期望。当消费者对延伸产品期望较高时，延伸产品归类为现有图式，激发情感转移。其二，期望的确认将产生积极情感影响（Mandler，1975）。人们通常想预测接下来会发生什么，如初始认知的确认将带来积极的情感反应（Olson，Roese and Zanna，1996）。这一论点被归因理论（Kelley，1973；Weiner，1986）和认知一致性理论（Festinger，1957；Heider，1958）所支持。在这种情况下，当消费者对母品牌下的延伸产品有较高的期望时，期望的确认就会对延伸产品产生积极情感影响。

因此，本研究提出假设：

H6a：产品类别相似性越高，消费者的品牌延伸态度越积极。

H6b：品牌形象相似性越高，消费者的品牌延伸态度越积极。

H6c：消费者期望性越高，消费者的品牌延伸态度越积极。

（三）品牌延伸态度对延伸后母品牌钟爱的影响

Bristol 研究了消费者对延伸特征的信念影响品牌延伸态度的机制。徐国斌提出了消费者品牌延伸态度形成的综合模型。研究表明，消费者对品牌态度会正向影响该品牌形象（Low G S，2000）。Pitta 和 Katsanis 认为对于不同的消费者来说，品牌延伸评价对母品牌关联的改变是不同的。消费者品牌延伸态度的改变会影响到母品牌的品牌形象（Lane V，1997）。而品牌形象会正向影响品牌钟爱。因此可以推断，品牌延伸过程中，消费者的品牌延伸态度会对延伸之后的母品牌钟爱产生影响。如果消费者赞成品牌延伸，品牌延伸便会对母品牌产生正向的回馈效应，加强母品牌的地位。相反，如果消费者对品牌延伸持否定态度，那么品牌延伸就会给母品牌带来比较少的赞成信念或情感。因此，本研究提出假设：

H7：品牌延伸态度对延伸后的母品牌钟爱产生正向的影响。

（四）消费者创新性的调节作用

Midgley 和 Dowling 在 1978 年将创新性的概念引入消费者行为研究领域，认为消费者创新性是消费者潜在的个人特征，这种个人特征会驱使消费者接受新的改变和接触新的事物[①]。

消费者创新性水平是影响品牌延伸评价的因素之一。消费者创新性特征的差异可能导致他们对品牌延伸做出不同的反应。Steenkamp 等认为创新性水平高的消费者对新奇和刺激的适应性更强，他们更容易接受新的知识、喜欢购买新产品、乐于体验新的服务。Hauser 认为有创新性的消费者比较自信、大胆，不会特别相信和依赖于社会标准，更乐于接受风险，容易接受低一致性的延伸，这些特点导致他们愿意对品牌延伸进行尝试并对品牌延伸的评价更好。Klink 和 Smith 的研究证实，创新性水平高的消费者不太关注延伸产品是否属于母品牌现有产品目录下的特定类别。不管延伸产品与母品牌之间的感知契合度如何，创新性水平高的消费者都倾向于对延伸产品进行尝试性购买（Hem L E 等，2003）。创新性水平高的消费者更容易对品牌延伸做出积极的评价，不是延伸产品或者是品牌本身的原因，而仅仅是因为他们喜欢评价和选择过程中的高水平的刺激、探索性行为。Czellar 的研究结果也表明，形象契合度甚至是整个感知契合度，可能对创新性水平高的消费者的品牌延伸评价过程的影响都不大。

消费者创新性越高，越喜欢购买与母品牌现有市场相关性较小的延伸产品。他们对风险的敏感度比较低，他们在对品牌延伸进行评价的过程中，所

---

① Midgley D F，Dowling G R. Innovativeness：The concept and its measurement，Journal of Consumer Research. 1978，4（4）：229–242.

受的感知契合度等因素的影响会比较小（Czellar S，2003）。

由此可见，在品牌延伸评价过程中，创新性水平高的消费者对感知契合度的依赖性比较低。对创新性水平低的消费者来说，选择品牌延伸推出的新产品是具有一定的风险性的，可能对低一致性的延伸产生更强的抵制，所以它们更加看重品牌一致性。

Smith 和 Klink（2001）通过实证研究发现，消费者的创新性越高，延伸契合度影响消费者对延伸品牌态度的程度越低，他们更喜欢购买与母品牌现有市场相关性较小的延伸产品。高创新性的消费者愿意接受风险，容易接受低契合的延伸产品，可是低创新性的消费者可能会强烈抵制契合度低的延伸产品。与高创新性消费者相比，低创新性消费者对品牌延伸的评价受契合度的影响更大。因此，认为品牌延伸评价过程中，延伸对消费者的品牌延伸态度的影响取决于消费者创新性水平。因此，本研究提出假设：

H8a：品牌延伸过程中，消费者创新性对产品类别相似性与品牌延伸态度之间的关系起负向调节作用。

H8b：品牌延伸过程中，消费者创新性对品牌形象相似性与品牌延伸态度之间的关系起负向调节作用。

H8c：品牌延伸过程中，消费者创新性对消费者期望性与品牌延伸态度之间的关系起负向调节作用。

（五）消费者卷入度的调节作用

产品涉入度是消费者对产品所持有的兴趣与狂热的感觉（Goldsmith and Emmert，1991），对消费者行为、信息处理与决策都扮演着重要的角色；是消费者将产品与持续或特定情境目标相联结的程度（Bloch& Richins，1983）。

根据 Petty & Cacioppo（1986）提出的精细加工可能性模型，当消费者对产品的涉入度较高时，消费者更倾向于选择"中心路径"进行信息处理，愿意花更多的认知资源对与品牌延伸评价相关的讯息进行思考，会综合考虑该事件能呈现出的各种不同争论，会主动去收集具有高判断力的讯息线索（如母品牌联想、延伸产品信息等）来评价延伸产品，并做出理性的购买决策。Isen 提出归类的过程需要高认知努力，个体需要达到一定的精细加工水平之后才能辨别出样本与类别之间的相似性，这表明延伸产品与母品牌之间的感知契合度在消费者的品牌延伸评价过程中充当了"中心路径"的暗示。也就是说，涉入度越高，一致性对延伸评价正向影响越大。

低涉入者则经常由购买的情境或是广告发展出对产品的熟悉感即认知本身的需求，他们并不会花太多的时间搜集信息做出合理的决策（Beauty and Smith，1987）。面对低涉入度产品时，消费者会采用"边缘路径"评价产品，避免花费过多的认知资源处理与延伸评价相关的讯息。低涉入者对延伸产品与母品牌之间的感知契合度对消费者的品牌延伸评价影响不大。

根据认知一致性理论，涉入度高的人，为满足自身认知一致性需求，越减少认知冲突，越容易实现期望确认，对延伸评价越高。Zaichkowsky（1985）认为高涉入者有强烈的动机避免消费后不满意，对延伸更倾向于积极态度。Oliver & Bearden（1993），Richins & Bloch（1991）认为高涉入的人比低涉入的人较具有高满意度。Ray（1973）认为高涉入消费者对于与自己信念不一致的信息，在认知上会有所排斥，甚至提出一些反驳。卷入度越高，个体越容易抵制能够改变现有态度的说服性讯息。而低涉入消费者由于内心并无多少投注，对不同意见的信息较容易接受，较不会有反驳情形。高期望性未实现时，将产生较低延伸评价。

Robertson（1984）指出产品涉入度高的消费者，其产品的购买决策过程为：获知→试用→评估→购买。低涉入消费者的决策过程比较简单快速，评估准则较少，品牌忠诚度较弱，因此，品牌印象较模糊，容易发生品牌转换。Schiffman and Kanuk（2000）认为高涉入购买是指对消费者很重要，会引发广泛性问题解决；低涉入购买对消费者较不重要，且知觉风险很小，所引发的信息处理非常有限。

也就是说，高涉入度者比低涉入度者对品牌付出更多资源，会更珍惜该品牌，对延伸后品牌评价可能会更高。

Barone 的研究表明低卷入度水平下，消费者可能不是依据母品牌与延伸产品之间的感知契合度来做出品牌延伸的推断，而是更多依赖于直觉进行推断，延伸产品与母品牌之间的感知契合度不会显著影响消费者的品牌延伸评价。高卷入度水平下，感知契合度会对消费者的品牌延伸评价产生直接影响。

Maheswaran 等学者指出，当消费者对品牌延伸高度关注时，无论该品牌延伸是否属于母品牌的典型性延伸，品牌延伸都会影响消费者对母品牌的评价；当消费者对品牌延伸的关注度较低时，非典型性的品牌延伸不会对母品牌评价产生很大的影响。低卷入度水平下，消费者可能不是依据母品牌与延伸产品之间的感知契合度来做出品牌延伸的推断，而是更多依赖于直觉进行推断，延伸产品与母品牌之间的感知契合度不会显著影响消费者的品牌延伸评价。高卷入度水平下，感知契合度会对消费者的品牌延伸评价产生直接影响。

原永丹、危华等学者在中国文化背景下，采用实验研究方法检验了延伸产品与母品牌之间的感知契合度和消费者卷入度对消费者的品牌延伸评价过程的影响，研究证实了消费者卷入度水平会对感知契合度与品牌延伸评价之间的关系起调节作用，相对于低消费者卷入度水平，在高消费者卷入度水平下，感知契合度对消费者的品牌延伸评价具有更加显著的正向影响。

综上所述，在品牌延伸评价过程中，延伸一致性对品牌延伸态度的影响程度会因消费者卷入度水平的差异而不同。可以推断，在品牌延伸过程中，消费者卷入度水平能够对延伸一致性与品牌延伸态度之间的关系起正向调节作用。因此，本研究提出假设：

H9a：品牌延伸过程中，消费者涉入度对产品类别相似性与品牌延伸态度之间的关系起正向调节作用。

H9b：品牌延伸过程中，消费者涉入度对品牌形象相似性与品牌延伸态度之间的关系起正向调节作用。

H9c：品牌延伸过程中，消费者涉入度对消费者期望性与品牌延伸态度之间的关系起正向调节作用。

第四章 研究设计及实证检验

本章主要包括五个小节的内容,第一节主要是对变量的操控及预测,其一,通过对母品牌筛选,选出消费者钟爱程度不同的两个母品牌,以对母品牌钟爱程度高低进行操控。其二,通过虚拟延伸产品的设计,对品牌一致性的三维度变量进行操控,并进行预测试检验。第二节主要是通过预实验,对正式研究中所用量表的信度和效度进行预测试,为正式的研究设计做铺垫。主要是对量表的内容、措辞、顺序及填写说明等进行沟通交流,识别并消除问卷当中可能存在的问题。第三节主要是研究钟爱能否转移问题。第四节主要是研究钟爱转移边界的问题。第五节主要是研究品牌延伸对母品牌钟爱的反馈效应。

第一节 对品牌钟爱、一致性变量的操控

一、对品牌钟爱程度的操控

为了对母品牌钟爱程度高低进行操控,在实验中,需要选择两个不同的母品牌进行实验测试。在品牌延伸的相关研究中,选择母品牌的标准有:与研究被试相关,是被试熟悉的品牌;母品牌具有较高的感知质量,具有较高

的知名度或较强势的品牌力，能够诱发具体的品牌联想；母品牌还没有进行广泛的品牌延伸；母品牌有较好的代表性（Aaker和Keller，1990）。Sattler（2010）认为母品牌选择不仅要被认定为强势或非常强势的品牌，而且在适当的提示下，超过一半的被试能够回忆起品牌名称的品牌。

本研究参照上述学者研究成果，选择了在校大学生比较熟悉的手机和运动产品为研究客体。为了测试消费者对手机品牌和运动鞋品牌钟爱程度，2015年7月通过对在校大学生进行调查，本研究选择60名大学生对手机品牌进行预测试，运用先前开发的品牌钟爱的量表，采取让被试对手机品牌钟爱打分的方法，分别对苹果、三星、OPPO、华为、联想五个手机母品牌钟爱进行评价，采用品牌钟爱的7级李克特量表形式测量。预测试1得出苹果手机品牌钟爱的均值是4.611，以均值4为检验值进行单一样本t检验，求得t=5.095，p=0.000。说明苹果手机的品牌钟爱显著高于中等水平。OPPO手机品牌钟爱的均值为3.204，以均值4为检验值进行单一样本t检验，显著低于平均水平，p=0.000。对母品牌钟爱进行独立样本t检验，结果显示：M（苹果）=4.611，M（OPPO）=3.024，t=10.330，p=0.000。说明苹果手机的品牌钟爱显著高于OPPO手机钟爱。说明操控成功。

此外，本研究选择60名大学生对运动鞋品牌进行预测试，研究让被试运用对运动鞋品牌钟爱打分的方法。分别对耐克、特步、鸿星尔克、阿迪达斯、安踏、361度六个品牌运动鞋进行评分，采用品牌钟爱的7级李克特量表形式测量。预测试2得出耐克运动鞋品牌钟爱的均值是5.162，以均值4为检验值进行单一样本t检验，求得t=5.322，p=0.000。说明耐克运动鞋的品牌钟爱显著高于中等水平。361度运动鞋品牌钟爱的均值为3.316，以均值4为检验值进行单一样本t检验，显著低于平均水平，p=0.000。对母品牌钟爱进行独立样本t检验，结果显示：M（耐克）=5.322，M（361度）=3.316，t=9.330， p=0.000。说明耐克运动鞋的品牌钟爱显著高于361度品牌钟爱。说明操控成功。

二、对一致性变量的操控及延伸产品的选择

品牌延伸研究时延伸产品的选择标准：品牌延伸必须是合情合理的、合乎逻辑的（Aaker 和 Keller，1990），一般采用虚拟延伸产品，排除现实市场中营销活动及竞争因素的影响（Diamantopoulos A 等，2005）。

（一）产品种类相似性的操纵

根据预测试 1 的结果，本研究选择苹果品牌作为母品牌。我们将该品牌延伸到两种产品上，其中一种产品与苹果手机现有产品的产品种类相似性高，另一种产品与苹果手机品牌现有产品的产品种类相似性低。为了找到合适的延伸产品，同时更加全面了解消费者对于苹果品牌的看法，我们在班级学员中进行了 60 份问卷调研。预测试表见表 4-1。根据苹果品牌的现有产品类别，我们主观列出了几种延伸产品。被试者被要求对游戏机、葡萄酒、保湿面霜、家具、钢笔在产品种类相似性上进行打分，采用李克特 7 点量表，表示从完全不同意到完全同意，分值越高，同意程度越高，同时还要求被试对苹果品牌进行自由联想。详细问卷参见附录。

表 4-1　预测试：产品类别相似性的测量问项

题项	变量衡量的问项	来源
1	a 与 A 的产品种类相似	Aak 和 Keller（1990）Bhat 和 Reddy（2001）
2	a 与 A 的产品有相似的适用场合	
3	a 与 A 的产品有相似的使用需求	

本次预测试一共收回有效问卷 59 份，其中男性 30 位，占总样本的 50.8%，女性 29 位，占总样本的 49.1%。通过研究被试关于苹果的自由联想，发现大多数被试者将苹果品牌描述为高档、奢侈、昂贵、创新型、高品质的品牌，与使用者的权力、地位和身份有联系。

表 4-2 预测试：测量问项的均值分析

变量衡量的问项	游戏机	面霜	钢笔	家具	葡萄酒
a 与 A 的产品种类相似	5.21	2.54	2.65	3.76	2.78
a 与 A 的产品有相似的适用场合	5.03	4.10	4.30	4.64	3.54
a 与 A 的产品有相似的使用需求	4.94	3.01	4.21	4.35	4.36
总体均值	5.06	3.21	4.24	4.25	3.56

我们将被试对产品类别相似性的评分的均值作为选择延伸产品的依据，根据表 4-2 预试结果，最终选择游戏机作为产品类别相似性高的延伸产品，面霜作为产品类别相似性低的延伸产品。

（二）品牌形象相似性的操纵

通过预测试结果，苹果（APPLE）品牌在消费者心目中一般是创新性的、高档、奢侈的品牌形象，是身份与财富的象征。但如果选择价格比较低的产品作为延伸产品，与苹果品牌形象不相似，那么消费者会对延伸产品与母品牌的品牌形象相似性做出较低的评价。在正式的实验之前，我们将苹果游戏机定位于多功能新型游戏机和一般型游戏机，产品的价格定为 8900 元和 121 元两个水平。苹果牌面霜定位于纯天然的高档产品，价格定为 2999 元，普通型面霜，价格为 31 元，分别代表品牌形象相似性高和品牌形象相似性低的两种延伸。

表 4-3 虚拟延伸产品

		高产品类别相似性	低产品类别相似性
高品牌钟爱 （苹果手机）	高品牌形象相似性	高价、新型多功能游戏机 （8999 元）— A1 组	高价、新型面霜 （2999 元）— A2 组
	低品牌形象相似性	低价、普通游戏机 （121 元）—A3 组	低价、普通面霜 （31 元）—A4 组

为了了解受试者如何评价实验设计的延伸刺激物的产品类别相似性和品牌形象相似性，选择 60 人进行预测试 2。预测试 2 的结果如表 4-4 所示。第 4 行是四种延伸形式下量表的 Cronbach's a 值，均大于 0.6，说明量表比较可靠。第 3 行是以 4 为标准进行单一样本 t 检验时计算的 p 值。A1 和 A3 的产

品类别相似性显著高于中等水平 4 （p<0.05），A2 和 A4 的产品类别相似性是显著低于平均水平 4（p<0.05），A1 和 A2 的形象相似性均显著高于中等水平（p<0.05）。A2 和 A4 的形象相似性均显著低于中等水平（p<0.05）。消费者期望性，通过研究发现，A1 的产品期望值显著高于平均水平 4（p<0.05），A4 产品期望值显著低于平均水平 4（p<0.05）。正式研究时，我们根据期望性平均值来选择样本。总的来说，研究 1 的实验设计符合预定要求。

表 4-4 预测试产品类别相似性和品牌形象相似性比较

	A1 产品类别相似性	A2 产品类别相似性	A3 产品类别相似性	A4 产品类别相似性	A1 品牌形象相似性	A2 品牌形象相似性	A3 品牌形象相似性	A4 品牌形象相似性
均值	4.23	2.54	4.33	1.94	4.41	4.11	2.72	2.14
p	0.000	0.005	0.000	0.000	0.000	0.002	0.005	0.000
α 值	0.711	0.795	0.85	0.810	0.697	0.670	0.726	0.689

	A1 产品期望值	A2 产品期望值	A3 产品期望值	A4 产品期望值
均值	4.7500	3.0111	3.9474	2.1579
p	0.000	0.005	0.000	0.000
α 值	0.631	0.721	0.679	0.788

第二节 预实验设计及预试问卷信度与效度分析

在实施正式的研究设计之前，我们设计了预实验，主要是为正式的研究设计做铺垫。目的有：第一，对问项的内容、措辞、顺序、形式及填写说明等进行沟通交流，最终识别并消除问卷当中可能存在的问题。第二，对研究中所用的量表进行信度与效度检验。我们将问卷进行预测试，检验问卷的信度和效度，净化题项以保证其可用性。

一、实验设计

预实验的基本思路是选择八个同质的样本作为实验组，将其暴露于不同的实验条件下，对假设进行检验。

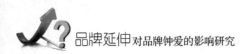

表 4-5 预实验分组

		高产品类别相似性	低产品类别相似性
高品牌钟爱 （苹果手机）	高品牌形象相似性	高价、新型多功能游戏机（9999元）—A1组	高价、新型面霜（2999元）—A2组
	低品牌形象相似性	低价、普通游戏机（121元）—A3组	低价、普通面霜（31元）—A4组
		高产品类别相似性	低产品类别相似性
低品牌钟爱 （OPPO手机）	高品牌形象相似性	高价、新型多功能游戏机（9999元）—A5组	高价、新型面霜（2999元）—A6组
	低品牌形象相似性	低价、普通游戏机（121元）—A7组	低价、普通面霜（31元）—A8组

二、预试调查的样本选择与实施

研究共有 400 名受测者参加测试，问卷回收后，将所有问卷涉及的变量，如母品牌钟爱、延伸品牌钟爱、产品类别相似性、品牌形象相似性、消费者期望性、创新性、涉入度得分进行平均，首先，依照消费者期望性的平均分将受测者分为高低不同的组。其次，剔除延伸前苹果手机品牌钟爱平均分得分在 4（含）以下以及 OPPO 手机品牌钟爱得分在 4 分以上的问卷；最后，从 A1，A3，A5，A7 问卷中删除产品种类相似性平均分得分在 4（含）以下及 A2，A4，A6，A8 得分在 4 以上的问卷。同样在 A1，A2，A5，A6 组中删除品牌形象相似性平均分在 4（含）以下及 A3，A4，A7，A8 得分在 4 以上的问卷。经整理，剩余有效问卷为 352 份。由于希望每个实验组有相同的产品评价数据，采取随机方式抽取超过 40 份的实验组，最后实际有效样本为 320 份，每个实验组为 40 人。从人口统计特征的分布状况看，各组样本的基本情况如表 4-6 所示。

表 4-6 预试调查样本基本情况

			分组							
			A 组	A2 组	A3 组	A4 组	A5 组	A6 组	A7 组	A8 组
性别	男	频数	25	24	20	23	19	21	25	21
		频率	62.5%	60%	50%	57.5%	47.5%	52.5%	62.5%	52.5%
	女	频数	15	16	20	17	21	19	15	19
		频率	37.5%	40%	50%	42.5%	52.5%	47.5%	37.5%	47.5%
年龄	18 岁以下	频数	0	1	1	1	0	3	0	1
		频率	0.00%	2.56%	2.56%	2.56%	0.00%	7.50%	0.00%	2.56%
	18–21	频数	19	17	16	22	19	27	17	21
		频率	47.5%	42.5%	40%	55%	47.5%	67.5%	42.5%	52.5%
	22–25	频数	11	15	17	10	13	10	15	15
		频率	27.5%	37.5%	42.5%	25%	32.5%	25%	37.5%	37.5%
	26–30	频数	10	7	6	7	8	0	8	4
		频率	25%	17.5%	15%	17.5%	20%	0.00%	20%	10%
教育程度	大专	频数	1	0	3	1	2	3	0	0
		频率	2.70%	0.00%	0.00%	2.70%	3.70%	1.68%	3.70%	1.68%
	本科	频数	36	38	29	31	28	33	34	32
		频率	97.30%	97.44%	97.44%	83.78%	74.07%	82.5%	83.78%	74.07%
	硕士	频数	3	1	5	5	8	3	3	4
		频率	0.00%	0.00%	2.56%	13.51%	22.22%	6.70%	22.22%	6.70%
	博士	频数	0	1	3	3	2	1	3	4
		频率	0.00%	2.56%	0.00%	0.00%	0.00%	0.56%	44.44%	56.42%
所学专业	经济管理学类	频数	27	26	20	16	12	18	26	22
		频率	67.5%	65%	50%	40%	30%	45%	65%	55%
	一般文科	频数	6	10	17	20	15	19	12	15
		频率	15%	25%	42.5%	50%	40%	47.5%	30%	37.5%
	一般理科	频数	2	1	2	2	1	3	2	2
		频率	5%	2.5%	5%	5%	2.5%	7.5%	5%	5%
	工科	频数	2	3	1	2	2	2	0	1
		频率	5%	7.5%	2.5%	5%	5%	5%	0.00%	2.5%
总计	频数		40	40	40	40	40	40	40	

三、问卷的信度和效度分析

本研究采用 Cronbach α 系数来检验问卷的信度，以检查各变量衡量项目的内在一致性。一般学者认为 Cronbach α 大于 0.7 就应视为具有较高的信度（Nunnally，1978），若 Cronbach α 在 0.8 以上（Bryman & Cramer，1997），表示量表具有高度的信度。

本研究将相关变量信度分析结果整理如下：从信度结果来看，各变量的

品牌延伸对品牌钟爱的影响研究

Cronbach's α 值也在 0.786—0.956 之间，表明问卷信度较好。在问卷的效度
分析方面，本研究运用 SPSS19.0 统计软件进行了探索性因子分析，各变量的
KMO 值在 0.776—0.846 之间，表示本问卷适合做因子分析。根据因子分析，
删除了因子载荷低于 0.6 的题项，保留了因子载荷超过 0.6 的题项。

此外，本研究还计算了各量表的建构信度，包括组合信度（CR）和平
均方差抽取量（AVE）。结果显示，各变量的组合信度均超过了 0.8，符合
Bagozzi 和 Yi（1988）建议的 0.7 临界值；各变量的平均方差抽取量大部分超
过了 0.5，符合 Fornell 和 Larcker（1981）提出的 0.5 接收值。正式研究的信
度与效度分析结果见表 4-7。

表 4-7　理论模型信度、效度检验结果

构念及测量题项	因子载荷	Cronbach's α	KMO	CR	AVE
母品牌钟爱（ML）	0.734				
ML1	0.776				
ML2	0.734				
ML3	0.691				
ML4	0.667				
ML5	0.732	0.863	0.863	0.915	0.517
ML6	0.760				
ML7	0.753				
ML8	0.698				
ML9	0.701				
ML10					
创新性（IN）					
IN1	0.818				
IN2	0.792	0.844	0.810	0.863	0.613
IN3	0.726				
IN4	0.792				
涉入度（IM）	0.801				
IM1	0.751				
IM2	0.842	0.858	0.828	0.884	0.657
IM3	0.844				
IM4					

续表

构念及测量题项	因子载荷	Cronbach's α	KMO	CR	AVE
延伸品牌钟爱（EL） EL1 EL2 EL3 EL4 EL5 EL6 EL7 EL8 EL9 EL10	0.726 0.714 0.730 0.709 0746 0.679 0.622 0.732 0.687 0.665	0.847	0.717	0.799	0.531
类别相似性（LB） LB1 LB2 LB3	0.877 0.888 0.845	0.905	0.802	0.903	0.757
形象相似性（XX） XX1 XX2 XX3 XX4	0.819 0.762 0.838 0.863	0.864	0.825	0.892	0.675
期望性（QW） QW1 QW2 QW3	0.701 0.637 0.739	0.713	0.798	0.751	0.503
延伸后母品牌钟爱（YL） YL1 YL2 YL3 YL4 YL5 YL6 YL7 YL8 YL9 YL10	0.721 0.706 0.713 0.692 0.693 0.654 0.667 0.653 0.686 0.634	0.798	0.679	0.797	0.503
品牌延伸态度（TD） TD1 TD2 TD3 TD4	0.654 0.627 0.759 0.665	0.711	0.743	0.808	0.515

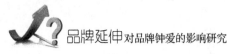

接着检验模型中各变量的判别效度，主要是考察各变量的 AVE 平方根是否大于该变量与其他变量之间的相关系数，结果如下表 4-8 所示，每个变量的 AVE 平方根都大于该变量与其他变量之间的相关关系，判别效度通过检验。

表 4-8　理论模型判别效度检验

潜变量	类别相似性	形象相似性	期望性	母品牌钟爱	延伸品牌钟爱	延伸品牌态度	创新性	涉入度	延伸后母品牌钟爱
类别相似性	0.7177								
形象相似性	0.144	0.7559							
期望性	−0.026	0.703	0.7076						
母品牌钟爱	0.324	0.093	0.035	0.7073					
延伸品牌钟爱	−0.009	0.393	0.506	0.067	0.7156				
延伸品牌态度	0.085	0.018	0.043	0.048	0.029	0.7094			
创新性	0.343	0.124	0.157	0.226	0.075	0.176	0.7075		
涉入度	0.387	0.197	0.129	0.307	0.089	0.131	0.681	0.7135	
延伸后母品牌钟爱	0.480	0.147	0.217	0.218	0.070	0.132	0.593	0.619	0.7078

第三节　实验一　母品牌钟爱能否转移

本研究采用实验方法，实验的主要目的是检验母品牌钟爱是否能转移至消费者对延伸产品的钟爱。

一、实验分组

本实验主要对假设 H1 进行检验。（相对于钟爱程度一般品牌，原品牌钟爱程度越高，则同一品牌下的延伸产品钟爱程度也越高）。

在实验操作中，需要选择不同母品牌进行实验测试，以控制母品牌钟爱程度高低。为增强实验的外部效度，本研究选取两种产品——手机和运动鞋——来进行试验。实验设计的基本思路是选取 4 个同质的样本，两组为高品牌钟爱实验组，两组为低品牌钟爱实验组，各组如下表 4-9 所示。

表 4-9 研究 1 实验设计

随机分配	前测试	实验刺激	后测试
A1 组（手机） B1 组（运动鞋）	消费者创新性 消费者涉入度 消费者原产品知识 消费者拥有效应	高品牌钟爱	延伸产品钟爱
A2 组（手机） B2 组（运动鞋）	消费者创新性 消费者涉入度 消费者原产品知识 消费者拥有效应	低品牌钟爱	延伸产品钟爱

二、研究对象与抽样方法

来自武汉工程大学的 60 名学生自愿接受了本次实验，其中男生 31 人占 51.6%，女生 29 人占 48.3%，男女比例基本均衡。另外，考虑到拥有者效应、创新性、产品知识、涉入度会影响钟爱转移，因此我们的实验对被试采用随机分配的原则，最后用量表对以上变量进行检验，以确保各组以上变量测量无差异。在实验前，由授课教师告诉被试者参加此次实验的同学本课程期末总成绩均可增加分，用此法来刺激被试认真填写问卷。本研究选择大学生为研究对象，原因在于其同质性较高，对手机和运动品牌有一定认知，减少不熟悉所造成的偏误。

三、母品牌选择及延伸产品选择

在母品牌选择上，根据第一节中对母品牌钟爱程度的操控，本研究选择苹果和 OPPO 手机、耐克和 361 度运动鞋进行调研。在延伸产品的选择上，所选的产品应是虚拟的产品，这样才能避免消费者因其他因素产生联想。本研究选取游戏机作为手机的延伸产品，自拍杆作为运动鞋的延伸产品。

四、实验操作过程

本研究采取研究人员到各受测大学生学校上课的教室进行实验，实验在几所高校的有关老师的帮助下，在 32 个不同的课堂利用上课时间完成，因此每位受试者只能看到一个延伸品牌信息，实验开始时测试老师大约花2分钟时间，先告知受试者相关注意事项，要求按测试老师的时间填写问卷，并注意延伸产品信息的文字说明与图片。为了避免受测者猜测研究目的，干扰实验结果，研究人员在受测者拿到问卷时要进行控制，严禁随便往后翻页，看到后续问项。实验操作流程如下表：

表4-10　品牌钟爱转移效应模型实验流程

品牌钟爱转移效应模型实验流程		
顺序	内容	时间及注意事项
1	实验流程说明	2分钟
2	发放正式问卷	禁止后翻问卷
3	受测者填写问卷第一部分	3分钟
4	引导学生仔细阅读延伸产品信息与说明	禁止后翻问卷，5分钟
5	受测者填写问卷第二部分	3分钟
6	回收问卷并致谢	

实验操作过程主要分为四个部分：

第一步是测试受试者对两种不同品牌的品牌钟爱进行测量，主要是让被试阅读不同品牌的手机信息，两种手机品牌能让消费者感知到钟爱程度不同。Apple手机和耐克品牌钟爱程度更高，OPPO手机和361度品牌钟爱程度较低。简要介绍四种不同品牌信息，并对品牌钟爱的相关问项进行测量。

第二步是请受试者简单阅读四种品牌下各自延伸出的新的虚拟延伸产品；延伸产品信息相似，评价也相似，以确保新产品的差异主要归因于现有的两种母品牌钟爱程度的不同。在问卷的设计中，我们采用黑体加粗的形式来呈现延伸产品信息，以加强被试的注意。通过各教室的测试老师的控制，在学生填写完第一部分问项后，采用增加间隔时间，引导学生详细阅读延伸品牌信息。

第三步是看完延伸产品信息后，随即测量消费者对延伸产品——游戏机的钟爱程度。并对产品类别相似性、品牌形象相似性、期望性等操作问项进行检测。

第四步，为了避免干扰变量（消费者创新性、消费者涉入度、消费者产品知识、消费者拥有效应）对结果的影响，对这些变量进行测量，用于数据控制与检验。

第五步，消费者背景资料的调查。实验结束后，收回问卷并向受试者致谢。

五、操控性检验

在进行操控性检验之前，我们首先测量了母品牌钟爱、消费者创新性、消费者涉入度、消费者原产品知识、消费者拥有效应等变量的信度，结果显示母品牌钟爱的 Cronbach's a 为 0.921、延伸产品钟爱 Cronbach's a 为 0.901、消费者创新性 Cronbach's a 为 0.917、消费者涉入度 Cronbach's a 为 0.936、消费者原产品知识 Cronbach's a 为 0.924。

为了测试手机品牌钟爱，用 7 级李克特量表形式测量，苹果钟爱均值为 4.897，以 4 为检验值进行单一样本检验。求得 T=5.095，P=0.000，说明苹果品牌钟爱显著高于平均水平。OPPO 手机品牌钟爱的均值为 3.024，以 4 位检验值进行单一样本 T 检验，求得 T 值为 –7.261，P=0.000，说明 OPPO 品牌钟爱均值显著低于平均水平。

为了测试运动鞋品牌钟爱，用 7 级李克特量表形式测量，耐克运动鞋钟爱均值为 4.937，以 4 为检验值进行单一样本检验。求得 T=5.076，P=0.000，说明耐克运动鞋钟爱显著高于平均水平。361 度运动鞋品牌钟爱的均值为 3.202，以 4 位检验值进行单一样本 T 检验，求得 T 值为 –7.118，P=0.000，说明 361 度运动鞋品牌钟爱均值显著低于平均水平。

对母品牌钟爱进行独立样本 t 检验，结果显示：M（苹果）=4.897，M（Oppo）=3.024，t=10.330，p=0.000。说明苹果手机的品牌钟爱显著高于 OPPO 手机钟爱，说明操控成功。如表 4–11 所示。M（耐克）=4.937，M（361 度）=3.202，

t=9.341，p=0.000。说明耐克运动鞋的品牌钟爱显著高于361度运动鞋品牌钟爱，说明操控成功。如表4-12所示。

表4-11　母品牌钟爱高/低的操控性检验

	组别（高）	组别（低）	平均数差距	T 值	显著性水平
品牌钟爱	4.897	3.024	1.873	10.330	0.000

表4-12　母品牌钟爱高/低的操控性检验

	组别（高）	组别（低）	平均数差距	T 值	显著性水平
品牌钟爱	4.937	3.202	1.735	9.341	0.000

六、假设检验

根据所提假设 H1，母品牌钟爱程度越高，则延伸产品钟爱程度越高。为了避免干扰变量消费者创新性、消费者涉入度、消费者产品知识影响，我们对其进行检验。对手机测试组的两组实验组干扰变量进行独立样本 T 检验，结果见表4-13。M（苹果）创新性 =4.17，M（Oppo）创新性 =4.13，t=0.110，p=0.912.说明各实验组被试的创新性无显著差异。M（苹果）知识 =4.27，M（Oppo）知识 =4.01，t=0.983，p=0.328。说明各实验组被试的消费者产品知识无显著差异。M（苹果）涉入度 =5.3，M（Oppo）涉入度 =5.02，t=1.240，p=0.218。说明各实验组被试的消费者涉入度、创新性、产品知识无显著差异。

表4-13　干扰变量检验

	苹果（n=35）	Oppo（n=36）	平均数差距	T 值	显著性水平
创新性	4.17	4.13	0.324	0.110	0.912
知识	4.27	4.01	0.261	0.983	0.328
涉入度	5.30	5.02	0.222	1.240	0.218

通过独立样本 T 检验，延伸产品苹果游戏机的均值为 3.886，OPPO 游戏机的均值为 2.373，t=6.430，p=0.000；结果见表4-14。这说明在延伸产品信

息保持一致的情况下，控制其他干扰变量，苹果游戏机钟爱显著高于OPPO游戏机钟爱程度。说明母品牌钟爱是可以转移的。即H1得到支持。

表4-14　延伸品牌钟爱独立样本T检验

	苹果（高）	OPPO（低）	平均数差距	T值	显著性水平
延伸品牌钟爱	3.886	2.373	1.512	6.430	0.000

对运动鞋测试组的两组实验组干扰变量进行独立样本T检验，结果见表4-15。M（耐克）创新性=4.56，M（361度）创新性=4.42，t=0.134，p=0.934。说明各实验组被试的创新性无显著差异。M（耐克）知识=4.06，M（361度）知识=3.85，t=0.823，p=0.478。说明各实验组被试的消费者产品知识无显著差异。M（耐克）涉入度=5.19，M（361度）涉入度=5.09，t=1.355，p=0.289。说明各实验组被试的消费者涉入度、创新性、产品知识无显著差异。

表4-15　干扰变量检验

耐克（n=35）	361度（n=35）	平均数差距	T值	显著性水平	显著性水平
创新性	4.56	4.42	0.141	0.134	0.934
知识	4.27	4.01	0.261	0.823	0.478
涉入度	5.30	5.02	0.280	1.355	0.289

通过独立样本T检验，延伸产品耐克自拍杆的均值为3.907，361度自拍杆的均值为2.142，t=6.320，p=0.000；结果见表4-16。这说明在延伸产品信息保持一致情况下，控制其他干扰变量，耐克自拍杆钟爱显著高于361度自拍杆钟爱程度。说明母品牌钟爱是可以转移的。即H1再次得到支持。

表4-16　延伸品牌钟爱独立样本T检验

	耐克（高）361度（低）	平均数差距	T值	显著性水平
延伸品牌钟爱	3.907 2.142	1.765	6.320	0.000

七、讨论

由上述的数据分析结果可以看出，本研究选取了大学生熟悉的手机和运动鞋两种不同的产品，每种产品都选择了品牌钟爱程度不同的品牌。研究证明，当消费者对母品牌持有较高的钟爱程度时，消费者对其延伸产品的钟爱程度也较高。这说明品牌钟爱是可以转移的，即消费者会产生一种爱屋及乌的心理。也证明了联想网络理论和情感迁移理论在品牌钟爱转移的运用。同时给企业的启示是，品牌延伸应选择母品牌钟爱程度较高的品牌，以提高延伸成功机会。

第四节　实验二 钟爱转移边界研究

在实验一钟爱可以转移的前提下，实验二主要探讨钟爱转移边界问题，即在什么样的条件下，钟爱更易转移。本书重点研究延伸一致性。由于一致性存在产品层面一致性、品牌层面的一致性及消费者层面一致性，所以本节研究的主要目的有：第一，研究品牌形象相似性在钟爱转移过程中是否存在调节作用；第二，研究产品种类相似性水平在钟爱转移过程中是否存在调节作用；第三，研究消费者期望性水平在钟爱转移过程中是否存在调节作用。本实验在品牌钟爱程度较高情况下进行研究。

一、实验分组

本实验设计为母品牌钟爱程度（高／低）＊产品类别相似性（高／低）＊品牌形象相似性（高／低），共8种情景。主要对假设H1、H2、H3进行检验。实验设计的基本思路是选取8个同质的样本作为实验组，将其分别暴露于不同的实验条件下，以高母品牌钟爱程度为例，各实验组如下表4-17所示。这样做是为了避免"测试效应"，提高实验的内部效度。而消费者期望性水平、消费者创新性、消费者涉入度、消费者产品知识等干扰变量，则通过随机分配被试的形式加以控制。

表 4-17　高母品牌钟爱组研究实验设计

随机分配	前测试	实验刺激	后测试
A1 组	母品牌钟爱 消费者创新性 消费者涉入度 消费者原产品知识 消费者拥有效应	高产品种类相似性 高品牌形象相似性	延伸产品钟爱
A2 组	母品牌钟爱 消费者创新性 消费者涉入度 消费者原产品知识 消费者拥有效应	高产品种类相似性 低品牌形象相似性	延伸产品钟爱
A3 组	母品牌钟爱 消费者创新性 消费者涉入度 消费者原产品知识 消费者拥有效应	低产品种类相似性 高品牌形象相似性	延伸产品钟爱
A4 组	母品牌钟爱 消费者创新性 消费者涉入度 消费者原产品知识 消费者拥有效应	低产品种类相似性 低品牌形象相似性	延伸产品钟爱

二、研究对象与抽样方法

本研究将以在校大学生作为主要的研究对象，分别抽取中南财经政法大学、湖北工业大学、武汉大学、湖南铁道职业技术学院相关专业在校学生为受测对象。其中男生 71 人占 50.7%，女生 69 人占 49.3%，男女比例基本均衡，以随机分配被试方法来控制消费者创新性、消费者涉入度、消费者产品知识。实验前，由授课教师告诉被试，凡参加此次实验的同学每人奖励一支价值 3 元的水笔，用此法来刺激被试认真填写问卷。本研究样本抽样方法为便利抽样，用问卷对受试者进行实验调查。此次问卷共发出 452 份，有效问卷 391 份。

三、母品牌及延伸产品选择

本研究选择手机品牌作为研究产品。通过第一节的调查，结果显示大学生持有手机品牌的前四位分别是：苹果、三星、华为、OPPO。所有手机品牌中，消费者钟爱度最高的是苹果，其次是三星，最后是OPPO。所以本研究拟选用苹果品牌作为母品牌钟爱程度较高的品牌，OPPO品牌为钟爱程度较低品牌，研究品牌钟爱程度不同，产品类别相似性、品牌形象相似性、消费者期望性对母品牌钟爱转移至延伸产品的影响。延伸产品选择如第一节预测试。具体情况如表4-18所示。

表4-18　虚拟延伸产品

		高产品类别相似性	低产品类别相似性
高品牌钟爱（苹果手机）	高品牌形象相似性	高价、新型多功能游戏机（9999元）—A1组	高价、新型面霜（2999元）—A2组
	低品牌形象相似性	低价、普通游戏机（121元）—A3组	低价、普通面霜（31元）—A4组
		高产品类别相似性	低产品类别相似性
低品牌钟爱（OPPO手机）	高品牌形象相似性	高价、新型多功能游戏机（9999元）—A5组	高价、新型面霜（2999元）—A6组
	低品牌形象相似性	低价、普通游戏机（121元）—A7组	低价、普通面霜（31元）—A8组

四、问卷设计和发放

本研究共设计了8种类型的问卷，高与低母品牌钟爱各四组，以高母品牌钟爱问卷为例，问卷包括：（1）高产品种类相似性、高品牌形象相似性的延伸；（2）高产品种类相似性、低品牌形象相似性的延伸；（3）低产品种类相似性、高品牌形象相似性的延伸；（4）低产品种类相似性、高品牌形象相似性的延伸。每类问卷中变量的维度和问项均是在前人研究的基础上进行设计的。每份问卷共分为六个部分，以第一种问卷为例，依次如下（详细问卷请参见附录）：

第一部分，要求消费者对苹果品牌进行自由联想（如品牌形象、产品及其特征、用户群体等），将这些联想写在问卷上，并请消费者在7点量表上

填写他们对苹果品牌的钟爱程度，从低到高，分别代表从非常不钟爱到非常钟爱，分值越高，钟爱程度越高。（前测）

第二部分，对干扰变量"消费者知识""涉入度""创新性""消费者是否拥有原品牌"进行测量。

第三部分，测量消费者在接触品牌延伸信息之后，对延伸品牌的钟爱。给出关于苹果品牌延伸产品的描述，如苹果品牌准备于近期推出一款延伸产品：苹果多功能新型游戏机（售价9999元），请被试对该延伸产品钟爱进行评价，包括"满意与信任""自我关联与情感连接"两个维度，共10个问项。（后测）

第五部分，请消费者就延伸产品与苹果手机在"产品种类相似性""品牌形象一致性""期望性"操作性变量上做出判断，共9个问项。（操控变量检验）

第六部分，被试的个人信息。

五、操控性检验

在进行操控性检验之前，同样如第二节的研究一样，我们首先测量了母品牌钟爱、延伸产品钟爱、一致性三维度的信度，结果显示母品牌钟爱 Cronbach's a 为 0.918，延伸产品钟爱 Cronbach's a 为 0.958，产品类别相似性 Cronbach's a 为 0.932，品牌形象相似性 Cronbach's a 为 0.941，期望性的 Cronbach's a 为 0.921。

为了验证产品类别相似性、品牌形象相似性操控是否成功，我们通过独立样本 T 检验对操控变量进行检验。消费者期望性，我们通过对其分数由高到低排序，分别选择最高和最低 20% 比例，再对其做独立样本 T 检验。对高品牌钟爱组检验结果显示，A1 和 A3 组作为高产品类别相似性组与低产品类别相似性组（A2 和 A4）存在显著差异，高产品类别组均值为 12.769，低产品类别组均值为 6.938，T 值为 9.577，P=0.000。A1 和 A2 组作为高品牌形象相似性组与低产品类别相似性组（A3 和 A4）存在显著差异，高品牌形象组均值为 12.951，低品牌形象组均值为 7.210，T 值为 8.533，P=0.000。高消费者期望性组与低消费者期望性组存在显著差异，高消费者期望性组均值为 17.794，低消费者期望性组均值为 4.928，T 值为 34.327，P=0.000。说明我们对产品类别相似性、品牌形象相似性、消费者期望性操控是成功的。结果如表 4–19 所示。

表 4–19　高品牌钟爱组控制变量的独立样本 T 检验

变量	均值	平均数差距	T 值	显著性水平
高产品类别相似性（A1，A3）	12.769	5.830	9.577	0.000
低产品类别相似性（A2，A4）	6.938			
高品牌形象相似性（A1，A2）	12.951	5.740	8.533	0.000
低品牌形象相似性（A3，A4）	7.210			
高消费者期望性	17.794	12.865	34.327	0.000
低消费者期望性	4.928			

同样我们对低品牌钟爱组检验结果显示，A5 和 A7 组作为高产品类别相似性组与低产品类别相似性组（A6 和 A8）存在显著差异，高产品类别组均值为 11.542，低产品类别组均值为 5.338，T 值为 8.421，P=0.000。A5 和 A6 组作为高品牌形象相似性组与低产品类别相似性组（A7 和 A8）存在显著差异，高品牌形象组均值为 11.476，低品牌形象组均值为 6.437，T 值为 7.623，P=0.000。高消费者期望性组与低消费者期望性组存在显著差异，高消费者期望性组均值为 15.729，低消费者期望性组均值为 5.263，T 值为 29.586，P=0.000。说明我们对产品类别相似性、品牌形象相似性、消费者期望性操控是成功的。结果如表 4–20 所示。

表 4-20　低品牌钟爱组控制变量的独立样本 T 检验

变量	均值	平均数差距	T 值	显著性水平
高产品类别相似性（A5，A7）	11.542	6.204	8.421	0.000
低产品类别相似性（A6，A8）	5.338			
高品牌形象相似性（A5，A6）	11.476	5.740	7.623	0.000
低品牌形象相似性（A7，A8）	6.437			
高消费者期望性	15.729	10.466	29.586	0.000
低消费者期望性	5.263			

六、假设检验

本节将运用方差分析的方法来检定母品牌钟爱对延伸品牌钟爱的主效果，并探讨母品牌钟爱与产品类别相似性、品牌形象相似性、期望性之间的交互效果（表 4-21）。

表 4-21　方差分析结果

主体间效应的检验					
因变量：延伸钟爱					
源	III 型平方和	df	均方	F	Sig.
校正模型	280.332a	7	40.047	47.068	.000
截距	1306.115	1	1306.115	1535.089	.000
母品牌钟爱高低	3.483	1	3.483	4.094	.044
品牌形象高低	56.406	1	56.406	66.295	.000
产品类别高低	13.900	1	13.900	16.337	.000
母品牌钟爱高低 * 品牌形象高低	38.736	1	38.736	45.527	.000
母品牌钟爱高低 * 产品类别高低	28.189	1	28.189	33.131	.000
品牌形象高低 * 产品类别高低	56.071	1	56.071	65.901	.000
母品牌钟爱高低 * 品牌形象高低 * 产品类别高低	16.112	1	16.112	18.936	.000
误差	196.544	231	0.851		
总计	1842.020	239			
校正的总计	476.876	238			
a. R 方 = 0.598（调整 R 方 =0.585）					

从上述结果中得知，在 0.05 的显著水平下，母品牌钟爱、品牌形象相似性、产品类别相似性对延伸品牌钟爱具有显著影响（F=4.094，P=0.044；F=66.295，P=0.000；F=16.337，P=0.000），母品牌钟爱与产品类别相似性、品牌形象相似

性都具有显著的交互效应（F=33.131，P=0.000；F=45.527，P=0.000）。

（一）母品牌钟爱与产品类别相似性之间的交互作用

母品牌钟爱与产品类别相似性之间具有显著的交互作用，且当母品牌钟爱程度较高，而产品类别相似性较高时，则母品牌钟爱对延伸产品钟爱会有较大的影响（图 4-1 中斜线较陡）。同理，如果母品牌钟爱程度较低，而其产品类别相似性较低，那么母品牌钟爱对延伸产品钟爱的影响也就会较小。此结果也就说明了品牌延伸中，母品牌钟爱对延伸产品钟爱的影响会因产品种类相似性不同而有所不同，因此，本研究的假设 H2a 得以证实。

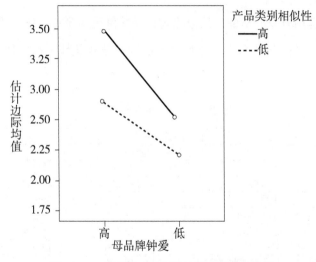

图 4-1 延伸产品钟爱的估计边际均值

（二）母品牌钟爱与品牌形象相似性之间的交互作用

母品牌钟爱与品牌形象相似性之间具有显著的交互作用，且当品牌延伸中母品牌钟爱程度较高，而其延伸产品与母品牌形象相似性较高时，则母品牌钟爱对延伸产品的钟爱有较大的影响（图 4-2 中斜线较陡）。同理，母品牌钟爱较低，而其品牌形象相似性较低，那么母品牌钟爱对延伸产品的钟爱的影响较小。此结果也就说明了品牌延伸中，母品牌钟爱对延伸产品钟爱的影响会因品牌形象相似性不同而有所不同，因此，本研究的假设 H2b 得以证实。

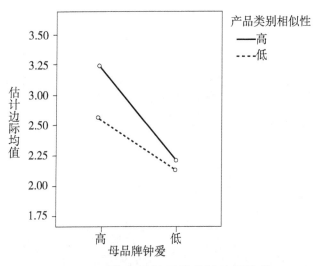

图 4-2　延伸产品钟爱的估计边际均值

（三）母品牌钟爱与消费者期望性之间具有显著的交互作用

为了检验假设 H2c，消费者对延伸产品期望值会调节母品牌钟爱与延伸产品钟爱，消费者对延伸品牌期望值越高，则母品牌钟爱对延伸品牌钟爱影响越大。

通过方差分析，期望性对延伸品牌钟爱具有显著影响（F=8.014，P=0.005），母品牌钟爱与消费者期望性具有显著的交互效应（F=14.548，P=0.000），结果见表 4-22。但由图 4-3 可知，期望性调节作用主要体现在调节方向上，而非强度上。在消费者期望性较高的情况下，母品牌钟爱对延伸品牌钟爱的负向影响更大，即 H2c 未得到支持。

表 4-22　母品牌钟爱与消费者期望性方差分析

主体间效应的检验				
因变量：延伸钟爱				
源	III 型平方和	自由度	均方	F 检验	显著性
校正模型	54.326a	3	18.109	10.071	0.000
截距	1299.962	1	1299.962	722.971	0.000
品牌钟爱高低	3.127	1	3.127	1.739	0.000
期望性	14.410	1	14.410	8.014	0.005
品牌钟爱高低 * 期望性	26.158	1	26.158	14.548	0.000
误差	422.549	235	1.798		
总计	1842.020	239			
校正的总计	476.876	238			
a. R 方 = .614（调整 R 方 =0 .603）					

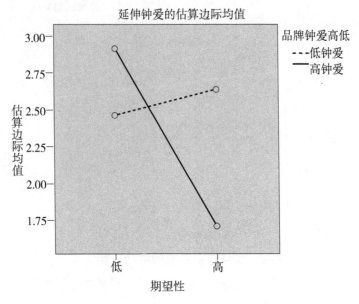

图 4-3　延伸产品钟爱的估计边际均值

（四）母品牌钟爱对延伸品牌钟爱的主效果分析

从表4-21中可以看出母品牌钟爱对延伸品牌钟爱具有显著影响（F=4.094，P=0.044）。另外从图4-1及图4-2中可以发现消费者对母品牌钟爱程度越高，则延伸产品钟爱程度也越高。与实验一得到的结论一致，因此，假设 H1 得到支持。

七、讨论

从研究结果来看，本研究所提出的大部分变量之间的关系都得到了验证。母品牌钟爱正向影响消费者对延伸产品的品牌钟爱，即 H1 得到支持。说明联想网络理论、强化理论和情感迁移模型在解释母品牌钟爱对延伸品牌钟爱的影响过程中同样发挥着作用。这与其他研究者的结论一致，即母品牌情感与消费者对延伸的情感之间存在正向关系。但先前研究并没有学者证明钟爱是可以转移的，即爱屋及乌理论在延伸中可得到充分解释。这一结论拓展了以前关于母品牌态度与延伸品牌态度之间关系的研究成果。

关于钟爱延伸的边界，产品种类相似性对母品牌钟爱与延伸品牌钟爱之间关系的调节作用显著，并且在产品种类相似性较高的情况下，母品牌钟爱对延伸品牌钟爱的正向影响更大，即 H2a 得到支持。品牌形象相似性对母品牌钟爱与延伸品牌钟爱之间关系的调节作用显著，并且在品牌形象相似性较高的情况下，母品牌钟爱对延伸品牌钟爱的正向影响更大，即 H2b 得到支持。

这一结论补充解释了母品牌钟爱对延伸品牌钟爱的转移条件，当消费者对母品牌钟爱程度较高时，消费者认为该品牌的产品种类较相似时，就很容易将延伸产品视为母品牌同类，认为其有相同的质量，对其更加信任，那么母品牌钟爱很容易转移至延伸产品；同样当品牌形象相似性较高时，消费者对母品牌钟爱程度较高时，消费者认为该品牌的形象与其自我概念高度一致，会将母品牌视为延伸自我的一部分，会将延伸产品视为母品牌的同类。而当企业实施较低种类较相似、形象相似性的延伸时，消费者会对产品信息进行精细加工，消费者心中原有的品牌认知、情感可能被破坏，稀释作用发生，消费者对母品牌的钟爱很难顺利迁移到延伸产品，导致母品牌钟爱对延伸品牌钟爱的影响程度降低。

假设 H2c：消费者对延伸产品期望性较高，则母品牌钟爱对延伸品牌钟爱影响更大的调节作用不显著。通过研究结果发现，母品牌钟爱程度较高，延伸产品期望性越高时，消费者对延伸产品钟爱反而越低。而当母品牌钟爱程度较低，延伸产品期望性较高时，消费者对延伸产品钟爱较高。这说明，期望对延伸产品钟爱具有重要作用，当消费者对母品牌钟爱程度较高时，一旦延伸产品没有满足期望时，即期望没有被确认时，信任违背产生，则使消费者对延伸产品产生更低的评价。这可由期望确认理论来解释，该理论认为消费者在购前阶段会根据对品牌的印象形成初始期待，购买后根据产品的实际表现与期待对照，形成对品牌的感知或态度。给企业的启示是，对品牌具有高钟爱程度的消费者，应降低对新产品的期望，避免消费者期望过高，导致对延伸产品的失望，而降低延伸产品评价。对低品牌钟爱程度的消费者，可提高对新产品的期望，增加其对产品的信任，提高其对延伸产品的评价。

第五节　实验三　钟爱反馈效应研究

本研究的目的是考察品牌延伸中产品种类相似性、品牌形象相似性及消费者期望性等因素对原品牌钟爱的影响。重点提出两个方面的研究问题：（1）在企业进行品牌延伸中，受到产品种类相似性、品牌形象相似性及消费者期望性等因素的影响时，是否会对原品牌钟爱产生稀释效应；（2）在企业进行品牌延伸中，消费者的创新性、涉入度对自变量与中介变量（延伸品牌态度）之间影响是否具有调节作用。因此，本研究主要研究以下内容：（一）在产品类别相似性高或低的品牌延伸影响下，消费者对延伸后的品牌钟爱与延伸前的母品牌钟爱的差异程度；（二）在品牌形象相似性高或低的品牌延伸影响下，消费者对延伸后的品牌钟爱与延伸前的母品牌钟爱的差异程度；（三）在消费者对延伸品牌期望程度不同的情况下，消费者对延伸后的品牌钟爱与延伸前的品牌钟爱的差异程度；（四）创新性、产品涉入度高低不同的消费者，对产品种类相似性、品牌形象相似性及消费者期望性与品牌延伸态度的调节作用。

本研究涉及了三个自变量，一个因变量，一个中介变量，三个调节变量。自变量分别为产品种类相似性（高、低）、品牌形象相似性（高、低）及期望性（高、低）。而消费者创新性、产品涉入度这三个调节变量则从最终的问卷中依据平均分的高低将受测对象区分开来，从而得到四组不同的实验处理结果。

一、实验分组与被试

本实验主要在高品牌钟爱组进行，设计为产品类别相似性（高/低）＊品牌形象相似性（高/低），共4种情景。母品牌、延伸产品选择与实验二相同，与实验二不同的是，在此次研究中，我们对被试的母品牌钟爱进行两次测量，通过播放视频广告的形式，告之被试虚拟延伸产品信息，以增强被试对延伸信息理解；视频前后分别让被试对母品牌钟爱进行测量。而消费者期望性水平，消费者创新性、消费者涉入度依然从最终的问卷中，依据平均分的高低将受测对象区分开，从而得到不同实验结果。

二、研究对象与抽样方法

来自武汉工程大学的学生接受实验。其中男生 71 人占 50.7%，女生 69 人占 49.3%，男女比例基本均衡。实验前，由授课教师告诉被试：凡参加此次实验的同学每人奖励一支价值3元的水笔，用此法来刺激被试认真填写问卷。本研究样本抽样方法为便利抽样，用问卷对受试者进行实验调查。此次问卷共发出 456 份，有效问卷 397 份；A_1-A_4 各组的样本量分别为 95，101，98，103，各小组样本的统计特征如表 4-23 至 4-26 所示。

表 4-23 A1 组有效问卷的个人信息概况

性别	男		女		
	52.3%		47.7%		
年级	大一	大二	大三	大四	研究生
	5.8%	19.8%	57%	15.7%	1.7%
生活费	500 以下	500-1000	1000-2000	2000 以上	
	2.9%	46.3%	46.2%	4.6%	
专业	文科	理科	工科	医科	艺术
	48.3%	14.9%	28.2%	4%	4.6%

表 4-24 A2 组有效问卷的个人信息概况

性别	男			女		
	52.8%			47.2%		
年级	大一	大二		大三	大四	研究生
	7%	22.6%		50.9%	16.4%	3.1%
生活费	500 以下	500-1000		1000-2000	2000 以上	
	3.1%	46.5%		42.1%	8.2%	
专业	文科	理科	工科	医科	农学	艺术	林业
	50.8%	15.7%	18.9%	5.7%	1.3%	5.7%	1.9%

表 4-25　A3 组有效问卷的个人信息概况

性别	男			女	
	53.2%			46.8%	
年级	大一	大二	大三	大四	研究生
	5.4%	19.1%	52.1%	18.6%	4.8%
生活费	500 以下	500-1000		1000-2000	2000 以上
	2.7%	36.7%		52.1%	8.5%
专业	文科	理科	工科	医科	农学	艺术	林业
	37.8%	27.1%	22.9%	4.3%	1.5%	5.9%	0.5%

表 4-26　A4 组有效问卷的个人信息概况

性别	男			女	
	58.1%			41.9%	
年级	大一	大二	大三	大四	研究生
	7.3%	14.6%	46.6%	26.4%	5.1%
生活费	500 以下	500-1000		1000-2000	2000 以上
	2.8%	41.3%		44.7%	11.2%
专业	文科	理科	工科	医科	农学	艺术
	40.2%	19.5%	26.3%	5.6%	1.1%	7.3%

三、实验操作过程

第一部分，要求消费者在 7 点量表上填写他们对苹果品牌的钟爱程度，从低到高，分别代表非常不钟爱到非常钟爱，分值越高，钟爱程度越高。第二部分，对调节变量"涉入度"、"创新性"、"消费者是否拥有原品牌"进行测量。第三部分，让被试观看延伸产品信息，再测量消费者在接触品牌延伸信息之后，对母品牌钟爱。第四部分，请消费者就延伸产品与苹果手机在"产品种类相似性"、"品牌形象一致性"、"期望性"操作性变量上做出判断，共 9 个问项。（操控变量检验）第五部分，被试的个人信息。

四、操控性变量检验

在进行操控性检验之前，我们首先测量了延伸前母品牌钟爱、产品类别相似性、品牌形象相似性、消费者期望性、消费者创新性、涉入度、延伸后母品牌钟爱等变量。结果显示延伸前母品牌钟爱 Cronbach's a 为 0.918，产品类别相似性 Cronbach's a 为 0.942，品牌形象相似性 Cronbach's a 为 0.913，期望性的 Cronbach's a 为 0.921，延伸后母品牌钟爱 Cronbach's a 为 0.910。消费者创新性的 Cronbach's a、涉入度的 Cronbach's a 为 0.891。

在研究中，同样将延伸一致性划分为产品类别相似性、品牌形象相似性、消费者期望性。为了验证产品类别相似性、品牌形象相似性操控是否成功，我们通过独立样本 T 检验对操控变量进行检验。消费者期望性，我们通过按其分数由高到低排序，分别选择最高和最低 20% 比例，再对其做独立样本 T 检验。结果显示各变量操控符合要求，如表 4-27 所示。高产品类别相似性组（A1、A3）与低产品类别相似性组（A2、A4）存在显著差异，高产品类别组均值为 12.769，低产品类别组均值为 6.938，T 值为 9.577，P=0.000。高品牌形象相似性组（A1、A2）与低产品类别相似性组（A3、A4）存在显著差异，高品牌形象组均值为 12.951，低品牌形象组均值为 7.210，T 值为 8.533，P=0.000。高消费者期望性组与低消费者期望性组存在显著差异，高消费者期望性组均值为 17.794，低消费者期望性组均值为 4.928，T 值为 34.327，P=0.000。说明产品类别相似性、品牌形象相似性、消费者期望性操控是成功的。

表 4-27　控制变量的独立样本 T 检验

变量	均值	平均数差距	T 值	显著性水平
高产品类别相似性（A1，A3）	12.769	5.830	9.577	0.000
低产品类别相似性（A2，A4）	6.938			
高品牌形象相似性（A1，A2）	12.951	5.740	8.533	0.000
低品牌形象相似性（A3，A4）	7.210			
高消费者期望性	17.794	12.865	34.327	0.000
低消费者期望性	4.928			

五、假设检验

（一）验证假设 H5a

H5a：产品类别相似性会降低延伸后消费者对母品牌钟爱，相对于高类别

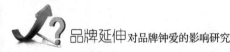

品牌延伸对品牌钟爱的影响研究

一致性的延伸，低类别相似性的品牌延伸对母品牌钟爱的影响更大。

首先，A1和A3组均属于高产品种类相似性延伸组，因此对A1和A3组的前后母品牌钟爱分别进行了配对T检验，从表4-28可得出，在高产品类别相似性组，母品牌钟爱的平均值发生了显著变化，变小了。这说明在高产品类别相似的品牌延伸，也会稀释消费者对母品牌钟爱。

表4-28　高产品类别相似性组母品牌钟爱前后配对样本T检验

组别	延伸前母品牌钟爱的均值	延伸后母品牌钟爱的均值	前后差异平均值（后测－前测）	T值	P值
A1、A3（高）	4.938	3.967	−0.970	−9.249	0.000

其次，A2和A4组均属于低产品类别相似性延伸组，因此对A2和A4组的前后母品牌钟爱分别进行了配对T检验，从表4-29可得出，在低产品类别相似性组，母品牌钟爱的平均值发生了显著变化，都变小了。这说明在低产品类别相似的品牌延伸，也会稀释消费者对母品牌钟爱。综合高产品类别相似性组结果，说明品牌延伸会稀释消费者对母品牌的钟爱。

表4-29　低产品类别相似性组母品牌钟爱的前后配对样本T检验

组别	延伸前母品牌钟爱的均值	延伸后母品牌钟爱的均值	前后差异平均值（后测－前测）	T值	P值
A2、A4（低）	4.925	3.303	−1.622	−12.285	0.000

比较表4-28和表4-29，低产品种类相似性组的品牌钟爱前后差异的平均值比高产品类别相似性组更大，这说明，相比高产品类别相似性，低产品类别相似性的延伸，对母品牌钟爱的影响更大，这样就证明了假设H5a。

再次，我们对各组前后品牌钟爱差进行独立样本T检验，品牌钟爱差由后测与前测的差来衡量。结果分析见表4-30所示，由T统计量和P值得出，高产品类别相似性组（A1组和A3组）与低产品类别相似性组（A2组和A4组）的品牌延伸确实存在稀释效应，并且存在显著差异，集中体现在低产品类别相似性组的品牌钟爱稀释效应更明显。这样就证明了H5a。

表 4-30　产品种类相似性（高 / 低）与母品牌钟爱差的独立样本 T 检验

	样本量	平均值	T 统计量	P 值（双尾）
高产品类别相似性组 后测—前测	96	−0.970	−3.860	0.01
低产品类别相似性组 后测—前测	72	−1.621		

（二）验证假设 H5b

H5b：品牌形象相似性会降低延伸后消费者对母品牌钟爱，相对于高形象一致性的延伸，低形象相似性的品牌延伸对母品牌钟爱的影响更大。

首先，A1 和 A2 组均属于高品牌形象相似性延伸组，因此对 A1 和 A2 组的前后母品牌钟爱进行了配对 T 检验，从表 4-31 可得出，在高品牌形象相似性组，母品牌钟爱的平均值都发生了显著变化，都变小了。这说明在高品牌形象相似的品牌延伸，也会稀释消费者对母品牌钟爱。

表 4-31　高品牌形象相似性组母品牌钟爱前后配对样本 T 检验

组别	延伸前母品牌钟爱的均值	延伸后母品牌钟爱的均值	前后差异平均值（后测 – 前测）	T 值	P 值
A1、A2	4.936	3.504	−1.432	11.210	0.000

其次，A3 和 A4 组均属于低品牌形象相似性延伸组，因此对 A3 和 A4 组的前后母品牌钟爱进行了配对 T 检验，从表 4-32 可得出，在低品牌形象相似性组，母品牌钟爱的平均值都发生了显著变化，都变小了。这说明在低品牌形象相似的品牌延伸，也会稀释消费者对母品牌钟爱。

表 4-32 低品牌形象相似性组母品牌钟爱前后配对样本 T 检验

组别	延伸前母品牌钟爱的均值	延伸后母品牌钟爱的均值	前后差异平均值（后测 – 前测）	T 值	P 值
A3、A4	4.925	3.603	−1.322	12.285	0.000

再次，我们对高 / 低品牌形象相似性组前后品牌钟爱差进行独立样本 T 检验，品牌钟爱差由后测与前测的差来衡量。结果分析见表 4-33，由 T 统计量和 P 值得出，高品牌形象相似性组（A1 组和 A2 组）与低品牌形象相似性

品牌延伸对品牌钟爱的影响研究

组（A3 组和 A4 组）的品牌延伸确实存在稀释效应，并且存在显著差异，但高品牌形象相似性组比低品牌形象相似性组的母品牌钟爱稀释效应更明显。这与研究假设有一定差异。

表 4-33　品牌形象相似性（高/低）与母品牌钟爱差独立样本 T 检验

	组别	样本量	平均值	T 统计量	P 值（双尾）
高品牌形象相似性组 后测—前测	A1、A2	65	−1.833	−3.030	0.03
低品牌形象相似性组 后测—前测	A3、A4	63	−1.193		

（三）验证假设 H5c

H5c：延伸期望性会降低延伸后消费者对母品牌钟爱，相对于高期望性的延伸，低期望性的品牌延伸对母品牌钟爱的影响更大。

将期望性的 3 个题目的总得分进行排序分组，选取期望性分值最高的 10% 被试作为高期望性组，期望性分值最低的 10% 被试作为低期望性组，由此确定的高期望性组为 39 人，低期望性组为 39 人。

对高期望性与低期望性组分别做了延伸前后母品牌钟爱的配对 T 检验，检验结果见表 4-34，对于高期望性组，延伸前后母品牌钟爱差异存在显著差异；对于低期望性组，延伸前后母品牌钟爱差异存在显著差异，换句话说，在高期望性的情况下，原品牌态度较差的品牌受到了稀释，在低强度的前提下，原品牌态度较好的品牌受到了稀释。

表 4-34　高期望性与低期望性组前后品牌钟爱的配对 T 检验

组别	前后母品牌钟爱差异平均值（后测 – 前测）	T 统计量	自由度	P 值（双尾）
高期望性组	−0.811	−6.433	38	0.000
低期望性组	−1.296	−8.249	38	0.000

为了对比消费者期望性（高、低）对母品牌钟爱稀释效应有无显著差异，我们进一步对低期望性、高期望性组的母品牌钟爱延伸前后的差做了独立样

本 T 检验，差异为后测与前测的差，检验结果见表 4-35 所示，由 T 统计量和 P 值可以看出，不同组母品牌钟爱差是存在显著性差异的，其中，品牌稀释效应低期望性组大于高期望性组。综上，高期望性能降低原品牌钟爱的品牌稀释效应，这样就部分证明了假设 H5c。

表 4-35　高期望性与低期望性组母品牌钟爱影响的独立样本 T 检验

组别	样本量	平均值	T 统计量	P 值（双尾）
高期望性组	39	−0.811	−2.406	0.020
低期望性组	39	−1.292		

（四）验证假设 H6a、H6b、H6c、H7

H6a：产品类别相似性越高，消费者的品牌延伸态度越积极。

H6b：品牌形象相似性越高，消费者的品牌延伸态度越积极。

H6c：消费者期望性越高，消费者的品牌延伸态度越积极。

H7：品牌延伸态度对延伸后的母品牌钟爱产生正向的影响。

为验证变量之间的关系，本研究采用 AMOS17.0 软件的 SEM 结构方程模型对模型进行验证。运行后，模型的各拟合指数分别为 CMIN/DF=1.778，GFI=0.910，AGFI=0.895，PGFI=0.754，NFI=0.911，RFI=0.921，IFI=0.967，TLI=0.959，CFI=0.967，RMSEA=0.054，均达到了适配标准，模型拟合度较好。标准化系数见图 4-4 所示。此外，表 4-36 提供了延伸一致性三维度对延伸后母品牌钟爱影响模型假设检验汇总表，路径系数检验假设是否成立。结果显示：产品种类相似性正向影响品牌延伸态度，路径系数为 0.48，并在 0.001 的置信水平下显著，即支持了假设 H6a。品牌形象相似性正向影响品牌延伸态度，路径系数为 0.506，并在 0.001 的置信水平下显著，即支持了假设 H6b。消费者期望性正向影响品牌延伸态度，路径系数为 0.44，并在 0.001 的置信水平下显著，即支持了假设 H6c。品牌延伸态度正向影响延伸后母品牌钟爱，路径系数为 0.304，并在 0.001 的置信水平下显著，即支持了假设 H7。

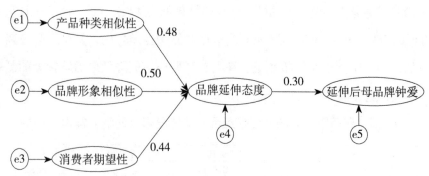

图 4-4　延伸对钟爱的反馈模型

表 4-36　结构方程模型结果及假设检验

影响路径			Estimate	S.E.	C.R.	P	假设检验结果
品牌延伸态度	<---	产品种类相似性	0.481	0.0584	8.236	***	显著，支持
品牌延伸态度	<---	品牌形象相似性	0.506	0.0330	11.670	***	显著，支持
品牌延伸态度	<---	消费者期望性	0.443	0.0426	10.399	***	显著，支持
延伸后母品牌钟爱	<---	品牌延伸态度	0.304	0.0322	9.440	***	显著，支持

（五）验证假设 H8a、H8b、H8c

为了得出科学的结论，对各变量之间是否存在多重共线性问题、序列相关性、异方差性等问题进行检验。本研究使用 SPSS 软件计算了消费者创新性、产品类别相似性、品牌形象相似性、消费者期望性、延伸品牌态度 5 个变量的容忍度（Tolerance）及方差膨胀因子（VIF）、条件指数（Condition Index）等参数。从表 4-37 可看出，各变量容忍度均大于 0.1，方差膨胀因子均小于 10，表明研究模型不存在多重共线性问题。另外，在序列相关性检验方面，通过回归分析，本研究的 DW 值为 1.225，表明随机误差项之间不存在序列相关性，适合做回归分析。

表 4-37　变量多重共线性检验结果

变量名称	容忍度	方差膨胀因子	条件指数
产品类别相似性	0.423	2.315	2.381
品牌形象相似性	0.411	2.701	1.998
消费者期望性	0.549	1.798	3.647
延伸品牌态度	0.488	2.006	3.005
消费者创新性	0.615	1.785	3.215

1. 检验 H8a

H8a：品牌延伸过程中，消费者创新性对产品类别相似性与品牌延伸态度之间的关系起负向调节作用。

本研究使用 SPSS19.0 软件进行层次回归分析来验证消费者创新性调节作用。结果见表 4–38。具体步骤如下：第一步，将控制变量（年龄、专业、性别、教育程度）引进方程，结果显示控制变量对品牌延伸态度的解释力较小（R^2=0.035，P<0.01），说明控制变量影响较小。

第二步，在对干扰变量进行控制后，将产品类别相似性引入方程，检验该自变量对品牌延伸态度的贡献。结果显示，模型 2 显著（F=67.146，p<0.01），对品牌延伸态度的解释力达到 30.1%。模型 2 比模型 1 具有更好的解释力（ΔR^2=0.266，ΔF=365.425，p<0.01）。模型 2 的回归分析结果显示，品牌延伸过程中，产品类别相似性对品牌延伸态度有显著正向影响（p<0.01）。

第三步，将调节变量引入方程，结果模型 3 显著（F=82.341，p<0.01），对品牌延伸态度的解释力达到 41.5%，模型 3 较模型 2 的解释力又有了进一步的提高（ΔR^2=0.135，ΔF=246.277，p<0.01）。

第四步，为检验消费者创新性的调节作用，引入调节变量与自变量的交互项（消费者创新性 * 产品类别相似性）。纳入交互项后，模型 4 是显著的（F=78.256，p<0.01），对品牌延伸态度的解释力达到 48.2%，模型 4 比模型 3 具有更高的解释力（ΔR^2=0.067，ΔF=15.365，p<0.01）。结果证明：消费者创新性与产品类别相似性的交互作用显著，交互项的回归系数为负（b=-0.079，p<0.01）。因此，消费者创新性能够对产品类别相似性与品牌延伸态度之间的关系起显著的负向调节作用。即：对于创新性水平高的消费者，产品类别相似性对品牌延伸态度的影响程度比较小，对于创新性水平低的消费者，产品类别相似性对品牌延伸态度的影响程度比较大，H8a 成立。

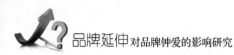

表 4-38 消费者创新性对产品种类相似性与品牌延伸态度调节效应的回归分析结果

变量	模型 1	模型 2	模型 3	模型 4
控制变量				
Age- 虚拟 1	−0.097	−0.003	0.021	0.026
Age- 虚拟 2	0.256	0.170	0.075	0.079
Age- 虚拟 3	−0.061	−0.059	−0.113	−0.132
Edu- 虚拟 1	0.089	0.046	0.037	0.078
Edu- 虚拟 2	−0.026	−0.070	−0.068	−0.057
Edu- 虚拟 3	−0.003	−0.074	−0.032	−0.036
Edu- 虚拟 4	0.031	−0.008	0.043	0.038
Sex- 虚拟 1	−0.022	0.000	0.028	0.046
自变量：类别相似性		0.480	0.510	0.498
调节变量：创新性 0.345				0.358
交互项：创新性 * 类别相似性				−0.079
R^2	0.035	0.301	0.415	0.482
校正 R^2	0.032	0.298	0.410	0.480
F	12.304	7.146** *	82.341* * *	78.256***
ΔR^2		0.266	0.114	0.067
F		365.425***	246.277***	15.365***

注：1. 表中所列系数为标准化系数；2.*** 表示在 0.001 水平上显著

2. 检验 H8b

H8b：品牌延伸过程中，消费者创新性对品牌形象相似性与品牌延伸态度之间的关系起负向调节作用。

消费者创新性对品牌形象相似性与品牌延伸态度关系的回归分析结果如表 4-39 所示。根据层级回归分析方法对创新性的调节效应进行检验，步骤如下：

第一步，在回归方程中引入控制变量（被试的年龄、性别和受教育程度），结果显示控制变量对品牌延伸态度的解释力较小（R^2=0.035，p<0.01），表明控制变量对延伸态度的影响较弱。

第二步，在对干扰变量进行控制后，将品牌形象相似性引入方程，检验该自变量对品牌延伸态度的贡献。结果显示，模型 2 显著（F=81.026，p<0.01），对品牌延伸态度的解释力达到 38%。模型 2 比模型 1 具有更好的

解释力（ΔR^2=0.311，ΔF=594.117，p<0.01）。模型2的回归分析结果显示，品牌延伸过程中，产品类别相似性对品牌延伸态度有显著正向影响（p<0.01）。

第三步，将消费者创新性这个调节变量引入到回归模型中，回归结果显示模型3显著（F=80.465，p<0.01），对品牌延伸态度的解释力达到40.4%，较模型2又有了进一步的提高（ΔR^2=0.024，ΔF=50.116，p<0.01）。

第四步，引入调节变量与自变量的交互项（消费者创新性＊品牌形象相似性），以检验消费者创新性的调节作用。在纳入交互项后，模型4是显著的（F=78.471，p<0.01），对品牌延伸态度的解释力达到40.8%，较模型3具有更高的解释力（ΔR^2=0.004，ΔF=10.108，p<0.01）。

回归结果显示：消费者创新性与品牌形象相似性的交互作用显著，交互项的回归系数为负（b=-0.098，p<0.01）。因此，消费者创新性能够对品牌形象相似性与品牌延伸态度之间的关系起显著的负向调节作用。即：对于创新性水平高的消费者，品牌形象相似性对老字号品牌延伸态度的影响程度比较小，对于创新性水平低的消费者，品牌形象相似性对老字号品牌延伸态度的影响程度比较大，H8b成立。

表4-39　消费者创新性对产品契合度与品牌延伸态度调节效应的回归分析结果

变量	模型1	模型2	模型3	模型4
控制变量				
Age-虚拟1	−0.097	−0.013	0.025	0.027
Age-虚拟2	0.256	0.170	0.155	0.179
Age-虚拟3	−0.061	−0.059	−0.136	−0.132
Edu-虚拟1	0.089	0.046	0.047	0.078
Edu-虚拟2	−0.026	−0.070	−0.065	−0.057
Edu-虚拟3	−0.003	−0.074	−0.032	−0.036
Edu-虚拟4	0.031	−0.008	0.043	0.038
Sex-虚拟1	−0.022	0.000	0.028	0.046
自变量：类别相似性		0.480	0.510	0.498
调节变量：创新性			0.358	0.345
交互项：创新性＊形象相似性				−0.098

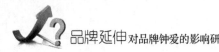

续表

R^2	0.035	0.380	0.404	0.408
校正 R^2	0.032	0.375	0.401	0.403
F	12.303	81.026***	80.465***	78.471***
ΔR^2		0.311	0.024	0.004
F		594.117***	50.116***	10.108***

注：1.表中所列系数为标准化系数；2.*** 表示在 0.001 水平上显著

3. 检验 H8c

H8c：品牌延伸过程中，消费者创新性对消费者期望性与品牌延伸态度之间的关系起负向调节作用。

消费者创新性对消费者期望性与品牌延伸态度关系的回归分析结果如表 4-40 所示。根据层级回归分析方法对消费者创新性的调节效应进行检验，逐步验证假设如下：

第一步，在回归方程中引入控制变量（被试的年龄、性别和受教育程度），回归结果显示控制变量对品牌延伸态度的解释力较小（ R^2=0.035， $p<0.01$ ），表明控制变量对延伸态度的影响较弱。

第二步，在第一步的基础上将自变量消费者期望性引入到回归模型中，检验控制其他变量的情形下，自变量对因变量的贡献。在纳入消费者期望性变量后，模型 2 是显著的（F=79.451， $p<0.01$ ），对品牌延伸态度的解释力达到 36.0%。与模型 1 相比，模型 2 具有更好的解释力（ ΔR^2=0.291， ΔF=578.014， $p<0.01$ ）。模型 2 的回归分析结果显示，品牌延伸过程中，期望性对品牌延伸态度具有显著正向影响（ $p<0.01$ ）。

第三步，将消费者创新性这个调节变量引入到回归模型中，回归结果显示模型 3 显著（F=78.591， $p<0.01$ ），对品牌延伸态度的解释力达到 38.3%，较模型 2 又有了进一步的提高（ ΔR^2=0.022， ΔF=45.674， $p<0.01$ ）。

第四步，引入调节变量与自变量的交互项（消费者创新性＊消费者期望性），以检验消费者创新性的调节作用。在纳入交互项后，模型 4 是显著的

（F=72.745，p<0.01），对品牌延伸态度的解释力达到 38.7%，较模型 3 具有更高的解释力（ΔR^2=0.004，ΔF=9.199，p<0.01）。回归结果显示：消费者创新性与品牌形象相似性的交互作用显著，交互项的回归系数为负（b=0.048，p<0.01）。因此，消费者创新性能够对期望性与品牌延伸态度之间的关系起显著的正向调节作用。即：对创新性水平高的消费者，期望性对品牌延伸态度的影响程度比较大，而并非正向调节作用，所以 H8c 不成立。

表 4-40　消费者创新性对期望性与品牌延伸态度调节效应的回归分析结果

变量	模型 1	模型 2	模型 3	模型 4
控制变量				
Age- 虚拟 1	−0.097	−0.003	0.021	0.026
Age- 虚拟 2	0.256	0.170	0.075	0.079
Age- 虚拟 3	−0.061	−0.059	−0.113	−0.132
Edu- 虚拟 1	0.089	0.046	0.037	0.078
Edu- 虚拟 2	−0.026	−0.070	−0.068	−0.057
Edu- 虚拟 3	−0.003	−0.074	−0.032	−0.036
Edu- 虚拟 4	0.031	−0.008	0.043	0.038
Sex- 虚拟 1	−0.022	0.000	0.028	0.046
自变量：类别相似性		0.480	0.510	0.498
调节变量：创新性			0.358	0.345
交互项：创新性 * 期望性				0.048
R^2	0.035	0.301	0.415	0.482
校正 R^2	0.032	0.298	0.410	0.480
F	12.304	7.146***	82.341***	78.256***
ΔR^2		0.266	0.114	0.067
F		365.425***	246.277***	15.365***

注：1.表中所列系数为标准化系数；2.*** 表示在 0.001 水平上显著

（六）验证假设 H9a、H9b、H9c

为了得出科学的结论，对各变量之间是否存在多重共线性问题、序列相关性、异方差性等问题进行检验。本研究使用 SPSS 软件计算了消费者涉入度、产品类别相似性、品牌形象相似性、消费者期望性、延伸品牌态度 5 个变量的容忍度（Tolerance）及方差膨胀因子（VIF）、条件指数（Condition Index）

等参数。从表 4-41 可看出，各变量容忍度均大于 0.1，方差膨胀因子均小于 10，表明研究模型不存在多重共线性问题。另外，在序列相关性检验方面，通过回归分析，本研究的 DW 值为 1.225，表明随机误差项之间不存在序列相关性，适合做回归分析。

表 4-41　变量多重共线性检验结果

变量名称	容忍度	方差膨胀因子	条件指数
产品类别相似性	0.548	2.293	2.528
品牌形象相似性	0.445	2.447	1.943
消费者期望性	0.647	1.798	3.877
延伸品牌态度	0.467	2.435	2.687
消费者涉入度	0.436	2.642	2.802

1. 检验 H9a

H9a：消费者涉入度对产品类别相似性与品牌延伸态度之间关系的调节效应。本研究基于大样本数据，使用分组回归分析，检验消费者涉入度对产品类别相似性与消费者的品牌延伸态度之间关系的调节作用。回归模型概况如表 4-42 所示，因变量是品牌延伸态度，回归方法采用强行进入法，共有两组回归方程，一组是低消费者涉入度（1），另一组是高消费者卷入度（2）。

表 4-42　消费者卷入度对产品契合度与品牌延伸态度调节效应的回归模型概况

卷入度	模型	输入的变量	移去的变量	方法
1	1	种类相似性	-	进入
2	1	种类相似性	-	进入
a. 已输入所有请求的变量				
b. 因变量：延伸品牌态度				

表 4-43 是回归模型的总体情况，高消费者卷入度和低消费者卷入度的两组回归方程具有显著效应（P<0.001），表明消费者卷入度这一变量具有显著的调节效应。从数据可以看出，低卷入度组的回归方程解释了因变量 21% 的方差变异，高卷入度组的回归方程解释了因变量 29% 的方差变异。

表 4-43　消费者卷入度对产品类别相似性与品牌延伸态度调节效应的模型汇总结果

卷入度	模型	R	R^2	调整 R^2	标准估计误差	R^2 改变	F 改变	自由度 1	自由度 2	sig.F 改变
						统计值变化				
1	1	0.446	0.198	0.190	0.8768	0.198	138.402	1	200	0.000
2	1	0.598	0.357	0.351	0.8347	0.357	273.756	1	197	0.000

　　表 4-44 给出了自变量的标准化回归系数 Beta 值，在低卷入度组中，标准化 Beta 为 0.438；在高卷入度组中 Beta 值为 0.567，且都达到显著性水平 $p<0.001$，说明自变量对因变量有显著的预测作用。

表 4-44　消费者卷入度对产品类别相似性与品牌延伸态度调节效应的回归系数表

卷入度 模型	未标准化系数		标准化系数	T	显著性
	B	标准误	Beta		
低　1　常数	0.008	0.026	0.438	0.264	0.821
种类相似性	0.322	0.028		11.754	0.000
高　1　常数	−0.006	0.027	0.567	−0.254	0.876
种类相似性	0.467	0.024		15.226	0.000

　　因此，通过回归分析，验证了消费者卷入度对产品类别相似性与品牌延伸态度之间的关系起正向调节作用，H9a 成立。即：相对于低消费者卷入度水平来说，在高消费者卷入度水平下，产品类别相似性对消费者的品牌延伸态度具有更显著的正向影响。

　　2. 检验 H9b

　　H9b：消费者卷入度对品牌形象相似性与品牌延伸态度之间关系的调节作用。消费者卷入度对品牌形象相似性与品牌延伸态度之间的关系的调节效应的回归模型概况如表 4-45 所示，因变量是品牌延伸态度，回归方法采用强行进入法，共有两组回归方程，一组是低消费者卷入度组（1），另一组是高消费者卷入度组（2）。

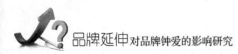品牌延伸对品牌钟爱的影响研究

表 4–45　　消费者卷入度对品牌形象相似性与品牌延伸态度调节效应的回归模型概况

卷入度	模型	输入的变量	移去的变量	方法
低消费者卷入度组	1	品牌形象相似性	–	进入
高消费者卷入度组	1	品牌形象相似性	–	进入
a.已输入所有请求的变量				
b.因变量：延伸品牌态度				

表 4–46 是回归模型的总体情况，高消费者卷入度和低消费者卷入度的两组回归方程具有显著效应，表明消费者卷入度这一变量具有显著调节效应。从数据可以看出，低卷入度组的回归方程解释了因变量的方差变异的 26.7%，高卷入度组的回归方程解释了因变量的 35.4% 方差变异。

表 4–46　消费者卷入度对文化契合度与品牌延伸态度调节效应的模型汇总结果

卷入度	模型	R	R^2	调整 R^2	标准估计误差	统计值变化				
						R^2 更改	F 更改	自由度 1	自由度 2	F 值显著性变化
1	1	0.508	0.258	0.254	0.7568	0.258	289.502	1	200	0.000
2	1	0.604	0.364	0.360	0.8654	0.364	375.448	1	197	0.000

表 4–47 给出了自变量的标准化回归系数值，在低卷入度组中，标准化系数为 0.601；在高卷入度组中值为 0.698，且都达到显著性水平 P<0.001，说明自变量对因变量有显著的预测作用。

表 4–47　消费者卷入度对品牌形象相似性与品牌延伸态度调节效应的回归系数表

卷入度	模型		未标准化系数		标准化系数	T	显著性
			B	标准误	Beta		
低	1	常数	0.013	0.037	0.601	0.463	0.627
		形象相似性	0.453	0.032		15.562	0.000
高	1	常数	–0.026	0.033	0.698	–0.459	0.652
		形象相似性	0.568	0.030		18.226	0.000

因此，通过回归分析，验证了消费者卷入度对品牌形象相似性与品牌延伸态度的影响起正向调节作用，H9b 成立。即：相对于低消费者卷入度水平来说，在高消费者卷入度水平下，品牌形象相似性对消费者的品牌延伸态度

具有更显著的正向影响。

3. 检验 H9c

H9c：消费者卷入度对消费者期望性与品牌延伸态度之间关系的调节作用。

消费者卷入度对消费者期望性与品牌延伸态度之间关系的调节效应的回归模型概况如表 4-48 所示，因变量是品牌延伸态度，回归方法采用强行进入法，共有两组回归方程，一组是低消费者卷入度组，另一组是高消费者卷入度组。

表 4-48　消费者卷入度对期望性与品牌延伸态度调节效应的回归模型概况

卷入度	模型	输入的变量	移去的变量	方法
低消费者卷入度组	1	期望性	-	进入
高消费者卷入度组	1	期望性	-	进入
a. 已输入所有请求的变量				
b. 因变量：延伸品牌态度				

表 4-49 是回归模型的总体情况，高消费者卷入度和低消费者卷入度的两组回归方程具有显著效应，表明消费者卷入度这一变量具有显著调节效应。从数据可以看出，低卷入度组的回归方程解释了因变量的方差变异的 23.4%，高卷入度组的回归方程解释了因变量的 35.9% 方差变异。

表 4-49　消费者卷入度对期望性与品牌延伸态度调节效应的模型汇总结果

卷入度	模型	R	R^2	调整 R^2	标准估计误差	统计值变化				
						R^2 更改	F 更改	自由度 1	自由度 2	F 值显著性变化
A	1	0.465	0.234	0.232	0.9657234	0.234	298.402	1	200	0.000
B	1	0.486	0.259	0.258	0.9453985	0.359	346.465	1	197	0.000

表 4-50 给出了自变量的标准化回归系数值，在低卷入度组中，标准化系数为 0.599；在高卷入度组中值为 -0.702，且都达到显著性水平 $P < 0.001$，说明自变量对因变量有显著的预测作用。

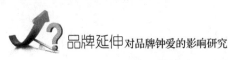

表 4-50　消费者卷入度对期望性与品牌延伸态度调节效应的回归系数表

卷入度	模型		未标准化系数		标准化系数	T	显著性
			B	标准误	Beta		
低	1	常数	0.021	0.039	0.599	0.463	0.627
		期望性	0.556	0.046		15.562	0.000
高	1	常数	−0.029	0.033	−0.702	−0.459	0.652
		期望性	−0.697	0.030		−18.226	0.000

但通过回归分析结果可知，卷入度较高时，消费者卷入度负向调节期望性与品牌延伸态度之间的关系，即卷入度较高时，消费者期望性越低，则对延伸品牌态度越高。卷入度较低时，消费者期望性越高，则对延伸品牌态度越高。所以，H9c 不成立。

六、研究结论

本书通过实证分析发现了如下几点结论。

1. 品牌延伸会降低消费者对母品牌钟爱程度，而且产品种类相似性和品牌形象相似性、消费者期望性越低，消费者对母品牌钟爱稀释效应越大。

相比高产品种类相似性组，当进行低产品种类相似性的手机品牌延伸时，低产品种类相似性组母品牌钟爱稀释效应更明显，即消费者对原品牌钟爱程度降低更大，产生了对原品牌钟爱的稀释效应。也就是说，产品类别相似性越高，消费者越容易将延伸产品与母品牌视为同类，所以对母品牌钟爱的影响并不明显；但产品类别相似越低，消费者越需要精细加工处理信息，或多或少会增加或删减新信息，所以对母品牌钟爱的影响较明显。通过分析，企业进行品牌延伸时要慎重，特别是产品种类相似性较低的品牌延伸要避免发生。

相比高品牌形象相似性组，当进行低品牌形象相似性的手机品牌延伸时，低品牌形象相似性组里的母品牌钟爱稀释效应明显，即消费者对原品牌钟爱程度降低更大。通过分析，企业在品牌形象相似性下进行品牌延伸时要调查研究清楚，避免低品牌形象延伸对母品牌钟爱造成更大的稀释效应。

相比高消费者期望性的情况下，低消费者期望性的手机品牌延伸，低消费者期望性组里母品牌钟爱稀释效应更明显。因此，高期望性下能减少母品牌钟爱稀释。

这说明评价品牌延伸的情感迁移模型与分类理论等也能够用来解释品牌延伸对品牌钟爱的影响。与其他学者研究品牌延伸的结论一致，笔者发现延伸一致性是影响延伸品牌钟爱的重要因素，与高一致性延伸相比，低一致性的品牌延伸对品牌钟爱的影响程度更大。

2. 消费者创新性调节变量检验

研究表明，消费者创新性对产品种类相似性、品牌形象相似性与品牌延伸态度之间的关系起负向调节作用，对创新性水平高的消费者，产品种类相似性、品牌形象相似性越低，则品牌延伸态度越高，对创新性水平低的消费者，产品种类相似性、品牌形象相似性越高，则品牌延伸态度越低。这是因为消费者的创新性水平决定了其对延伸产品的接受程度和反应的敏感性。相对于创新性水平低的消费者来说，创新性水平高的消费者倾向于搜索和获取新产品的新信息和新想法，更容易购买不同于以往的产品和品牌，而不是坚守原有的选择和消费模式，他们是新产品的早期接受者。在购买决策过程中，创新性水平高的消费者考虑的更多的是产品和品牌的新颖、独特，而不是延伸产品与母品牌是否相似（感知契合度）的问题。因此，与创新性水平低的消费者相比，对于创新性水平高的消费者来说，感知契合度对老字号品牌延伸态度的影响程度比较小。本研究支持了 Klink 和 Smith（2001）以及 Eva 和 Jose（2009）的研究结论，他们通过实证研究发现消费者的创新性越高，延伸契合度对其延伸态度的影响越小，创新性高的消费者更倾向购买与目前市场细分不相关的延伸产品，消费者创新性能够调节延伸契合度和消费者延伸态度之间的关系。

消费者创新性能够对期望性与品牌延伸态度之间的关系起显著的正向调节作用。即：对创新性水平高的消费者，期望性对品牌延伸态度的影响程度比较大。创新性高消费者对风险敏感性越小，喜欢接触新事物，当对延伸产品期望较高时，他更倾向于接收延伸产品，对延伸品牌态度也会越好。而创新性较低的消费者，对新事物的好奇心没有那么强烈，期望性对品牌延伸态度的影响程度也较小。所以，创新性越高的消费者相比创新低消费者，期望性越高，则延伸态度也越好。给企业的启示是，高创新性消费者应提高其对延伸产品的期望性，从而提高其品牌延伸态度，提高延伸产品的评价。

消费者创新性水平受到很多因素的影响，如消费者的文化背景、性别、年龄、受教育程度等因素。对于具体的消费者来说，他们对于不同的产品类别的创新性水平也会有差别。一位消费者可能对计算机和消费电子类产品表现出极高的消费者创新性，但对服饰产品却可能创新性很低。对于企业来说，发现创新性水平高的消费者是非常重要的，可以加速新产品的传播，提高新产品的成功概率。消费者创新性是延伸产品打开市场的一个突破口，延伸产品的成功得益于高创新性消费者的存在。创新性高的消费者能够加速企业产品的创新和品牌延伸力度。因此，理解高创新性消费者是制定市场策略的重要环节，品牌延伸之前，首先要研究消费者的创新性，寻找自己品牌和产品的高创新性消费者，寻求高创新性消费者的意见，加强与他们的沟通，让他们成为延伸产品的早期接受者和引导者。

3. 消费者产品涉入度调节变量检验结果

研究证实品牌延伸过程中，消费者卷入度水平对产品种类相似性、品牌形象相似性与延伸态度之间的关系起调节作用。相对于低卷入度水平消费者来说，高卷入度消费者，产品种类相似性对消费者的品牌延伸态度具有更显著的正向影响；相对于低消费者卷入度水平来说，在高消费者卷入度水平下，品牌形象相似性对消费者的品牌延伸态度具有更显著的正向影响。

相对于低消费者卷入度水平来说，在高消费者卷入度水平下，消费者精力比较集中，能够感受到延伸产品与母品牌之间是否相似，产品种类相似性、品牌形象相似性对品牌延伸态度的影响相对就比较大。消费者会将感知相似性高的延伸产品归为该品牌的典型成员，从而接受延伸，相反，感知契合度比较低的延伸产品就会被拒绝。

低消费者卷入度水平下，消费者精力不是那么集中、对品牌不特别关注，不会过多地考虑延伸产品与品牌之间是否相似，而是凭直觉做出判断，感知相似性对品牌延伸态度的影响相对比较小。这一结论也印证了 Innocent 等（2005）的研究成果，他们认为产品介入度是调节延伸契合度与消费者对延伸产品态度的一个变量。

消费者期望性对品牌延伸态度具有正向作用，考虑到消费者需求和市场因素，本研究将从消费者视角引入"期望性"这个变量到模型中。通过实证研究，证实了品牌延伸过程中，期望性因素的影响作用。

涉入度会负向调节期望性与延伸品牌态度之间的关系。相对于低消费者涉入度来说，在高消费者涉入度水平下，消费者期望性越低，则对消费者的品牌延伸态度越高。这主要是由于高涉入者，对产品已经耗费大量认知资源，对延伸产品已经有自己的判断与认知，因此营销人员不必采取过多营销活动提高其期望，以避免过高期望带来对延伸产品失望。所以，对高卷入者，期望性越低，品牌延伸态度反而越高。

总之，对于产品种类和品牌形象相似性比较高的延伸产品来说，消费者卷入度的增加会强化信息的说服效果，因此可以通过营销活动增加消费者的卷入度水平，让消费者关注产品和品牌；对于产品种类和品牌形象相似性比较低的延伸产品来说，消费者卷入度的增加会弱化信息的说服效果，因此，营销活动要降低消费者的卷入度水平，不要让消费者把太多的关注集中于产品和品牌上。

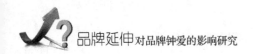

第五章 研究结论与管理借鉴

品牌延伸对品牌钟爱的影响研究是品牌延伸领域的一个重要的且较新的课题。本研究在前人研究成果的基础上，借助 AMOS17.0 和 SPSS 软件，深入研究了品牌延伸对品牌钟爱的影响，与此同时，本研究也得到了一些不同的研究结论。本章第一节归纳本书的研究结论，第二节为管理借鉴，第三节为研究的主要创新点、研究局限与未来研究展望。

第一节 研究结论

目前国内外理论界还没有关于品牌延伸对品牌钟爱的影响这一问题的研究，主要是品牌钟爱是一个较新的构念。本书通过理论规范研究、质化研究与量化验证，对品牌钟爱理论的现状、未来发展方向进行了系统的研究，尝试从消费者的视角出发，力图对品牌延伸和品牌钟爱领域的交叉研究展开可能的推进探索。主要探讨了三个问题：第一，延伸过程中，母品牌钟爱能否转移至延伸产品钟爱；第二，钟爱转移的边界问题，考虑了产品种类相似性、品牌形象相似性、期望性的边界作用；第三，延伸后，对母品牌钟爱造成的影响，分析了延伸一致性对母品牌钟爱的影响，以及产品涉入度和消费者创新性对延伸一致性与品牌延伸态度关系的调节作用。基于以上分析，本研究所有假设的检验情况如表5-1所示。

表5-1　研究假设验证情况汇总

研究假设	假设验证结果
H1：相对于钟爱程度一般品牌，原品牌钟爱程度越高，则同一品牌下的延伸产品钟爱程度也越高。	支持
H2：产品类别相似性对母品牌钟爱与延伸产品钟爱起到调节作用，原产品与延伸产品类别相似性越高，原品牌钟爱对延伸产品钟爱影响越大。	支持
H3：消费者对延伸产品期望值会调节母品牌钟爱与延伸产品钟爱，消费者对延伸品牌期望值越高，则母品牌钟爱对延伸品牌钟爱影响越大。（认知一致性理论解释）	不支持
H4：品牌形象相似性对母品牌钟爱与延伸产品钟爱起到调节作用，原产品与延伸产品的品牌形象相似性越高，原品牌钟爱对延伸产品钟爱影响越大。	支持
H5a：产品类别相似性会降低延伸后消费者对母品牌钟爱，相对于高类别相似性的延伸，低类别相似性的品牌延伸对母品牌钟爱的影响更大。	支持
H5b：品牌形象相似性会降低延伸后消费者对母品牌钟爱，相对于高形象相似性的延伸，低形象相似性的品牌延伸对母品牌钟爱的影响越大。	支持
H5c：延伸期望性会降低延伸后消费者对母品牌钟爱，相对于高期望性的延伸，低期望性的品牌延伸对母品牌钟爱的影响更大。	支持
H6a：产品类别相似性越高，消费者的品牌延伸态度越积极。 H6b：品牌形象相似性越高，消费者的品牌延伸态度越积极。 H6c：消费者期望性越高，消费者的品牌延伸态度越积极。	支持
H7：品牌延伸态度对延伸后的母品牌钟爱产生正向的影响。	支持
H8a：品牌延伸过程中，消费者创新性对产品类别相似性与品牌延伸态度之间的关系起负向调节作用。	支持
H8b：品牌延伸过程中，消费者创新性对品牌形象相似性与品牌延伸态度之间的关系起负向调节作用。	支持
H8c：品牌延伸过程中，消费者创新性对消费者期望性与品牌延伸态度之间的关系起负向调节作用。	不支持
H9a：品牌延伸过程中，消费者涉入度对产品类别相似性与品牌延伸态度之间的关系起正向调节作用。	支持
H9b：品牌延伸过程中，消费者涉入度对品牌形象相似性与品牌延伸态度之间的关系起正向调节作用。	支持
H9c：品牌延伸过程中，消费者涉入度对消费者期望性与品牌延伸态度之间的关系起正向调节作用。	不支持

第二节　管理借鉴

本书从消费者的视角研究品牌延伸对品牌钟爱的影响，发现品牌延伸会不同程度地降低消费者对母品牌钟爱。研究结论可以帮助企业的营销管理人员深入了解消费者对品牌延伸的态度，进而帮助其制定出恰当的营销策略。

本书还详细探讨了不同变量对品牌延伸与品牌钟爱之间关系的影响，有利于营销管理者综合考虑各种因素制定品牌延伸策略，并采取适当措施操控某些因素，促使消费者对延伸后的延伸品牌和母品牌钟爱依然能保持较高的水平，帮助企业提高品牌延伸的成功概率。

1. 企业应根据延伸一致性三维度——产品类别相似性、品牌形象相似性、期望性的不同来制定品牌延伸策略。本研究发现品牌延伸会降低消费者对母品牌钟爱程度，而且延伸一致性是影响消费者对母品牌钟爱程度的关键因素。与低一致性的品牌延伸相比，当消费者面对较高一致性的延伸时，对延伸后母品牌钟爱程度会高一些，对母品牌钟爱稀释效应影响也会小一些。所以，企业实施品牌延伸策略时可以考虑先从延伸一致性较高的产品领域入手，保证延伸产品在种类和形象上与母品牌的相似性，消费者对延伸产品期望性较高，这有利于消费者将对母品牌的钟爱情感迁移到延伸产品上去，从而更容易接受延伸产品，以至于不会影响消费者对母品牌钟爱的程度，依然保持稍高的钟爱水平。

2. 产品涉入度会调节延伸一致性对品牌延伸态度的影响，相比低涉入度的情形，在产品涉入度高的条件下，延伸一致性对品牌延伸态度的影响更大。所以，如果企业准备实施品牌延伸策略，应该通过小规模市场实验先测定消费者对延伸产品的涉入度水平。

（1）如果消费者对延伸产品的涉入度较高，企业应该高度关注母品牌与延伸产品之间的一致性，尽量避免延伸产品与母品牌现有产品在产品类别和形象方面相差太远。因为在这种情况下，如果延伸一致性太低的话，消费者对延伸品牌的钟爱及母品牌钟爱度会急剧下降，新产品将很难被市场接受。

（2）如果消费者对延伸产品的涉入度较低，企业进行品牌延伸时则不必过于关注延伸一致性这一因素。因为在这种情况下，消费者进行信息处理时主要通过边缘路径，不会过多关注母品牌与延伸产品之间的契合度问题。另一方面，对于生产低涉入度产品的企业而言，为了防止潜在竞争者通过品牌延伸策略进入本行业成为新的竞争对手，可以通过营销宣传等手段提高消费者对产品的涉入度水平，以提高潜在竞争者进入市场的风险。

当然，企业也可以采取一些恰当的营销策略来操控消费者对产品的涉入度水平，进而提高品牌延伸的成功概率。当企业进行高一致性的延伸时，可以通过前期的营销宣传活动，提升消费者对延伸产品的涉入度水平，增加消费者对延伸一致性的关注程度，以提升消费者对延伸产品的钟爱度。对于低一致性的品牌延伸而言，企业可以借助营销措施降低消费者对延伸产品的介入度水平，从而规避低一致性对延伸品牌和母品牌钟爱影响的危机。

3. 企业应考虑选择有较高品牌钟爱度的母品牌实施品牌延伸策略。研究发现母品牌钟爱对延伸品牌钟爱有显著的正向影响，所以说延伸产品会从母品牌处受益，企业应该重点提高消费者对母品牌的钟爱程度。根据文中介绍的品牌钟爱理论，笔者认为企业可以从三个方面入手，逐渐培养消费者对品牌的钟爱。如何实现品牌钟爱？

（1）根据目标顾客的自我概念，制定个性化的品牌定位。为了能让品牌特征和品牌的核心价值更清晰地被消费者识别并记住，企业应该在进行详尽市场调研的基础上，了解消费者的生活方式、生活态度以及生活追求，深入挖掘目标顾客的自我概念，针对目标顾客关于"现实自我""理想自我"和"应该自我"的描述，塑造品牌的核心价值观，自发唤起消费者对品牌的钟爱。

（2）重视产品设计的差异化，强化产品功能。为了在众多的品牌中脱颖而出，满足消费者"现实自我"的需要，企业可以考虑改进产品的核心功能，增加顾客感兴趣的附加功能，同时重视产品的外观设计，保障产品的安全性和可靠性，提供消费者需要的功能性资源，使产品能赋予消费者自我效能感。

（3）丰富产品使用体验，帮助顾客"满足自我"。企业进行产品研发时，应以顾客需求为导向，不断为顾客开发新的功能与应用。产品要为消费者提供丰富的使用体验，为消费者提供感官、享乐或审美的乐趣，使消费者在使用产品的过程中能产生极度的愉悦感并达到一种超然的状态，满足目标顾客的自我表达需要。

（4）塑造品牌象征价值来提高消费者对品牌钟爱。本研究发现消费者对品牌的象征价值的认同是其形成品牌钟爱的基础，当企业进行低一致性的品牌延伸时，母品牌的象征价值会变得模糊，消费者可能不再认同该品牌的象征价值，甚至对该品牌失去信任，当然不会再对该品牌产生钟爱。所以，企业可以通过营销手段来提升品牌形象，逐渐提高消费者对品牌的信任，进而培养消费者对品牌的钟爱，这也是品牌延伸能够成功的保证。

（5）整合品牌营销，提升品牌形象。企业要在系统的资源整合的基础上形成品牌合力，除了在产品品质上多下功夫之外，还要通过品牌策划和战略规划来提升品牌形象，提高消费者对品牌的认知度、偏好度，树立良好的品牌形象。品牌传达的信息应充分考虑目标顾客的心理期待，考虑消费者的自我概念，与目标顾客产生心理共鸣。品牌为消费者提供的利益、符号、内涵要与目标顾客的自我概念和内在情感一致，体现消费者的某种心理，满足消费者"丰富自我"的需要。

（6）构建顾客社区，强化情感纽带。品牌社区创建的初始阶段通常是自发的，参与人数不多，但他们构成了喜好该品牌的小群体。企业应注意发现并积极培养品牌社区，根据品牌的内涵和消费者的特点，建立社区的共享价值、仪式、传统以及责任感。为了吸引更多该品牌的爱好者，企业要加强宣传品牌社区的共同价值，使消费者对品牌价值观产生强烈的心理认同。还要注重对焦点消费者的支持和培养，让他们发挥灯塔的指引作用。企业可以考虑创建在线品牌社群，鼓励消费者上传照片和视频，分享使用产品的体验，使与品牌相关的重要事件或故事流传下来，帮助社区成员建立共同的爱好，不断巩固社区成员之间的关系。

4.企业实施品牌延伸策略时，可以考虑选择消费者创新性或消费者涉入度为标准进行市场细分，然后根据延伸一致性的水平来选择恰当的目标市场。

通过研究发现，消费者创新性会调节产品种类相似性、品牌形象相似性、期望性对延伸品牌态度的影响，对于创新性较高的消费者而言，延伸产品种类相似性、品牌形象相似性越低，消费者对品牌延伸态度越高，则对延伸后母品牌钟爱也会越高，则对母品牌钟爱稀释效应较小。对于创新性较低的消费者而言，延伸产品种类相似性、品牌形象相似性越高对品牌延伸态度也越高，则对延伸后母品牌钟爱也会越高，则对母品牌钟爱稀释效应越小。所以，如果企业在实施较低产品种类相似性、品牌形象相似性的延伸时，应该考虑选择具有较高消费者创新性的人群作为目标顾客；而在实施较高相似性的延伸时，具有较低消费者创新性的人群比较容易接受延伸产品。

总之，通过研究品牌延伸对品牌钟爱的影响，可以帮助企业的营销管理者更好地实施品牌延伸策略，有助于企业在进行市场细分时选择更恰当的细分标准，还可以帮助企业根据品牌延伸的特征选择更恰当的目标市场，有助于企业选择更恰当的组合策略开展延伸产品的营销活动，最终帮助企业实现品牌延伸的既定目标。

第三节 研究创新、研究局限与未来的研究方向

一、本书的研究创新

本研究在参考前辈已有研究成果的基础上，可能的学术贡献包括：

1.构建了品牌延伸对品牌钟爱的延伸效应和反馈效应模型。品牌钟爱是

品牌延伸对品牌钟爱的影响研究

近几年品牌研究领域一个新的热点问题，目前国内学术界对品牌钟爱的研究处于探索阶段。截至本书完成，笔者在各大数据库都没有搜索到研究品牌延伸对品牌钟爱影响的文章。填补了该领域的研究空白，从而对丰富和完善品牌延伸和品牌钟爱理论做出了理论贡献。本书一方面参照其他学者的研究方法，将延伸一致性这一变量的内容进行拓展，使其同时包括种类相似性和形象相似性、消费者期望性这三个方面，尤其是引入消费者对延伸产品的期望性因素。期望性对消费者的品牌延伸态度具有显著的正向影响。因此，在品牌延伸的过程中，要充分考虑期望性因素，通过调研，充分满足消费者需求，实现消费者对延伸产品的满意，从而提高品牌延伸态度及对母品牌钟爱。

2. 考察延伸一致性对延伸品牌钟爱及母品牌钟爱的影响。目前国内理论界还没有建立成熟的模型来解释延伸一致性与延伸品牌钟爱、母品牌钟爱之间的关系，本书提出的品牌延伸对品牌钟爱影响的模型填补了理论空白，完善和丰富了品牌钟爱与品牌延伸这两个重要研究领域的理论成果。

3. 本书在参考前辈们所开发量表的基础上，根据中国的文化情境，通过规范开发程序提出了本土化的品牌钟爱测量量表，为以后的品牌钟爱理论研究奠定了基础。本研究在文献研究和理论概括的基础上，通过专家访谈和问卷调查，开发了本土化的品牌钟爱量表，对品牌延伸前后的品牌钟爱进行测量。研究发现，品牌钟爱具有理性认知基础上的信任与满意维度，感性认知基础上的自我链接。

4. 研究发现母品牌钟爱对延伸品牌钟爱具有正向影响作用。现有研究还没有探讨过自变量和因变量之间的关系，而本研究把这两变量同时放入模型考察钟爱能否转移的问题，实证分析发现母品牌钟爱是可以被转移至延伸品牌上的。这一发现完善和丰富了以前的研究成果。

5. 实证研究进一步发现，产品类别相似性、品牌形象相似性、期望性对母品牌钟爱和延伸品牌钟爱之间关系的调节作用。并揭示了产品类别相似性、品牌形象相似性、期望性会降低消费者对母品牌钟爱，还发现创新性和产品涉入度在一些情况下可以影响消费者对延伸后母品牌的钟爱。

6. 在管理实践方面，从品牌钟爱、产品种类相似性、品牌形象相似性、期望性创新性、产品涉入度五个角度提出了品牌延伸风险防范的策略，探讨了将品牌钟爱稀释模型运用于中国品牌保护战略、品牌延伸策略、品牌稀释的防范措施等品牌管理实践中，增强了品牌延伸对品牌钟爱影响的理论研究的实践性，为品牌延伸企业或拟实施品牌延伸策略的企业提供了一些管理借鉴。

7. 考虑到消费者进行品牌延伸评价时的卷入度水平的差异性，将"消费者卷入度"这一变量引入到品牌延伸对品牌形象影响模型中，并且通过实证研究，证实了在品牌延伸过程中，消费者卷入度起到很重要的作用。具体表现在以下几个方面：首先，消费者卷入度水平不同，品牌延伸对老字号品牌形象的影响不同，高消费者卷入度水平下，品牌延伸会对品牌形象产生稀释效应，而低消费者卷入度水平下，感知契合度良好的品牌延伸会对品牌形象产生提升效应；其次，消费者卷入度对感知契合度与品牌延伸态度之间的关系起到调节作用，相对于低消费者卷入度水平来说，在高消费者卷入度水平下，感知契合度对消费者的品牌延伸态度具有更显著的正向影响。

二、本书的研究局限与未来的研究方向

受本人研究能力和研究条件的限制，本研究还存在一些研究局限和未来需要进一步研究的方向，主要表现在以下几个方面：

1. 样本局限性。本研究挑选的主要受测者为大学生，虽然大学生是十分重要的消费人群，研究结论有代表性，不过，样本同质化较明显，如果能够扩大样本范围，收集到具有不同人文特征的样本信息，结论将更有推广价值。其次，虽然大学生使用手机比较频繁，接触的相关讯息也相当多，但由于大

学生经济能力有限，对于有些品牌手机的高档款式并没使用过，同时由于大学生的心理作用，一些国产品牌的手机在大学生中受欢迎程度不高，这对研究结果有一定的影响，也是以后进一步探讨的地方。今后的研究应考虑将参加工作的成人纳入样本范围，以提高实验的外部效用，获得更有一般性的研究结论。

2. 实验对象选择的局限性。选择合适的母品牌与延伸产品是进行品牌延伸研究最重要的基础。本研究选择了耐克和苹果、OPPO 三个品牌作为研究的母品牌，选择了自拍杆、游戏机、面霜三种虚拟延伸产品进行研究，具有一定的局限性。因为，品牌涉及餐饮、医药、化工、服装等各个行业，不同行业的品牌具有不同的特征，品牌延伸过程中，对品牌形象产生的影响也会有差异。同时，在进行实验操作及消费者在判断手机品牌不同自变量条件下，有可能因此而对研究结果产生某些干扰效果，是本研究的局限。本研究的延伸类型仅研究横向延伸，纵向延伸还未考虑，对于其他品牌延伸类型的可能性未加以讨论，例如采用（成分）品牌联合等方式延伸，是本研究的局限。因此，本研究所得结论是否能够适用于其他的品牌尚不可知。有关品牌延伸对品牌钟爱影响的研究，在未来的研究中，可考虑选择多行业、不同层次的品牌进行实验研究，以求得出更具普适性的结论。

3. 实验设计的延伸产品主要通过文字描述的形式展现，这与现实的市场环境存在差异，可能影响到实验结论的外部有效性。今后可以考虑采用图形、视频等更加形象化和更加真实的品牌延伸描述形式，通过模拟实验进一步验证所得结论的有效性。如果能对某些实施延伸策略的品牌进行追踪研究，所得结论将更有实践意义。

4. 文章站在消费者的视角，分析延伸一致性对延伸品牌钟爱及母品牌钟爱的影响，考虑了母品牌钟爱对延伸品牌钟爱的影响，还讨论了产品介入度、消费者创新性和消费者产品知识的调节作用，但是限于篇幅，论文研究模型忽略了部分变量，譬如品牌忠诚、感知风险、企业的营销努力等，建议在未来的研究中引入其他变量，如排他性、所有权等，不断发展和发掘相关理论的作用机制，以指导和启发企业实施更有价值的营销策略。

都可能对品牌延伸与品牌钟爱之间的关系起到中介或调节作用，这是在今后的研究中需要考虑的因素。

5. 实验以中国的消费者为样本搜集数据，然而不同国家的消费者形成品牌钟爱的影响因素不同，对品牌延伸的态度可能会有差异，同一品牌在不同国家的市场采取延伸策略时，可能会有不同的延伸效果。今后的研究需要考虑在不同类型的市场上品牌延伸对品牌钟爱的影响是否会有差异。

6. 本研究对品牌钟爱的界定与形成机理研究分析不足。由于作者的研究能力，对于品牌钟爱的理论分析显得不足。同时，由于文中对品牌钟爱的实验为虚拟延伸品牌的假设情形，当面对真实状况时，受测者的态度是否与假设情况下的反应一致，理论分析不足和实验假设都会限制本研究结果的真实性。

7. 研究程序的问题

在品牌延伸对品牌钟爱影响的研究中，为了比较品牌延伸前后的母品牌钟爱，需要分别测量品牌延伸前的品牌钟爱和品牌延伸后的母品牌钟爱。有学者建议两次品牌钟爱测量之间间隔一段时间，但是，为了消除时间因素、市场因素等方面的影响，在本研究中，未将两次测量间隔开，而是在同一份问卷中完成。因此，问卷的问题比较多，而且调查对象需要前后两次对母品牌钟爱进行评价，被试重复回答同样的问题难免会产生厌烦心理，从而影响填答结果，影响数据的质量。具体哪一种方法更适合品牌延伸对品牌钟爱影响的研究，尚需通过实证研究进行进一步的考察、验证。

8. 测量量表的适用性问题。本研究中消费者创新性是重要的调节变量，对感知契合度与品牌延伸态度之间的关系起到负向的调节作用。一般来说，高创新性消费者是产品的最初接受者，因此发现创新性水平高的消费者是非常重要的。对于具体的消费者，他们面对不同的类别的产品时所表现出的创新性水平是不同的，对于不同产品类别的品牌来说，什么类型的消费者会表现出高创新性？本研究采用了现有的消费者创新性测量量表，因此具有一定的局限性。对于不同产品类别的品牌，需要针对具体的品牌进行相应的实证研究，探寻高创新性消费者的特征，为品牌的成功延伸提供保障。

9.数据获得方式的问题。实证研究中，数据获得方式决定了研究的有效性。本研究中，为了操控母品牌钟爱程度，选择了现实的品牌，但现实的母品牌在消费者头脑中造成先入为主的印象，其他延伸产品采用的都是虚拟延伸产品。采用情景模拟法，描述了几种虚拟的品牌延伸策略，测试消费者的品牌延伸态度以及对延伸后品牌钟爱的评价。因此，研究数据是在被试接受一些与原品牌不一致的信息的条件下获得的，在自然的条件下的真实反应如何，仍有待于进一步的检验。

参考文献

［1］Albert, N., Memnka, D., Pierre, V. F.When consunlers love their brands: Exploring the oncept and its dimensions ［J］.Journal of Business Research, 2008, 61（10）: 1062-1075.

［2］Aron, A., Paris, M., Aron, E.N.Falling in Love: Prospective Studies of Self-ConceptChange ［J］.Journal of Personality and Social Psychology, 1995: 69（6）, 1102-1112.

［3］Aggarwal, Pankaj. The Effects of Brand Relationship Norms on Consumer Attitudes and Behavior ［J］.Journal of Consumer Research, 2011, 31（1）: 87-101.

［4］Ahuvia, A.C. Beyond the Extended Self: Loved Objects and Consumers' Identity Narratives ［J］. Journal of Consumer Research, 2005, 22（1）: 171-184.

［5］Albert, Noel, Dwight Merunka, and Pierre Valette-Florence. When Consumers Love Their Brands: Exploring the Concept and its Dimensions［J］. Journal of Business Research, 2008, 61（10）: 1062-1075.

［6］Aron, Elaine, N., and Arthur Aron.Love and Expansion of the Self: The

State of the Model［J］.Personal Relationships，1996，3（1）：45-58.

［7］Aron，Elaine，N.and Lori Westbay. Dimensions of the Prototype of Love ［J］. Journal of Personality and Social Psychology.1996，70（3）：535-551.

［8］Aarkar. Romancing with a brand：a conceptual analysis of romantic consumer-brand relationship［J］.Management&Marketing，2011.

［9］Albert，N.，Merunka，D.，Valette-Florence，P.，When consumers love their brands：Exploring the concept and its dimensions［J］.Journal of Business research，2008，61（10）：1062-1075.

［10］Ahuvia，A.C.Beyond the Extended Self：Loved Objects and Consumers' Identity Narratives.Journal of Consumer Research，2005，32（1）：171-184.

［11］Aaker，D.A. Managing Brand Equity：Capitalizing on the value of a Brand Namer［M］.The Free Press，New York，NY，1991.

［12］Aaker David，A. and Kevin Lane Keller. Consumer Evaluation of Brand Extension［J］.Journal of Marketing，1990，54：27-41.

［13］Ahluwalia，R.，Gurhan-Canli，Z. The Effects of Extensions on the Family Brand Name：An Accessibility-Diagnosticity Perspective［J］.Journal of Consumer Research，2000，27（3）：371-381.

［14］Alex Hoen. The Variations on Identifying Clusters. Paper presented at the OECD-workshop on Cluster Analysis and Cluster-based Policy［N］，Amsterdam，1997（10）.

［15］Shocker，Allan，D. Positive and Negative Effects of Brands Extension and Co-branding. Advance in Consumer Research［J］.1995，22：432-434.

［16］Asher Hobson. Fundamentals of Cooperative Marketing［J］.Journal of Farm Economies，1921.

［17］Abhigyan Sarkar，Abhilash Ponnam，Kinnera Murthy.Understanding and measuring romantic brand love［J］. Journal of consumer research，2012，11（4）：325-348.

［18］Aaonc，Ahuvia. Beyond the Extended Self： Loved Objects and Consumers' Identity Narratives［J］. Journal of consumer research，2005，6（32）.

［19］Andrea Hemetsberger，Kittinger-Rasanelli，Christine,M.T.,and Friedmann sandra. "Bye Bye Love" -Why Devoted Consumers Break Up With Their Brands［J］.Advances in Consumer Research，2009，36：430-437.

［20］Babin，Barry J.，Darden，William R. and Mitch Griffin.Work and/or Fun： Measuring Hedonic and Utilitarian Shopping Value［J］. Journal of Consumer Research，1994，20（4）：644-656.

［21］Bauer，Hans，Daniel Heinrich，and Carmen-Maria Albrecht. All You Need Is Love： Assessing Consumers' Brand Love［J］. American Marketing Association，2009（1）：22-53.

［22］Belk，Russell W. Possessions and the Extended Self［J］. Journal of Consumer Research，1988，15（2）：139-168.

［23］Belk，Russell W.Guliz Ger，and Sëren Askegaard.The Fire of Desire： A Multisited Inquiry into Consumer Passion ［J］. Journal of Consumer Research，2003，30（3）：326-351.

［24］Carroll，Barbara A.，Ahuvia，Aaron C. Some antecedents and outcomes of brand love［J］.Springer Science Business Media，2006，11.

［25］Carroll，B.A，Ahuvia A.C. Some antecedents and outcomes of brand love［J］. Marketing Letters，2006，17（1）：79-89.

［26］Lafferty，Barbara A.，Goldsmith，Ronald E.，Hult，G.T.M.，The Impact of the Alliance on the Partners： A Look at Cause-Brand Alliances［J］. Psychology & Marketing，2004，21（7）：509-531.

［27］William, Barber, G. "How to do a trademark dilution survey, " The Trademark Reporter, 1999, 89: 616-633.

［28］Blackett, T Boad, B. Co-Branding: The Science of Alliance ［M］. Palgrave Macmillan, 1999.

［29］Broniarczyk, Susan M., and Alba, Joseph W. The Importance of the Brand Extension ［J］. Journal of Marketing Research, 1994（31）: 214-228.

［30］Bshar S. Gammoh, Kevin E. Voss, Goutam Chakraborty. Consumer Evaluation of Brand Alliance Signals ［J］. Psychology & Marketing, 2006, 23（6）: 465-486.

［31］Buchanan, L., Simmons, C, J., Bickart, B.A., Brand equity dilution: Retailer display and context brand effects ［J］. Journal of Marketing Research（USA）, 1999, 36（3）.

［32］Chang, C.C. Self-congruency as a cue in different advertising-processing contexts. Communication Research, 2002, 29（5）, 503-536.

［33］Chen, Cheng-Hsui and Shaw K. Chen. Brand Dilution Effect of Extension Failure-A Taiwan Study ［J］. The Journal of Product and Brand Management, 2000, 9（4）: 243-254.

［34］Chris Pullig, Carolyn J. Simmons, Richard G. Netemeyer. Brand Dilution: When Do New Brands Hurt Existing Brands？ ［J］. Journal of Marketing, 2006, 70（2）.

［35］Frank R.Kardes. Consumer Behavior and Managerial Making ［M］. Addison-wesley education publishers, inc, 1999.

［36］Carroll, Barbara. A., and Aaron C. Ahuvia .Some Antecedents and Outcomes of Brand Love ［J］.Marketing Letters, 2006, 17（2）: 79-90.

［37］Doug Grisaffe, Hieu Nguyen. Falling in Love with Brands: An Inductive

Qualitative Exploration of Pathways to Emotional Attachment ［J］.Advances in Consumer Research, 2011, 6（36）.

［38］Dodds, William B., Kent B. Monroe and Dhruv Grewal, Effects of Price , Brand, and Store Information on Buyers ' Product Evaluation ［J］.Journal of Marketing Research, 1991, 28: 307-319.

［39］Elaine Wallace, Isabel Buil , Leslie de Chernatony . Consumer engagement with self-expressive brands: Brand love and WOM outcomes ［J］. Journal of Product and Brand Management, 2011, 1（23） : 33 - 42.

［40］Elaine Wallace, Isabel Buil. A typology of facebook fans from "fan" -atics and self-expressives to utilitarians and authentics ［J］.Journal of advertising research , 2014, 3.

［41］Elaine Wallace, Isabel Buil , Leslie de Chernatony.Consumer engagement with self-expressive brands: brand love and WOM outcomes ［J］.Journal of Product And Brand Management, 2014, 11（23）: 33 - 42.

［42］Escalas, Jennifer Edson and James R. Bettman. You Are What They Eat: The Influence of Reference Groups on Consumer Connections to Brands ［J］. Journal of Consumer Psychology, 2003, 13 （3）: 339-348.

［43］Escalas, Jennifer Edson and James R. Bettman. Self-Construal, Reference Groups, and Brand Meaning ［J］. Journal of Consumer Research, 2005, 32 （3）: 378-389.

［44］Ed Lebar, Phil Buehler, Kevin Lane Keller, Monika Sawicka, Zeynep Aksehirli, Keith Richey. Brand Equity Implications of Joint Branding Programs ［J］. Journal of Advertising Research, Dec, 2005.

［45］Farquhar, P. H. Managing Brand Equity ［J］. Marketing Research, 1989, 30.

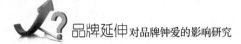

［46］ Federal Trademark Dilution Act（1995），15 U.S.C. 1125（c）（1），
§43（c）（1）.

［47］Fishbein, M., Ajzen, I. Belief, Attitude, Intention and Behavior: An
Introduction to Theory and Research［M］. Mass: Addison Wesley,
1978: 1-56.

［48］Fishbein Martin, Ajzen Icek. Belief, attitude, intention, and behavior:
an introduction to theory and research［M］. Addison Wesley, Reading（MA）,
1975.

［49］Fehr, Beverley.Prototype Analysis of the Concepts of Love and Commitment［J］.
Journal of Personality and Social Psychology. 1988, 55（4）: 557-579.

［50］Fehr, Beverley. A Prototype Approach to Studying Love［M］//. R.J.
Sternberg and K. Weis. The New Psychology of Love. New Haven, CT:
Yale University Press, 2006: 225-246.

［51］Fehr, Beverley and James A, Russell .The Concept of Love Viewed from a
Prototype Perspective［J］.Journal of Personality and Social Psychology,
1991, 60（3）: 425-438.

［52］Fournier, Susan.Consumers and Their Brands: Developing Relationship
Theory in Consumer Research［J］. Journal of Consumer Research, 1998,
24（4）: 343-373.

［53］Geraldine R. Henderson, Dawn Iacobucci, Bobby J. Calder. Brand
diagnostics: Mapping branding effects using consumer associative networks
［J］.European Journal of Operational Research, 1998, 111（2）: 306-
327.

［54］Grewal, Dhruv, R. Krishnan, Julie Baker and Norm Borin. The Effect of
Store Name, Brand Name and Price Discounts on Consumers' Evaluations

and Purchase Intentions〔J〕. Journal of Retail, 1998, 74（3）: 331-352.

〔55〕 Grossman, R. P. Co-branding in Advertising: Developing Effective Associations〔J〕. Journal of Product and Brand Management, 1997, 6（3）: 191-201.

〔56〕 Gurhan-Canli, Z., Maheswaran, D. The effects of extensions on brand name dilution and enhancement〔J〕. Journal of Marketing Research, 1998, 35（4）: 464-473.

〔57〕 Hillyer, C., Tikoo, S. Effect of Co-branding on Consumer Product Evaluations〔J〕. Advances in Consumer Research, 1995, 22.

〔58〕 Jacob Jacoby. Trademark Dilution: Empirical Measures for an Elusive Concept〔J〕. Journal of Public Policy & Marketing, 2000, 19: 265-276.

〔59〕 Jacoby, Jacoby. The Psychological Foundations of Trademark Law: Secondary Meaning, Genericism, Fame, Confusion, & Dilution〔J〕.The Trademark Reporter, 2001, 91（5）: 1013-1071.

〔60〕 John, Deborah Roedder, Barbara Loken, and Christopher Joiner.The Negative Impact of Extensions: Can Flagship Products Be Dilution？〔J〕. Journal of Marketing, 1998, 62: 19-32.

〔61〕 Judith H. Washburn, Brian D. Till, Randi Priluck.Co-branding: brand equity and trial effects〔J〕. The Journal of Consumer of Marketing, 2000,17（7）: 591.

〔62〕 Judy Motion, Shirley Leitch, Roderick J. Brodie. Equity in corporate co-branding: The case of adidas and the All Blacks〔J〕. European Journal of Marketing, 2003, 37（7/8）: 1080-1094.

〔63〕 Keller, K.L., and Aaker, D.A. The Effects of Sequential Introduction of

Brand Extensions [J]. Journal of Marketing Research, 1992, 2 (29).

[64] Keller Kevin Lane, Sanjay Sood. Brand Equity Dilution [J]. MIT Sloan Management Review, 2003 Fall: 12-15.

[65] Keller, K. L. Conceptualizing, Measuring, and Managing Customer-Based Brand Equity. Journal of Marketing, 1993, 57 (1).

[66] Keller, K.L. Memory and evaluation effects in competitive advertising environments [J]. Journal of Consumer Research, 1991, 16: 436-476.

[67] Keller, K.L. Conceptualizing, Measuring, and Managing Customer-based Brand Equity [J]. Journal of Marketing, 57 (1): 1-22.

[68] Keller, K.L. Strategic Brand Management: Building, Measuring, and Managing Brand Equity [M]. Upper Saddle River, NJ: Prentice Hall, 1998.

[69] Keller, K.L. Building Customer Based Brand Equity [J].Marketing Management, 2001, 10.

[70] Keller, K.L., Sood, S. The Effects of Product Experience and Branding Strategies on Brand Evaluations [N]. Tuck School of Business working paper, 2003.

[71] Kerlinger, F.N. Foundations of Behavioral Research. N.Y.: McGraw-Hill Company, 1986.

[72] Kevin E.Voss, Bashar S. Gammoh. Building Brands through Brand Alliances: Does a Second Ally Help? [J]. Marketing Letters, 2004, 15.

[73] Kolter, Philip. Marketing Management: Analysis, Planning, Implementation, and Control, 9th ed [M]. New Jersey: Prentice-Hall, 1997.

［74］Kevin Land Keller.Conceptualizing, Measuring, andManagingCustomer-BasedBrandEquity［J］.Journal of Marketing, 2012, 1（57）: 1–22.

［75］Susan S. Kleine, Robert E. Kleine III, and Chris T. Allen.How Is a Possession Me or Not Me ? Characterizing Typesand an Antecedent of Material Possession Attachment［J］.Journal of Consumer Research, 1995, 22（3）: 327–343.

［76］Kleine, Susan Shultz, Robert E. Kleine III, and Chris T. Allen. How Is a Possession 'Me' or 'Not Me' ? Characterizing Types and an Antecedents of Material Possession Attachment［J］.Journal of Consumer Research, 1995, 22（3）, 327–343.

［77］Lance Leuthesser, Chiranieev Kohli, Rajneesh Suri. 2+2=5 ? A Framework for Using Co-branding to Leverage a Brand［J］. Journal of Brand Management, 2000, 11.

［78］Levin, I. P., Levin, A. M. Modeling the Role of Brand Alliances in the Assimilation of Product Evaluations［J］. Journal of Consumer Psychology, 2000, 9.

［79］Loken, B., John, D.R. Diluting brand beliefs: when do brand extensions have a negative impact ? ［J］. Journal of Marketing, 1993, 57: 71–84.

［80］Maloney, J.C. Marketing Decisions and Attitude Research［J］// George, L.B., Jr. Effective Marketing Coordination. Chicag: American Marketing Association, 1961: 595–618.

［81］McCarthy, J. Thomas. Dilution of a Trademark: European & United States Law Compared［J］.The Trademark Reporter, 2004, 94（6）: 1163–1181.

［82］Melvin Prince, Mark Davies. Co-branding Partners: What do they see in each other？ ［J］. Business Horizons, 2002: 51-55.

［83］Milberg, S. J., Park, C.W., McCarthy, M. Managing Negative Feedback Effects Associated With Brand Extensions: The Impactof Alternative Branding Strategies ［J］. Journal of Consumer Psychology, 1997（2）: 119-140.

［84］Morrin, Maureen. The Impact of Brand Extensions on Parent Brand Memory Structures & Retrieval Processes ［J］. Journal of Marketing Research, 1999, 36: 517-525.

［85］Morrin, Maureen. The Effects of Brand Name Dilution on Memory Retrieval and the Formation of Consideration Sets ［C］.AMA Summer Marketing Educators' Conference, 1994.

［86］Morrin, Maureen, and Jacob Jacoby. Trademark Dilution: Empirical Measures for an Elusive concept ［J］. Journal of Public Policy and Marketing, 2000, 19（2）: 265-276.

［87］Murphy, G.L.B., Murphy, T. M., Newcomb. Experimental Social Psychology: An Interpretation of Research upon the Socialization of the Individual ［J］. New York: Harper and Brothers, 1937: 889.

［88］James H. Myers, and Allan D. Shocker. The Nature of Product-related Attributes, Research in Marketing, Greenwich ［J］.CT: JAI Press, 1985, 5: 211-236.

［89］Natalia Dorozala, Antonia Kohlbrenner. Co-Branding as a Tool for Strategic Brand Activation: How to Find the Ideal Partner - An Explanatory CaseStudy in the Fashion and Design Sector. VDM Verlag, 2008.

［90］Norris, Donald G. Ingredient Branding: A Strategy Option with Multiple Beneficiaries ［J］. Journal of Consumer Marketing, 1992, 9（3）: 19-

31.

[91] Noel Albert, Dwight Merunka.The role of brand love in consumer-brand relationships [J] .Journal of Consumer Marketing, 2013, 1（3） ： 258 – 266.

[92] Nabert, Valetterence. Measuring he love feeling for a brand using interpersonal love items [J] . Journal of Marketing , 2010.

[93] Noel Albert，Pierre Valette-Florence.The Feeling of Love Toward a Brand：Concept and Measurement [J] .Advances in Consumer Research , 2009, 36.

[94] Noel Albert. Measuring the Love Feeling for a Brand using Interpersonal Love Items [J] . Journal of Marketing Development and Competitiveness , 2010, 5（1） .

[95] Noöl Albert, Dwight R. Merunka, Pierre Valette-Florence. Conceptualizing and Measuring Consumers' Love towards their Brands [J] . Springer Science Business Media, 2009, 7（16） .

[96] Park, C. W., Jun, S. Y. and Shocker, A. D. Composite branding alliance：An investigation of extension and feedback effects [J] .Journal of Marketing Research, 1996, 33： 453-466.

[97] Park, C. W., Jun, S. Y., Shocker, A. D. Composite Branding Alliances：An Investigation of Extension and Feedback effects. Journal of Marketing Research, 1996, 33.

[98] Park, C.W., Joworski, B. J., and MachInnis, D.J. Strategic Brand Concept-Image Management [J] . Journal of Marketing, 1986, 50（4）： 135-145.

[99] Park, C.W., Milberg Sandra, Lawson Robert. Evaluation of Brand

Extensions: The Role of Product Feature Similarity and Brand Concept Consistency [J]. Journal of Consumer Research, 1991, 18.

[100] Robert A. Peterson, Karen H. Smith, & Philip C. Zerrillo. Trademark Dilution & the Practice of Marketing [J]. Journal of the Academy of Marketing Science, 1999, 27 (2), 255-268.

[101] Petty, R. E., Cacioppo, J. T., & Schumann, D. Central and Peripheral routes to advertising effectiveness: The moderating role of involvement [J]. Journal of Consumer Research, 1983, 10: 134-148.

[102] Petty, R.E., & Cacioppo, J.T. & Goldman. Personal Involvement as a Determinant of Argument-based Persuasion [J]. Journal of Personality and Social Psychology, 1981, 41: 847-855.

[103] Petty, R.E., &Cacioppo, J.T. Communication and Persuasion: Central and Peripheral Routes to Attitude Change. New York: Springer Verlag, 1986.

[104] Petty, R.E., &Cacioppo, J.T. The Elaboration Likelihood Model of Persuation. In L. Berkowitz (Ed.), Advances in experiment social psychology, San Diego, CA: Academic Press, 1986, 19: 123-205.

[105] Piyush Kumar. The Impact of Cobranding on Customer Evaluation of Brand Counterextensions [J]. Journal of Marketing, 2005, 69: 1-18.

[106] Pullig, C., & Simmons, C. J., & Netemeyer, R. G. Brand Dilution: When Do New Brands Hurt Existing Brands? [J]. Journal of Marketing, 2006, 70 (2): 52-66.

[107] Ranagaswamy, A., Burke, R., and Oliva, T. A. Brand Equity and Extendibility of Brand Names [J]. International Journal of Research in Marketing, 1993, 10 (1): 61-75.

［108］Akshay R. Rao, and Robert W. Ruekert. Brand Alliances as Signals of Product Quality［J］. Sloan Management Review, 1994, 36: 87-97.

［109］Rao, Qu, Ruekert. Signaling Unobservable Product Quality through a Brand ALLY［J］. Journal of Marketing, 1999, 36: 258-268.

［110］Richardson, Paul S., Alan A. Dick, and Arun K. Jain. Extrinsic and Extrinsic Cue Effect on Perceptions of Store Brand Quality［J］. Journal of Marketing Research, 1994, 58（4）: 28-36.

［111］Roedder John, Loken, D.B.Joiner C. The Negative Impact of Extensions: Can Flagship Products Be Diluted［J］. Journal of Marketing, 1998（62）: 19-32.

［112］Romeo, J.B.The Effect of Negative Information on the Evaluations of Brand Extensions and the Family Brand［J］. Advances in Consumer Research, 1991, 18: 399-406.

［113］Romer, P. Growth Based on Increasing Returns and Long-run Growth［J］. Journal of Political Economy, 1986.

［114］John R. Rossiter, and Larry Percy. Advertising and Promotion Management. New York: McGraw-Hill, 1987.

［115］Russell Abratt, Patience Motlana. Managing co-branding strategies: Global brands into local markets［J］. Business Horizons, 2002: 43-50.

［116］Sengupta, Sanjit, Bucklin, Louis, P. To Allay or Not to Ally？［J］. Marketing Management, 1995, 4.

［117］Shocker, D. A., Rajendra, K. S., Robert, W. R.Challenges and Opportunities Facing Brand Management: An Introduction to the Special Issue［J］. Journal of Marketing Research, 1994, 31.

［118］Shocker.A.D., Sricastava, R.K. & Ruekert, R. Challenges and opportunities facing brand management: An introduction to the special issue [J] .Journal of Marketing Research, 1994 (31) : 149-158.

[119] Simonin, B. L., Ruth, J. A. Is a Company Known by the Company It Keeps ? [J] .Assessing the Spillover Effects of Brand Alliances on Consumer Brand Attitudes. Journal of Marketing Research, 1998, 35.

[120] Simonson, Alexander. How and When Do Trademarks Dilute ? A Behavioral Framework to Judge 'Likelihood' of Dilution [J] . The Trademark Reporter, 1993, 83 (2) : 149-74.

[121] Sinead Cooke, Paul Ryan. Brand Alliance from Reputation Endorsement to Collaboration on Core Competencies. Irish Marketing Review, 2000, 13(2): 30-36.

[122] Sridhar Samu, H Shankr Krishnan, Robert E Smith. Using Advertising Alliances for New Product Introduction: Interactions between Product Complementarily and Promotional Strategies [J] . Journal of Marketing, 1999, 63.

[123] Sullivan, M. W.Measuring Image Spillovers in Umbrella-Branded Products [J] . Journal of Business, 1990 (63) : 309-329.

[124] Swaminathan, V., Fox, R.J. and Reddy, S.K. The Impact of Brand Extension Introduction on Choice [J] .Journal of Marketing, 2011 (65) : 1-15.

[125] Swee, H. A., Peng, S.C., Elison, A.C. Lim and Siok K.T. Spot the Difference: Consumer Response towards Counterfeits [J] .Journal of Consumer Marketing, 2001, 18 (3) .

[126] Sandra Maria Correia Loureiro, Hans Ruediger Kaufmann. Explaining Love of Wine Brands [J] .Journal of Promotion Management, 2012, 18: 329-

343.

[127] Terrence A. Shimp, and Thomas J. Madden.Consumer-Object Relations: A Conceptual Framework Based Analogously on Sternberg's Triangular Theory of Love [J]. In Michael J. Houston, ed. Advances in Consumer Research. Provo, UT: Association for Consumer Research, 1988: 163-168.

[128] Robert J. Sternberg. A Triangular Theory of Love [J].Psychological Review, 1986, 93 (2): 119-135.

[129] Robert J. Sternberg. Construct Validation of a Triangular Love Scale [J]. European Journal of Social Psychology, 1997, 27 (3): 313-335.

[130] Thompson, Craig J., Aric Rindfleisch, and Zeynep Arsel.Emotional Branding and the Strategic Value of the Doppelga nger Brand Image [J]. Journal of Marketing, 2006, 70 (1): 50-64.

[131] Matthew Thomson, Deborah J. MacInnis, and Whan Park C. The Ties That Bind: Measuring the Strength of Consumer's Emotional Attachments to Brands [J]. Journal of Consumer Psychology, 2005, 15 (1): 77-91.

[134] Unde, M. Brand Orientation: A Strategy for Survival [J]. Journal of Consumer Marketing, 1994, 11 (3): 19-32.

[135] Volker & David Kipnis. Interfirm Use of Power [J].Journal of Applied Psychology, 1982, 63: 315-320.

[136] Wanmo Koo, Youn-Kyung Kim.Impacts of Store Environmental Cues on Store Love and Loyalty: Single-Brand Apparel Retailers [J].Journal of International Consumer Marketing, 2013, 6 (25): 94-106.

[137] Whang, Yn-Oh, Allen, J., Sahoury, N., & Zhang, H.Falling in love with a product: the structure of a romantic consumer-product relationship[J]

// Kahn, B.E. and Luce, M.F. Advances in Consumer Research.Provo, UT: Association for Consumer Research, 2004, 1（31）: 320-327.

[138] Washburn, Judith H., Till, B.D., Priluck, R. Co — branding: Brand Equity and Trial Effects [J]. The Journal of Consumer Marketing, 2000, 17.

[139] Wendy, W. Attitude Change: Persuasion and Social Influence. Annul Review of Psychology, 2000, 15: 539.

[140] Wernerfelt, Birger. Umbrella Branding as a Signal of New Product Quality: An Example of Signaling by Posting a Bond. Rand Journal of Economics, 1988, 19.

[141] Wilkie, William. Consumer Behavior [M].New York: John Wilery and Sons, 1986.

[142] Wright S. The method of path coefficients [J].Ann Math. Statist, 1934, 5: 161- 215.

[143] Zaichkowsky, J. L. Measuring the Involvement Construct [J]. Journal of Consumer Research, 1985, 12, 341-352.

[144] Zaichkowsky, J.L. Conceptualizing Involvement [J].Journal of Advertising, 1986, 15（2）: 4-14.

[145] Zaichkowsky, J.L. The Personal Involvement Inventory: Reduction, Revision, and Application to Advertising [J].Journal of Advertising, 1994, 13（4）: 59-70.

[146] Zeithaml, Valarie A. and Amna Kirmani. Advertising, Perceived Quality, and Brand Image [J].Lawrence Erlbaum Associates, 1993: 143-161.

[147] Zeithaml, Valarie A. Consumer Perceptions of Price, Quality and Value: A Means-End Model and Synthesis of Evidence [J]. Journal of

Marketing，1988，50（7）：2-22.

中文著作类：

［1］杨德锋，李清，赵平.品牌特性对品牌钟爱的影响：品牌借用倾向和物质主义价值观的调节作用［J］.北京工商大学学报：社会科学版，2012（9）.

［2］朱鸿，张新艳.品牌钟爱的前因变量与后果变量研究［J］.税务与经济，2012（6）.

［3］杨德锋，杨建华，卫海英.品牌体验、自我展示与品牌钟爱：通过非凡体验创建品牌钟爱［J］.商业经济与管理，2010，10（10）.

［4］杨德锋，江霞，赵平.奖励能改变分享者原有的品牌钟爱吗？——奖励在体验分享中的影响研究［J］.南开管理评论，2014，17（3）：4-18.

［5］杨德锋，李清，赵平.分享中社会联结、假想观众对品牌至爱的影响——他人回应分歧性的调节作用［J］.心理学报，2014，46.

［6］葛晶.品牌体验、品牌钟爱与品牌忠诚的关系研究［D］.吉林大学硕士学位论文，2011，4.

［7］郗晓利.基于品牌体验的品牌钟爱与品牌忠诚研究［D］.山西财经大学硕士学位论文，2013.

［8］庞隽，郭贤达，彭泗清.广告策略对消费者—品牌关系的影响：一项基于消费者品牌喜爱度的研究［N］.营销科学学报，2007，3（3）：59-73.

［9］庞隽，郭贤达，彭泗清.品牌爱情的影响因素及其对消费者行为的影响.天津：2009JMS 中国营销科学学术年会暨博士生论坛［C］，2009：1493-1513.

［10］张立荣，管益杰，王咏.品牌至爱的概念及其发展［J］.心理科学进展，

2007, 15（5）: 846-851.

[11] 金明.品牌钟爱结构维度、影响因素及其对品牌忠诚的作用机制研究——以运动鞋品牌为例［D］.博士学位论文，浙江大学，2011.

[12] 艾丽丝·M.泰伯特，蒂姆·卡尔金斯.凯洛格品牌论［M］.人民邮电出版社，2006.

[13] Frank R. Kardes.消费者行为与管理决策.马龙，译.清华大学出版社，2003.

[14] 亨利·阿塞尔.消费者行为和营销策略.韩德昌，等译.机械工业出版社，2000.

[15] 酒井隆.图解市场调查指南［M］.郑文艺，陈菲，译.中山大学出版社，2008.

[16] 凯文·莱恩·凯勒（Kevin Lane Keller），卢泰宏，吴水龙.战略品牌管理（第3版）.中国人民大学出版社，2009.

[17] 纳雷希·K.马尔霍特拉.市场营销研究应用导向［M］.涂平，译.电子工业出版社，2009.

[18] 让·诺尔·卡菲勒，曾华，王建平.战略性品牌管理［M］.商务印书馆，2000.

[19] 汤姆·布莱科特，鲍勃·博德.品牌联合［M］.中国铁道出版社，2006.

[20] 约翰·马里奥蒂.品牌和品牌打造［M］.时健，李克良，译.上海远东出版社，2002.

[21] 阿巴斯·塔沙克里（Abbas Tashakkori），查尔斯·特德莱（Charles Teddlie）.混合方法论：定性方法和定量方法的结合［M］.张小劲，唐海华，译.重庆大学出版社：第1版，2010.

[22] 本杰明·古莫斯，卡瑟尔斯.竞争的革命——企业战略联盟［M］.中

山大学出版社，2000.

［23］陈放.品牌学——中国品牌实战管理原理［M］.时事出版社，2002.

［24］戴维·阿克（David A. Aaker）.管理品牌资产［M］.机械工业出版社，2006.

［25］戴维·阿克.创建原品牌态度较好的品牌［M］.吕一林，译.中国劳动社会保障出版社，2004.

［26］戴维·威勒（David Will）.实验设计原理：社会科学理论验证的一种路径［M］.杜伟宇，孟琦，译.重庆大学出版社：第1版，2010.

［27］菲利普·科特勒（Philip kotler），凯文·莱恩·凯勒（Kevin lane keller），卢泰宏，高辉.营销管理（第13版）（中国版）［M］.中国人民大学出版社，2009.

［28］菲利普·科特勒，凯文·莱恩·凯勒.营销管理（第12版）［M］.上海人民出版社，2006.

［29］风笑天.社会学研究方法（第2版）［M］.中国人民大学出版社，2009.

［30］符国群.消费者行为学（第2版）［M］.武汉大学出版社，2004.

［31］郭国庆.营销理论发展史［M］.中国人民大学出版社，2009.

［32］侯杰泰，温忠麟，成子娟.结构方程模型及其应用［M］.教育科学出版社，2004.

［33］林建煌.消费者行为［M］.北京大学出版社，2004.

［34］李怀祖.管理学研究方法论［M］.西安交通大学出版社，2005.

［35］利昂·G.希夫曼，莱斯利·L·卡纽克.消费者行为学（第8版）.中国人民大学出版社，2007.

［36］罗伯特·F.德维利斯（DeVellis.R.F），李红，魏勇刚，席仲恩，龙长权.量表编制：理论与应用（第2版）［M］.重庆大学出版社，2004.

［37］美国营销协会（AMA）.营销术语词典.1960.

［38］宁昌会.基于消费者效用的品牌资产模型研究［M］.中国财政经济出版社，2005.

［39］宁昌会.快速消费品品牌成长战略研究［M］.中国市场出版社，2006.

［40］乔春洋.品牌论［M］.中山大学出版社，2005.

［41］邱皓政，林碧芳.结构方程模型的原理与应用.中国轻工业出版社，2009.

［42］邱皓政.统计分析方法丛书·量化研究与统计分析：SPSS中文视窗版数据分析范例解析［M］.重庆大学出版社，2009.

［43］萨姆·希尔，克里斯·莱德勒.品牌资产［M］.机械工业出版社，2004.

［44］王海忠.品牌杠杆：赢得品牌领导的资源整合战略［M］.人民邮电出版社，2010.

［45］王卫东.结构方程模型原理与应用［M］.中国人民大学出版社，2010.

［46］王兴元，王毅，于伟.高科技品牌成长机制及品牌资产增值策略研究［M］.经济科学出版社，2007.

［47］吴明隆.问卷统计分析实务：SPSS操作与应用（第2版）［M］.重庆大学出版社，2010.

［48］薛可.品牌扩张：延伸与创新［M］.北京大学出版社，2004.

［49］杨晨.品牌管理理论与实务［M］.北京交通大学出版社，2009.

［50］杨芳平.品牌学概论［M］.上海交通大学出版社，2009.

［51］易丹辉.结构方程模型方法与应用.中国人民大学出版社，2008.

［52］余明阳，杨芳平.品牌定位.武汉大学出版社，2008年.

［53］约翰·W.克雷斯威尔.研究设计与写作指导：定性定量与混合研究的路径［M］.崔延强，译.重庆大学出版社，2007.

［54］周志民.品牌管理［M］.南开大学出版社，2008.

［55］陈静莹.影响消费者对品牌联盟评价因素之研究［D］.台湾"国立中央"
大学硕士论文，1995.

［56］陈欣怡.品牌个性契合度对品牌联盟成效之影响［M］.国立云林科技
大学企业管理研究所硕士论文，2000.

［57］陈烨.从品牌作用机理看影响品牌淡化的因素［M］.沿海企业与科技，
2007.

［58］陈振燧，吕芳洲.品牌联盟策略影响品牌资产建立之研究［J］.亚太管
理评论，第4卷第4期，1999.

［59］陈振燧.顾客基础的品牌资产建立之研究［N］.管理·学报，第15卷
第4期，1998.

［60］邓位.市场经济条件下我国日化品牌经营战略研究［D］.西北工业大
学硕士论文，2006.

［61］范秀成，张彤宇.论跨国公司的联合品牌战略［J］.外国经济与管理，
2003.

［62］范秀成.论近年西方跨国公司品牌管理的战略性调整［J］.外国经济与
管理，2000.

［63］高启震.品牌联盟的品质讯号传递效果之研究［D］.台湾大同大学事
业经营学系硕士论文，1995.

［64］郭锐，严良，苏晨汀，周南.不对称品牌联盟对原品牌态度较差的品牌
稀释研究："攀龙附凤"还是"引火烧身"［J］.中国软科学，2010.

［65］黄靖萱.品牌联盟对莲雾评价影响之研究［D］.台湾"国立"屏东科
技大学农企业管理研究所硕士论文，2001.

［66］江明华，曹鸿星.品牌形象模型的比较研究［N］.北京大学学报：哲
学社会科学版，2003.

［67］金玉芳，董大海，张海松．消费者产品知识对其激活域的影响研究［J］．预测，2007.

［68］景进安．品牌个性稀释危机及其防范［J］．科技进步与对策，2006.

［69］李静，金永生．关联网络记忆模型下的品牌知识结构分析［J］．市场营销导刊，2009.

［70］李先国，黎学深．模仿品牌对著名品牌稀释问题的研究——兼论我国实施名牌战略中的品牌保护对策［J］．财贸经济，2009.

［71］李晓英．消费者对联合品牌态度转移路径研究［D］．复旦大学博士论文，2009.

［72］李永国．明星代言品牌：鱼翅 OR 砒霜［J］．商场现代化，2007.

［73］李玉国．关注并预警——品牌侵略成为国家侵略的新模式［C］．人大经济论坛，2010.

［74］廖烜锋．品牌联盟、品牌联想契合度与知觉质量、购买意愿之关系研究——以数字相机为例［D］．台湾天主教辅仁大学管理学院硕士论文，台北，2005.

［75］林美慧．消费者知识对手机购买决策之影响［D］．台湾"国立"东华大学企业管理研究所硕士论文，2002.

［76］林南宏，等．产品知识及品牌形象对购买意愿的影响——产品类别的干扰效果［J］．营销评论，2007.

［77］林士超．品牌延伸稀释量表建构之发展［D］．"国立"台北科技大学工业工程与管理系硕士论文，2008.

附录

问　卷

预试问卷 1 品牌钟爱概念内涵开放式调查问卷

尊敬的先生／女士：

　　本问卷是一份学术研究问卷，目的在于探讨消费者对品牌的态度，已有的研究发现，消费者会与其满意品牌之间形成一种类似于"爱情"的积极心理关系，即对该品牌产生一种超过满意的钟爱之情，我们将其称为品牌钟爱。请您联系自己在品牌选择和消费中的实际情况，完成本问卷。本研究对于您的资料与意见绝对保密，研究结果仅作为学术研究之用，诚挚恳请您认真作答。

　　感谢您热心的协助与配合，并在此献上最真挚的感谢与祝福！

中南财经政法大学管理学院

第一部分：请回答下面的问题

　　1. 想一下您最喜欢、最钟爱的一个或几个手机品牌或运动品牌，写出这些品牌的名称，属于哪一类产品。（例如，苹果手机，联想电脑，李宁运动服）

　　2. 仔细体会一下您对该品牌的"钟爱之情"，您联想到了什么？请列出出现在您脑子里的词语，越多越好（动词、名词、形容词、短语等都可以），请尽量写出 5 个以上的词语。（例如：迷恋，狂热，共鸣等）

3. 请您总结归纳一下您作为消费者，对您所钟爱的品牌所具有的"钟爱之情"中重要的、核心的内容是什么？或者说这种"钟爱之情"中不可缺少的是什么？请列出您想到的东西，用词语或短语表达出来，请尽量写出 5 个以上的词语。（可以与 1 中的词语重复）（例如：迷恋，狂热，珍惜，放心，渴望等）

第二部分：请您结合自己的情况，回答以下几个选择题，并将答案项填入每题后的空格中

您的性别是：□男　　　　　　　　□女

年　　龄：□ 20 岁以下　□ 21–25 岁　　□ 26–30 岁　　□ 31–35 岁
　　　　　□ 35 岁以上

教育程度：□中专 / 中学　□大专　　　　□本科　　　　□硕士
　　　　　□博士

所学专业：□经济管理学类　　　　　　□一般文科　　□一般理科
　　　　　□工科　　　　□艺体类

预试问卷 2　品牌钟爱概念内涵封闭式调查问卷

尊敬的先生 / 女士：

　　本问卷是一份学术研究问卷，目的在于探讨消费者对品牌的态度，已有的研究发现，消费者会与其满意品牌之间形成一种类似于"爱情"的积极心理关系，即对该品牌产生一种超过满意的钟爱之情，我们将其称为品牌钟爱。请您联系自己在品牌选择和消费中的实际情况，完成本问卷。本研究对于您的资料与意见绝对保密，研究结果仅作为学术研究之用，诚挚恳请您认真作答。

感谢您热心的协助与配合，并在此献上最真挚的感谢与祝福！

中南财经政法大学管理学院

1. 想一下您最喜欢、最钟爱的品牌，仔细体会一下您对该品牌的"钟爱之情"，您联想到了什么？如果您想到的词汇在下面的词汇列表中，请打钩注明，如果您想到的词汇不在下面的词汇列表中，请在下面的空格中写出。

信任，支持，欣赏，激情，兴奋，容忍，谅解，兴趣，亲切，满足，惊喜，可靠，吸引，珍惜，放心，满意，渴望，温暖，热情，亲密，可爱，参与，习惯，唯一选择，寄托，相似，享受，友好，幸福，精美，品位，声望，名气，精致，优雅，持久，梦想，醒目，独特，神秘，难忘，个性，关注，拥护。

2. 请您结合自己的情况，回答以下几个选择题，并在相应的选项前面的□中打"√"。

您的性别是：□男　　　　□女

年　　龄：□ 20 岁以下　□ 21–25 岁　□ 26–30 岁　□ 31–35 岁
　　　　　□ 35 岁以上

教育程度：□中专／中学　□大专　　□本科　　　□硕士
　　　　　□博士

所学专业：□经济管理学类　　　□一般文科　□一般理科
　　　　　□工科　　□艺体类

预试问卷 3　延伸一致性的预测

您好！这是一份关于品牌研究的纯学术性问卷，目的是想了解品牌延伸后消费者对于延伸产品与原品牌之间的关系。填写本问卷需要约 5 分钟，您的参与对研究结论至关重要。本次调查采用匿名形式，我们保证严格保密您的信息，请您放心填写。非常感谢您的参与！

中南财经政法大学管理学院

本问卷根据您的同意程度分为如下七个等级，您回答都是在相应的数值上打"√"，其中 1 代表完全不同意您看到的那个题项；1= 完全不同意，2= 不同意，3= 有点不同意，4= 一般，5= 有点同意，6= 同意，7= 完全同意。

第一款新产品

1. Apple 预推出一款多功能新型游戏机，售价 9999 元。请您在最符合您想法的选项上打钩。

		完全 不同意	不 同意	有点 不同意	一般	有点 同意	同意	完全 同意
1	苹果手机与新型游戏机类别相似（电子类）	1	2	3	4	5	6	7
2	苹果手机与新型游戏机有相似的适用场合	1	2	3	4	5	6	7
3	苹果手机与新型游戏机有相似的使用需求	1	2	3	4	5	6	7
4	苹果手机与新型游戏机有相似的品牌形象（高科技、创新）	1	2	3	4	5	6	7
5	苹果公司产出新型游戏机是合适的	1	2	3	4	5	6	7
6	苹果手机与新型游戏机的搭配是很好的	1	2	3	4	5	6	7
7	苹果手机与新型游戏机传递着相同的品牌概念	1	2	3	4	5	6	7
8	苹果手机进行这样的延伸，我一点也不觉得奇怪	1	2	3	4	5	6	7
9	苹果手机产出新型游戏机是符合期望的	1	2	3	4	5	6	7
10	苹果手机现有的制造技术、资源等有助于游戏机的开发和制造	1	2	3	4	5	6	7

第二款新产品

2. Apple 欲进军化妆品行业，预推出 Apple 全效再生活肤精华霜（5998元）。

Apple 全效再生活肤精华霜
参考价格：￥5，998
产品简介：新型、高科技、精致的纯植物抗皱精华霜
产品规格：50ml
所属系列：面部系列
产品分类：护肤 / 面霜
产品功效：保湿 抗衰老 / 抗皱 美白
适用年龄：18 岁以上女性
使用方法：早晚作为最后一步涂抹于脸部和颈部

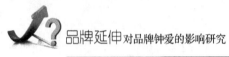

		完全不同意	不同意	有点不同意	一般	有点同意	同意	完全同意
1	Apple 精华霜与苹果手机产品类别相似	1	2	3	4	5	6	7
2	Apple 精华霜与苹果手机有相似的使用场合	1	2	3	4	5	6	7
3	Apple 精华霜与苹果手机有相似的使用需求	1	2	3	4	5	6	7
4	苹果手机与精华霜有相似的品牌形象（高档奢侈、创新）	1	2	3	4	5	6	7
5	苹果手机与新型精华霜传递着相同的品牌概念	1	2	3	4	5	6	7
6	苹果手机与新型精华霜的搭配是很好的	1	2	3	4	5	6	7
7	苹果公司产出新型精华霜是合适的	1	2	3	4	5	6	7
8	苹果手机进行这样的延伸，我一点也不觉得奇怪	1	2	3	4	5	6	7
9	苹果手机产出新型精华霜是符合期望的	1	2	3	4	5	6	7
10	苹果手机现有的制造技术、资源等有助于精华霜的开发和制造	1	2	3	4	5	6	7

第三款新产品

3. Apple 预推出第一款普通、性价比较高的游戏机，售价仅 121 元，请您在最符合您想法的选项上打钩。

		完全不同意	不同意	有点不同意	一般	有点同意	同意	完全同意
1	苹果手机与普通款游戏机类别相似（电子类）	1	2	3	4	5	6	7
2	苹果手机与普通款游戏机有相似的适用场合	1	2	3	4	5	6	7
3	苹果手机与普通款游戏机有相似的使用需求	1	2	3	4	5	6	7
4	苹果手机与普通款游戏机有相似的品牌形象（高科技、创新）	1	2	3	4	5	6	7
5	苹果公司产出普通款游戏机是合适的	1	2	3	4	5	6	7
6	苹果手机与普通款游戏机的搭配是很好的	1	2	3	4	5	6	7

7	苹果手机与普通款游戏机传递着相同的品牌概念	1	2	3	4	5	6	7
8	苹果手机进行这样的延伸，我一点也不觉得奇怪	1	2	3	4	5	6	7
9	苹果手机产出普通款游戏机是符合期望的	1	2	3	4	5	6	7
10	苹果手机现有的制造技术、资源等有助于普通款游戏机的开发和制造	1	2	3	4	5	6	7

第四款新产品

4. Apple 欲进军化妆品行业，预推出 Apple 普通日用面霜，针对白领用户，售价仅 31 元。

		完全不同意	不同意	有点不同意	一般	有点同意	同意	完全同意
1	Apple 普通日用面霜与苹果手机种类相似	1	2	3	4	5	6	7
2	Apple 普通日用面霜与苹果手机有相似的使用场合	1	2	3	4	5	6	7
3	Apple 普通日用面霜与苹果手机有相似的使用需求	1	2	3	4	5	6	7
4	苹果手机与普通日用面霜有相似的品牌形象（高档奢侈、创新）	1	2	3	4	5	6	7
5	苹果手机与普通日用面霜传递着相同的品牌概念	1	2	3	4	5	6	7
6	苹果手机与普通日用面霜的搭配是很好的	1	2	3	4	5	6	7
7	苹果公司产出普通日用面霜是合适的	1	2	3	4	5	6	7
8	苹果手机进行这样的延伸，我一点也不觉得奇怪	1	2	3	4	5	6	7
9	苹果手机产出普通日用面霜是符合期望的	1	2	3	4	5	6	7
10	苹果手机现有的制造技术、资源等有助于普通日用面霜的开发和制造	1	2	3	4	5	6	7

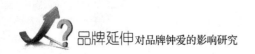

研究一问卷

您好！这是一份关于品牌研究的纯学术性问卷，目的是研究消费者对于品牌延伸的意见与看法。主要是想了解您对有关品牌商品的看法。填写本问卷需要约 5 分钟，您的参与对研究结论至关重要。本次调查采用匿名形式，我们保证严格保密您的信息，请您放心填写。非常感谢您的参与！

中南财经政法大学管理学院

一、您是否拥有苹果手机

拥　有　　1

不拥有　　2

二、你对苹果品牌的看法

		完全不同意	不同意	有点不同意	一般	有点同意	同意	完全同意
1	我对该品牌很满意	1	2	3	4	5	6	7
2	对该品牌的整体印象很好	1	2	3	4	5	6	7
3	该品牌是一个专业的品牌	1	2	3	4	5	6	7
4	该品牌手机在消费者中口碑不错	1	2	3	4	5	6	7
5	苹果品牌可以表现我的身份和地位	1	2	3	4	5	6	7
6	苹果品牌能表现我的风格	1	2	3	4	5	6	7
7	该品牌比较符合我的个性	1	2	3	4	5	6	7
8	苹果品牌是我愿意拥有的品牌	1	2	3	4	5	6	7
9	我看到苹果的商品就有一种购买冲动	1	2	3	4	5	6	7
10	如果这个品牌推出新款产品，我会乐意尝试	1	2	3	4	5	6	7

三、消费者自身的评价

| | 完全不同意 | | | | | 完全同意 | |

1. 我喜欢先于别人买新产品 1 2 3 4 5 6 7

2. 我对新产品很感兴趣 1 2 3 4 5 6 7

3. 总的来说，买新近的产品让我兴奋 1 2 3 4 5 6 7

四、消费者知识的评价

| | 完全不同意 | | | | | 完全同意 | |

1. 我对手机有足够的产品知识 1 2 3 4 5 6 7

2. 朋友选购游戏机时，我可以针对不同品牌提供建议 1 2 3 4 5 6 7

3. 我有能力分辨不同品牌手机之间的品质差异 1 2 3 4 5 6 7

五、消费者涉入度的看法

| | 完全不同意 | | | | | 完全同意 | |

1. 选购手机产品时，我非常关心所买的是哪个品种或品牌

　　1 2 3 4 5 6 7

2. 选购手机产品时，做出正确选择很重要 1 2 3 4 5 6 7

3. 购买手机产品前，我会多方收集相关信息 1 2 3 4 5 6 7

六、品牌延伸是指企业利用原有品牌推出新产品

苹果公司现推出新产品——游戏机。这款多功能新型游戏机，可同步享受苹果研发的多款最新游戏，售价9999元。请您在最符合您想法的选项上打钩。

2015年中关村在线网（http://www.zol.com.cn/）报道：苹果公司现推出游戏机，将于2016年开始全球发行，该游戏机结合苹果品牌的技术创新及设计优势，以期在国际游戏机市场中赢得更多的份额。

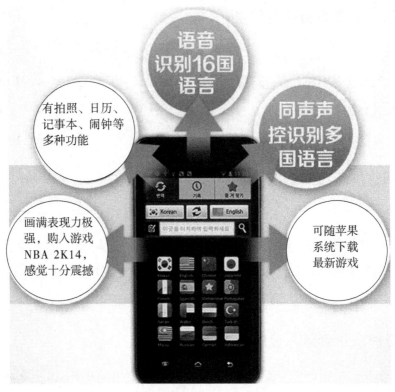

Apple 预推出一款多功能新型游戏机，售价 9999 元。请您在最符合您想法的选项上打钩。

Apple 全效再生活肤精华霜
参考价格：￥5,998
产品简介：新型、高科技、精致的纯植物抗皱精华霜
产品规格：50ml
所属系列：面部系列
产品分类：护肤 / 面霜
产品功效：保湿 抗衰老 / 抗皱 美白
适用年龄：18 岁以上女性
使用方法：早晚作为最后一步涂抹于脸部和颈部

Apple 欲进军化妆品行业，预推出 Apple 纯植物抗皱精华活肤精华霜（5998元）。体现苹果品牌创新型、高端、高科技、精致的品牌形象。

2015年中关村在线网（http://www.zol.com.cn/）报道：苹果公司现推出普通游戏机，将于2016年开始全球发行。

Apple预推出第一款普通、性价比较高的游戏机，售价仅121元。

品牌延伸是指企业利用原有品牌推出新产品。Apple苹果欲进军化妆品行业，预推出Apple普通日用面霜，针对白领用户，售价仅31元。

七、你对苹果品牌延伸产品的看法

		完全不同意	不同意	有点不同意	一般	有点同意	同意	完全同意
1	我对该品牌游戏机很满意	1	2	3	4	5	6	7
2	对该品牌游戏机的整体印象很好	1	2	3	4	5	6	7
3	该品牌会是一个专业的游戏机品牌	1	2	3	4	5	6	7
4	该品牌游戏机在消费者中应该口碑不错	1	2	3	4	5	6	7
5	苹果牌游戏机可以表现我的身份和地位	1	2	3	4	5	6	7
6	苹果牌游戏机能表现我的风格	1	2	3	4	5	6	7
7	苹果牌游戏机比较符合我的个性	1	2	3	4	5	6	7
8	苹果牌游戏机是我愿意拥有的产品	1	2	3	4	5	6	7
9	我看到苹果牌游戏机会有一种购买冲动	1	2	3	4	5	6	7
10	如果推出苹果牌游戏机，我会乐意尝试	1	2	3	4	5	6	7

八、您的基本资料（在相应的选项前面的□中打"√"）。

1. 您的性别是：□男　　　　　□女

2. 年　　龄：□20岁以下　　□21-25岁　　□26-30岁
　　　　　　□31-35岁　　　□35岁以上

3. 教育程度：□中专/中学　　□大专 □本科　　□硕士
　　　　　　□博士

4. 所学专业：□经济管理学类　□一般文科　　□一般理科
　　　　　　□工科　　　　　□艺体类

研究二 母品牌钟爱反馈效应调研问卷

您好！这是一份关于品牌研究的纯学术性问卷，目的是研究消费者对于品牌延伸的意见与看法。主要是想了解您对有关品牌商品的看法。填写本问卷需要约 5 分钟，您的参与对研究结论至关重要。本次调查采用匿名形式，我们保证严格保密您的信息，请您放心填写。非常感谢您的参与！

中南财经政法大学管理学院

一、在您看来，苹果是一个什么样的品牌?

请您自由联想（如品牌形象、产品及其特征、用户群体等），并将您联想的内容记录在下面的框格内。

二、你对苹果品牌的看法

		完全不同意	不同意	有点不同意	一般	有点同意	同意	完全同意
1	我对该品牌很满意	1	2	3	4	5	6	7
2	对该品牌的整体印象很好	1	2	3	4	5	6	7
3	该品牌是一个专业的品牌	1	2	3	4	5	6	7
4	该品牌手机在消费者中口碑不错	1	2	3	4	5	6	7
5	苹果品牌可以表现我的身份和地位	1	2	3	4	5	6	7
6	苹果品牌能表现我的风格	1	2	3	4	5	6	7
7	该品牌比较符合我的个性	1	2	3	4	5	6	7
8	苹果品牌是我愿意拥有的品牌	1	2	3	4	5	6	7
9	我看到苹果的商品就有一种购买冲动	1	2	3	4	5	6	7
10	如果这个品牌推出新款产品，我会乐意尝试	1	2	3	4	5	6	7

三、消费者自身的评价

| | 完全不同意 | | | | | | 完全同意 |

1. 我喜欢先于别人买新产品　　　　1 2 3 4 5 6 7

2. 我对新产品很感兴趣　　　　1 2 3 4 5 6 7

3. 总的来说，买新近的产品让我兴奋　　1 2 3 4 5 6 7

四、消费者知识的评价

　　　　　　　　　　完全不同意　　　　完全同意

1. 我对手机有足够的产品知识　　　1 2 3 4 5 6 7

2. 朋友选购游戏机时，我可以针对不同品牌提供建议

　　　　　　　　　　1 2 3 4 5 6 7

3. 我有能力分辨不同品牌手机之间的品质差异　1 2 3 4 5 6 7

五、消费者涉入度的看法

　　　　　　　　　　完全不同意　　　　完全同意

1. 选购手机产品时，我非常关心所买的是哪个品种或品牌

　　　　　　　　　　1 2 3 4 5 6 7

2. 选购手机产品时，做出正确选择很重要　　1 2 3 4 5 6 7

3. 购买手机产品前，我会多方收集相关信息　1 2 3 4 5 6 7

六、Apple 预推出一款多功能新型游戏机，售价 9999 元

以下问项是关于该延伸产品（苹果游戏机）与苹果手机的描述，请您在最符合您想法的选项上打钩。

		完全不同意	不同意	有点不同意	一般	有点同意	同意	完全同意
1	苹果手机与新型游戏机类别相似（电子类）	1	2	3	4	5	6	7
2	苹果手机与新型游戏机有相似的适用场合	1	2	3	4	5	6	7
3	苹果手机与新型游戏机有相似的使用需求	1	2	3	4	5	6	7
4	苹果手机与新型游戏机有相似的品牌形象（高科技、创新）	1	2	3	4	5	6	7
5	苹果公司产出新型游戏机是合适的	1	2	3	4	5	6	7
6	苹果手机与新型游戏机的搭配是很好的	1	2	3	4	5	6	7
7	苹果手机与新型游戏机传递着相同的品牌概念	1	2	3	4	5	6	7
8	苹果手机进行这样的延伸，我一点也不觉得奇怪	1	2	3	4	5	6	7
9	苹果手机产出新型游戏机是符合期望的	1	2	3	4	5	6	7
10	苹果手机现有的制造技术、资源等有助于游戏机的开发和制造	1	2	3	4	5	6	7

七、该品牌推出游戏机以后，你对苹果品牌的看法

		完全 不同意	不 同意	有点 不同意	一般	有点 同意	同意	完全 同意
1	我对该品牌很满意	1	2	3	4	5	6	7
2	对该品牌的整体印象很好	1	2	3	4	5	6	7
3	该品牌是一个专业的品牌	1	2	3	4	5	6	7
4	该品牌手机在消费者中口碑不错	1	2	3	4	5	6	7
5	苹果品牌可以表现我的身份和地位	1	2	3	4	5	6	7
6	苹果品牌能表现我的风格	1	2	3	4	5	6	7
7	该品牌比较符合我的个性	1	2	3	4	5	6	7
8	苹果品牌是我愿意拥有的品牌	1	2	3	4	5	6	7
9	我看到苹果的商品就有一种购买冲动	1	2	3	4	5	6	7
10	如果这个品牌推出新款产品，我会乐意尝试	1	2	3	4	5	6	7

八、您的基本资料（在相应的选项前面的□中打"√"）。

1. 您的性别是：□男　　　　　　□女

2. 年　　龄：□ 20 岁以下　　　□ 21–25 岁　　　□ 26–30 岁

　　　　　　　□ 31–35 岁　　　　□ 35 岁以上

3. 教育程度：□中专 / 中学　　　□大专　　　　　□本科

　　　　　　　□硕士　　　　　　□博士

4. 所学专业：□经济管理学类　　□一般文科　　　□一般理科

　　　　　　　□工科　　　　　　□艺体类

后　记

　　三年多的博士生活转瞬即逝，回首走过的岁月，感慨良多。多少次的彻夜难眠，多少次的心灰意冷，多少次的中途放弃……所幸的是我坚持了下来，在这一刻有很多人需要感谢。

　　首先，要感谢我的恩师宁昌会教授。感谢宁老师将我收入门下，带领我进入营销管理的研究世界，从头开始学习，自己所取得的点滴成绩无不凝聚着恩师的心血。从我进校的那一刻起，宁老师就从生活、学习研究等各方面，给我指明前进努力的方向。感谢您用渊博的知识、敬业的精神和严谨的治学态度教会我如何做人、做事、做研究；感谢您在我研究遇到困惑的时候，给我莫大的鼓励，您的悉心指导常使我如醍醐灌顶，顿然醒悟。每当我在写作过程中因思路枯竭而产生困惑和焦虑时，宁老师总会在关键的节点上指点迷津，让人总有"柳暗花明又一村"的恍然大悟。尤其是在权威论文和博士论文写作过程中，宁老师从论文选题到模型框架的构建，从撰写修改到最终成稿，无不倾心倾力。如果没有老师的指导，我想我现在可能还停留在学术研究的大山脚下，甚至是学术研究的门外，更不可能取得今天的成果。在这里，真诚地向宁老师说声谢谢。宁老师严谨勤奋的治学风格、宽厚仁慈的胸怀、积极乐观的生活态度，为我树立了一辈子学习的典范，恩师的教诲与鞭策将激励我今后在科研和教学的道路上励精图治，开拓创新。

我还要感谢博士期间在学术研究方面，为我提供指导和帮助的张新国、汤定娜教授、费显政老师。正是在他们的建议和帮助下，我的专业知识得到提高。然而，当面对上述各位老师严谨的治学态度和诲人不倦的无私精神时，我深深地感到惭愧和内疚，因为我还要加倍地努力提高自己的科研能力和水平。

感谢一起奋战的同窗兄弟姐妹们，非常有幸我们能够相聚在这不再年轻的岁月里，为了博士论文而一起奋斗，感谢我们一起度过的苦难岁月，你们将是我记忆里最美的风景；感谢我的同门薛哲师兄、溪楠楠；感谢我的师姐石梦菊，以及武汉工程大学市场营销和英语营销的学生，是你们不辞辛苦地耗费人力、财力帮我完成问卷调查，才使我的毕业论文得以如期完成。

另外，我还要特别感谢我的父母、公婆、爱人。多年来，你们一直都是我最牢靠的情感港湾。你们给了我不断向前的动力与勇气；多少次失败、忧伤，你们都一直在默默地支持我。这是我一直不断努力前进的巨大动力。感谢父母多年来对我的养育和教诲，你们的辛勤劳动和无私付出帮我实现了从农村丫头到大学老师的飞跃，你们的善良和宽容总能给予我前进的勇气和动力。感谢我的爱人何凡先生，感谢你三年来对我的关心和包容，是你让我重新获得自信，是你给了我幸福稳定的婚姻，今生遇到你是我最大的幸运。文中参考了很多前辈和同仁的研究成果，在此深表感谢。感谢所有关心、支持、帮助、理解我的人们！我所能做的、仅能做的，就是给你们一个感恩的承诺，我将更加努力地拼搏，让明天的生活更加精彩！

最后，对百忙之中参与论文评审的各位专家和答辩委员会的主席及各位委员们鞠躬感谢！

幸　佳

2016 年 3 月